비교할 수 없는 그리스도

IVP(InterVarsity Press)는
캠퍼스와 세상 속의 하나님 나라 운동을 지향하는
IVF(InterVarsity Christian Fellowship)의 출판부로
생각하는 그리스도인을 위한 문서 운동을 실천합니다.

© 2001 by John R. W. Stott
This translation of *The Incomparable Jesus* first published in 2001
is published by arrangement with Inter-Varsity Press,
London, United Kingdom
through rMaeng2, Seoul, Republic of Korea.
All rights reserved.

This Korean edition © 2002, 2020 by Korea InterVarsity Press
156-10 Donggyo-Ro, Mapo-Gu, Seoul 04031, Republic of Korea.

이 한국어판의 저작권은 알맹2를 통하여
IVP UK와 독점 계약한 IVP에 있습니다.
신 저작권법에 의하여 한국 내에서 보호받는 저작물이므로
무단 전재와 복제를 금합니다.

비교할 수 없는 그리스도

존 스토트
정옥배 옮김

IVP

차례

서문	9
위원장 서문	13
감사의 글	15
서론	17

1부 원래의 예수: 신약은 예수를 어떻게 증거하는가?

사복음서   27
1. 마태복음: 성경의 성취 그리스도   27
2. 마가복음: 고난받는 종 그리스도   32
3. 누가복음과 사도행전: 온 세상의 구세주 그리스도   39
4. 요한복음과 요한 서신들: 육신이 되신 말씀 그리스도   47
5. 사중 복음   54
6. 예수와 바울   56

바울의 열세 서신   60
7. 논증 서신(갈라디아서): 해방자 그리스도   61
8. 초기 서신(데살로니가전후서): 다시 오실 심판자 그리스도   64
9. 주요 서신(로마서, 고린도전후서): 구세주 그리스도   68
10. 옥중 서신(에베소서, 골로새서, 빌레몬서, 빌립보서): 최고의 주님 그리스도   87
11. 목회 서신(디모데전서, 디도서, 디모데후서): 교회의 머리 그리스도   91

세 명의 유대인 저자   94
12. 야고보서: 도덕 선생 그리스도   94
13. 히브리서: 우리의 대제사장 그리스도   97
14. 베드로전후서: 고난받는 자의 모범 그리스도   102

결론: 통일성 속의 다양성   106

2부 교회의 예수: 교회는 예수를 어떻게 소개해 왔는가?

서론: '다른 예수'   113

1. 완전한 성취 그리스도: 순교자 유스티누스   115
   선지자들과 철학자들
2. 독특한 신인(神人) 그리스도: 초기 공의회들   118
   기독론의 중요성
3. 완벽한 수사 그리스도: 성 베네딕투스   123
   수도원 제도에 대한 두 가지 질문
4. 봉건 채무자 그리스도: 안셀무스   129
   중세의 속죄 신학
5. 하늘의 신랑 그리스도: 클레르보의 베르나르   132
   기독교 신비주의
6. 윤리적 모범 그리스도: 토마스 아 켐피스   137
   금욕적으로 그리스도를 본받음
7. 자비로우신 구세주 그리스도: 마르틴 루터   143
   이신칭의
8. 인간 교사 그리스도: 에르네스트 르낭과 토머스 제퍼슨   146
   계몽주의 회의론
9. 비극적인 희생자 그리스도: 존 매케이   150
   부활절 없는 수난일
10. 사회 해방자 그리스도: 구스타보 구티에레스   156
    가난한 자들을 위한 복된 소식
11. 유대의 메시아 그리스도: N. T. 라이트   163
    바빌론 유수와 출애굽
12. 전 세계의 주님 그리스도: 20세기의 선교   169
    1910 에든버러 대회에서 1974 로잔 대회까지

결론: 진정성 vs. 적응   175

3부 영향력 있는 예수: 예수는 사람들에게 어떻게 영향을 끼치셨는가?

서론: 예수 이야기 181
1. 베들레헴 마구간: 아시시의 프란체스코 182
   가난한 왕의 탄생
2. 목수의 작업대: 조지 랜스베리 186
   육체 노동의 존엄성
3. 긍휼의 사역: 다미앵 신부와 웰즐리 베일리 194
   만질 수 없는 사람을 만짐
4. 산상수훈: 레오 톨스토이, 마하트마 간디, 마틴 루터 킹 199
   무저항의 도전
5. 어린이들에 대한 사랑: 토머스 바나도 204
   "언제나 열려 있는 문"
6. 발을 씻어 줌: 새뮤엘 로건 브렝글 210
   겸손에 대한 꼭 필요한 교훈
7. 십자가: 가가와 도요히코 215
   하나님의 사랑의 계시
8. 부활: 조니 에릭슨 타다 219
   "나의 발로 춤을 추리라"
9. 높여지심: 헨리 마틴 223
   그리스도의 이름이 영광을 받는 것에 대한 열심
10. 성령을 주심: 롤런드 앨런 227
    성령은 선교의 영이시다
11. 재림: 앤서니 애슐리 쿠퍼(샤프츠베리 경) 231
    사회 개혁을 위한 프로그램
12. 최후의 심판: 윌리엄 윌버포스 235
    노예 제도 및 노예 무역 폐지

결론: 그리스도의 영향력이 지닌 급진성 239

4부 영원하신 예수: 예수는 오늘날 우리에게 어떻게 도전하시는가?

서론: '예수 그리스도의 계시' 247
1. 처음이요 나중이며 산 자라고 주장하시는 그리스도(계 1장) 253
   부활하셨으며 영원하신 그리스도에 대한 환상
2. 지상에 있는 그분의 교회들을 감독하시는 그리스도(계 2-3장) 258
   이상적인 교회의 일곱 가지 표지
3. 하늘에서 하나님의 보좌에 함께 앉으신 그리스도(계 4-5장) 266
   보좌, 두루마리, 어린양
4. 역사의 과정을 주관하시는 그리스도(계 6-7장) 274
   일곱 인과 두 공동체
5. 세상에 회개할 것을 요구하시는 그리스도(계 8-11장) 279
   일곱 나팔, 작은 책, 두 증인
6. 마귀와 그의 편을 정복하시는 그리스도(계 12-13장) 290
   여자, 용, 남자아이, 두 짐승
7. 구속받은 백성과 시온산에 서 계신 그리스도(계 14:1-15:4) 301
   철저하게 다른 두 가지: 구원과 심판
8. 밤에 도적같이 오시는 그리스도(계 15:5-19:10) 305
   준비하고 있으라는 명령
9. 백마를 타고 승리의 행진을 하시는 그리스도(계 19:11-20:15) 319
   짐승과 사탄의 멸망
10. 신부를 데리러 오시는 신랑 그리스도(계 21-22장) 328
    새 우주, 성, 동산
결어(계 22:6-21) 337

결론: 한 책, 네 부분 345
주 349

서문

캔터베리 대주교인 나는 교파와 상관없이 오늘날 그리스도인들의 가장 크고 중대한 과업은 그분의 이름을 부르는 것, 곧 다른 사람들의 믿음에 대해 최고의 예의를 갖출 뿐 아니라, 그리스도야말로 모든 사람의 마음속에 있는 열망과 소망을 계속해서 충족시켜 주신다고 확신하면서 그 이름을 부르는 것임을 추호도 의심하지 않는다.

존 스토트에게 예수 그리스도라는 주제는 평생의 사역과 연구의 핵심이었다. 그의 학식과 오랜 세월에 걸친 목회 및 전도 사역에 대한 열정과 헌신이 결합되어, 그의 펜에서는 날카로운 통찰이 담긴 저술이 쏟아져 나왔으며, 그의 입에서는 그리스도가 현대에도 얼마나 적실한 분이신지를 보여 주는 강력하고도 설득력 있는 해설이 흘러나왔다.

하지만 존은 명민하고 박식한 학자이면서도, 단 한 번도 상아탑에 갇힌 신학자였던 적은 없었다. 존은 '가르치는 목사'라는 전형적인 영국 국교회 전통에 어울리는 사람이다. 그의 교실은 첫째는 교구이고,

둘째는 세상이다. 그는 학문적 명망을 얻거나 교회에서 높은 지위에 오르는 일에 연연하지 않았다. 하지만 데이비드 에드워즈 같은 권위자에 따르면, "윌리엄 템플을 제외하면, 존 스토트는 20세기 영국 국교회에서 가장 영향력 있는 성직자"이다.

존은 겸손한 하나님의 사람이기 때문에, 이런 말을 들으면 불편해할 것이다. 하지만 나 역시 현대 교회에서 이루어진 이 주목할 만한 사역에 경의를 표하고 싶다.

런던 연례 강좌의 네 가지 주된 목적은 "역사적·성경적 기독교의 한 측면을 해설하고, 그것을 현대 교회 혹은 세상이 당면한 문제들과 연결시키며, 내용은 학문적이면서 교양 있는 일반 대중을 끌어들일 만큼 대중적인 전달 방식을 사용하고, 각 주제를 그리스도인뿐 아니라 일반인도 관심을 가질 만하게 제시하는 것"이다.

내가 보기에 이 네 가지 목적은 존 자신이 여기 랭햄 플레이스에 있는 올 소울즈 교회에서 부목으로 사역하던 초창기 시절부터 예수 그리스도를 위한 국제적 대사로 일하고 있는 현재에 이르기까지 수행한 사역을 정확하게 요약해 준다. 존의 전기 작가 티모시 더들리 스미스 주교는 존의 사역을 이렇게 요약한다. "누구든 존 스토트의 글을 읽으면, 그의 관심사는 계시된 믿음을 가르치고 해설하는 것과, 권위 있고 시대를 초월한 성경을 현대 세계에 적절하게 해석하는 것이라는 사실을 인식하게 된다." 목사이며 설교자이며 학자이며 저술가이며 변증가이며 전도자이며 그리스도 안에서 형제 된 존, 우리는 당신으로 인해, 오래도록 이어지고 있는 당신의 아름다운 사역으로 인해 하나님께 감사한다오.

존 스토트가 1974년에 설립한 런던 현대 기독교 연구소 연례 강좌는 분명 지금까지 설립자를 강사로 부른 적이 없었다. 그러므로 새 천년을 맞이하는 이 해에 존이 이 강좌를 맡게 되는 것은 매우 적절한 일이다. 또한 이 새 천년의 첫해에 언제나 그의 사역의 중심 주제였던 '비교할 수 없는 그리스도'라는 주제를 선정하게 된 것 역시 매우 적절한 일이다.

조지 캐리
캔터베리 대주교

위원장 서문

런던 연례 강좌 운영 위원회는 새 천년을 맞이하면서, 우리는 예수님께 집중하는 것이 적절하며, 특히 열정과 에너지로 이 연례 강좌 시리즈를 탄생시킨 존 스토트를 강사로 초빙하는 것이 좋겠다고 생각했다.

우리의 바람은 잘못되지 않았다. 활기찬 군중이 참석하여 네 번의 목요일 모두 올 소울즈 교회가 거의 꽉 찼다. 마지막 강의는 알렉산드라 공주도 참관하였으며, 캔터베리 대주교가 강사를 소개했다. 강좌들은 지성을 자극하고 마음을 뜨겁게 해주었다. 언제나 그리스도를 초점이요 중심으로 삼아 왔던 강사의 광범위하고도 깊이 있는 필생의 연구 결과를 통해 그의 학식과 열정이 분명하게 드러났다.

런던 연례 강좌 운영 위원회를 대표하여, 사고를 자극하고 영감을 불러일으키는 예수님에 대한 이 책을 기쁘게 추천한다.

존 그레이스톤
런던 강좌 운영 위원회 위원장

감사의 글

런던 연례 강좌 운영 위원회가 주후 2000년 강사로 나를 초청해 주고, 적절한 강의 주제로는 우리가 새 천년의 생일을 축하드려야 할 예수님뿐이라고 제안해 준 것에 깊이 감사드린다. 런던 연례 강좌 운영 위원회는 그 두 가지 결정을 내리고 나서 그 주제를 어떻게 다룰 것인지에 대해서는 내 재량에 맡겨 주었다. 그러면서도 탁월한 위원장 존 그레이스톤과 성실하고 유능한 비서 베티 베이커는 나를 계속 격려해 주었다.

또한 책을 빌려 주고 조언을 해 주며 참고 서적을 수집하는 데 도움을 준 여러 친구들에게 감사드린다. 특히 리처드 뷰스, R. T. 프랜스, 티모시 더들리 스미스, 폴 바넷, 폴 블랙햄, 존 예이츠 3세, 르네 파댜, 유니스 버튼에게 고마운 마음을 전한다.

더불어 영국 IVP 및 편집자 스테퍼니 힐드에게 감사한다. 스티브 모티어와 데이비드 라이트에게도 감사한다. 그들은 IVP가 정한 공식 원고 교정자로서 여러 가지 예리한 논평을 해 주었다.

특별히 현재 내 연구 조교인 코리 위드머에게 감사한다. 그는 약 18개월간 자나깨나 이 강의만 생각하고 다녔으며, 이 강의를 잘 다듬어 보려고 고심하고 또 고심했다. 그는 놀라운 끈기를 발휘해 인터넷을 검색하고, 내가 발견하지 못한 참고 문헌을 찾아내기도 했다. 그뿐 아니라 내가 참고하거나 읽어야 할 책을 찾고, 최근에 문을 연 영국 도서관 시설을 백분 활용하여 나를 도와주었다. 그는 단계마다 강의 본문을 적어도 열 번씩은 읽었을 것이다. 그는 언제나 긍정적이고 유용한 제안을 해 주었으며, 또한 비디오 테이프 4개로 구성된 강의 세트에 맞는 연구 문제를 만들기도 했다. 이 모든 것에 대해 코리에게 진심으로 대단히 감사한다.

그다음에 우리 둘 다 프랜시스 화이트헤드에게 많은 도움을 받았다. 45년간 비서로 일하면서 그녀는 특유의 인내심을 보여 주었고, 상당한 컴퓨터 기술을 발휘했으며, 본문의 중요한 세 단계―원래의 글, 강의를 위해 그 글을 요약하는 일, 원래의 글을 이 책으로 만들어 내는 일―에서 기꺼이 본문을 살펴보아 주었다. 2001년 4월에 캔터베리 대주교가 그녀에게 램버스(캔터베리 대주교의 런던 궁전―역주) 석사 학위를 수여하기로 했다고 공식석상에서 발표했을 때, 거기 참석한 사람들은 자발적으로 일어나 그녀에게 박수를 보냈다.

나는 많은 독자들이 예수 그리스도를 우리 예배와 증거와 소망의 적절한 대상으로, 그리고 '비교할 수 없는' 분이라는 묘사를 받아 마땅한 분으로 인정하기를 바라고 기도하면서 이 책을 세상에 내보낸다. 예수 그리스도에게는 경쟁자도 필적할 만한 상대도 없기 때문이다.

서론

1. 예수의 중심됨

"사람들이 나사렛 예수에 대해 개인적으로 어떻게 생각하거나 믿든 간에, 예수는 거의 20세기 동안 서구 문화사에서 탁월한 인물이었다." 야로슬라프 펠리칸은 그의 광범위한 저서 『예수, 역사와 만나다』 서두에 이렇게 썼다.[1]

그러므로 새 천년을 맞이하는 올해 런던 현대 기독교 연구소 연례 강좌가 예수 그리스도에 관심을 갖는 것은 적절할 것이다. 우리는 바로 그 예수님의 탄생(정확한 날짜가 언제든)을 지금까지 축하해 왔기 때문이다. 예수님이 어떤 면에서 탁월한 분인지 세 가지로 나누어 살펴보자.

첫째, 예수님은 **역사의 중심**이시다. 적어도 인류의 상당수는 지금도 예수님의 탄생을 기준으로 역사를 주전과 주후로 나눈다. 주후 2000년에 세계 인구는 60억에 달했으며, 한편 그리스도인은 17억 명 혹은 28퍼센트로 추정된다.[2] 그러므로 인류의 거의 3분의 1이 예수님을 따르겠다고 공언하는 것이다.

둘째, 예수님은 **성경의 초점**이시다. 성경은 종교적 문헌을 아무렇게나 수집해 놓은 책이 아니다. 예수님 자신이 다음과 같이 말씀하셨다. "성경이 곧 내게 대하여 증언하는 것이니라"(요 5:39). 그리고 기독교 학자들은 언제나 이 점을 인정해 왔다. 예를 들어, 4-5세기의 위대한 교부 히에로니무스는 "성경에 대한 무지는 곧 그리스도에 대한 무지다"라고 썼다.[3]

16세기에 르네상스의 주도자 에라스무스와 종교개혁의 주도자 루터가 둘 다 똑같이 그리스도 중심성을 강조한 것은 주목할 만하다. 에라스무스는 성경이 "그리스도를 너무나 가까이 친밀하게 제시하기 때문에, 만약 그분이 눈앞에 서 계시면 오히려 더 안 보일 것이다"라고 썼다.[4] 루터도 마찬가지로 『로마서 주석』에서 그리스도가 성경의 핵심이라는 점을 분명히 밝혔다. 그는 로마서 1:5에 대한 주석에서 이렇게 말했다. "여기에 성경을 이해하는 문이 활짝 열려 있다. 즉 모든 것을 그리스도와 관련하여 이해해야 한다." 그런 후에 그는 이렇게 덧붙였다. "성경 전체는 도처에서 오직 그리스도만을 다루고 있다."[5]

셋째, 예수님은 **선교의 핵심**이시다. 왜 어떤 그리스도인들은 선교사가 되어 육지와 바다를 건너 다른 대륙과 문화권으로 들어가는가? 도대체 무엇 때문에 그들은 그렇게 할 수밖에 없는가? 그것은 어떤 문명, 제도, 이념을 소개하기 위함이 아니라, 그들이 유일하신 분이라고 믿는 분 곧 예수 그리스도를 소개하기 위해서다. 이 점은 특별히 이슬람 세계를 대상으로 한 기독교 선교에서 분명하게 나타난다. 학자이며 선교사 스티븐 닐은 이렇게 썼다. "우리 과업은 무한히 인내하면서 이슬람 교도들에게 '예수를 생각해 보시지요'라고 계속해서 말하는 것이다. 우리에게 다른 메시지란 없다.…이슬람 교도가 나사렛 예수를 보고 나서도 그분을 거부한 것이 아니다. 그들은 예수를 한 번도 본 적이 없다."[6]

하지만 실제로 예수님을 보고 그분께 복종한 사람들은 예수님이야말로 그들의 회심 체험의 중심이심을 인정한다. 사두 선다 싱의 예를 들어 보자. 1889년 인도의 유복한 시크교도 가문에서 태어난 선다 싱은 자라면서 기독교를 (그의 견해로는) 외국 종교라고 여기며 증오했다. 15세 때는 공개적으로 복음서를 불태우면서 적대감을 표출하기까지 했다. 하지만 그 일이 있은 지 사흘 후, 그는 그리스도의 환상을 보고 회심했다. 그 후 아직 10대였을 때 사두 곧 방랑하는 성자요 설교자가 되기로 결심했다.[7] 한번은 선다 싱이 어떤 힌두교 대학을 방문했는데, 한 강사가 그에게 이전 종교에서는 가지지 못했으나 기독교에서 발견한 것은 무엇이냐고 다소 공격적으로 말을 걸어 왔다. "내게는 그리스도가 있습니다"라고 선다 싱이 대답했다. "그건 나도 알아요." 그 강사는 조바심 내며 말했다. "내 말은 당신이 이전에 갖지 못했던 특별한 원리나 교리를 발견하게 되었느냐는 겁니다." 선다 싱은 대답했다. "내가 발견한 특별한 것은 바로 그리스도입니다."[8]

하지만 우리는 어떤 예수에 대해 말하고 있는가? 실상 세계의 종교 시장에는 온갖 종류의 예수가 가득 진열되어 있다. 주후 1세기가 끝나기도 전부터 이미 선생들은 기분 내키는 대로 예수의 이미지를 만들어 내는 경향이 있었다. 그래서 바울은 고린도 그리스도인들에게 궁극적으로 자신이 그들을 "정결한 처녀로" 그리스도께 드리기 위해서 "한 남편인 그리스도께" 중매했다는 것을 상기시켜야 했다. 하지만 그는 그들의 마음이 "그리스도를 향하는 진실함과 깨끗함에서 떠나[게]" 될까 봐 두려워한다고 덧붙였다(고후 11:2-3).

그러므로 내 계획은 신약에서 증거하는 그리스도를 연구하고(이 책의 1부와 4부), 교회사에서 어떻게 사람들이 그리스도를 소개해 왔으며(2부), 어떻게 사람들이 그분의 영향을 받았는지(3부) 살펴보는 것이다.

좀더 상세히 말하자면, 나는 그리스도에 대한 네 가지 질문을 던지고 그에 대한 대답을 찾아보고자 한다.

첫째, **신약은 예수를 어떻게 증거하는가?** 나는 예수에 대한 신약의 증거는 분명 매우 다양하지만 동시에 그것은 하나로 통일된 증거임을 보여 주고자 한다. 1부를 '원래의 예수'라고 부르겠다.

둘째, **교회는 수십 세기 동안 예수 그리스도를 어떻게 묘사해 왔는가?** 2부를 '교회의 예수'라고 부르겠다. 어떻게 교회가 각 시대마다 때로는 신실하게 때로는 신실하지 않게 그리스도를 세상에 소개했는지 살펴보고자 하기 때문이다.

셋째, **그리스도는 역사에 어떤 영향을 끼쳤는가?** 3부는 2부를 보완하는 것으로, 그리스도에 대한 교회에 소개에서 교회에 대한 그리스도의 도전으로 넘어간다. 하지만 우리는 이제 교회사의 각 단계가 아니라 그리스도의 생애 각 단계를 살펴볼 것이며, (서로 다른 점을 강조하는) 각 단계가 어떻게 다양한 사람들에게 영향을 미쳤는지를 보게 될 것이다. 이 부분을 '영향력 있는 예수'라고 부르겠다.

넷째, **예수 그리스도는 오늘날 우리에게 무엇을 의미해야 하는가?** 4부에서 우리는 예수 그리스도가 역사적인 분(실로, 먼 옛날 역사에 존재했던 인물)이실 뿐 아니라 영원한 분(사실상 "어제나 오늘이나 영원토록 동일하시니라")이시며, 그렇기 때문에 또한 우리와 동일한 시대를 살아가는 분이심을 되새기게 될 것이다. 예수는 구세주, 주님, 심판자로서 모든 새 세대와 세기와 천년을 맞이하신다. 네 번째이자 마지막인 이 부분은, 신약의 마지막 책으로 기독교 묵시 문학인 요한계시록을 배경으로 하게 될 것이다. 요한계시록은 첫 구절에서 그 책이 그저 하나의 예언이 아니라 "예수 그리스도의 계시"라고 주장하고 있기 때문이다. 우리는 요한계시록에 나오는 그리스도에 대한 열 가지 환상에 초점을 맞출 것이다.

그러므로 이 책은 성경과 역사의 종합이 될 것이다. 우리는 신약 전체와 특히 요한계시록을 배경으로, 교회가 제시한 그리스도의 모습과 그리스도가 교회에 미친 영향을 살펴볼 것이다. 그렇게 하면 성경에 나오는 그리스도에 대한 묘사가 규범이 됨을 알 수 있다. 그분이 진정한 예수이시다. 인간들의 묘사는 모두 오류에 빠지기 쉽기 때문에 진정한 예수에 비추어 판단해야 한다. 바라건대 성경과 교회사에 대한 이 연구가 『비교할 수 없는 그리스도』라는 이 책 제목이 옳다는 것을 밝혀 주었으면 한다. 예수님과 같은 분은 없다. 지금까지 결코 없었으며, 앞으로도 그럴 것이다.

2. 역사와 신학

많은 사람들은 신약을 살펴볼 때 복음서가 아니라 서신서부터 시작하라고 충고하곤 한다. 서신서들이 먼저 쓰였기 때문이다. 바울의 데살로니가전서는 고린도에서 주후 50년 혹은 그 직후에 기록되었는데, 이는 예수님이 죽으시고 부활하신 지 겨우 20년밖에 안 된 때였다. 그에 비해 복음서들은 그로부터 적어도 10년이나 20년 후에 세상에 나왔다. 폴 바넷은 복음서에서부터 시작하는 이런 경향을 꾸준히 비난했다. "지금까지 '역사적 예수'를 회복하려는 많은 문헌은 연구 분야를 복음서의 예수로만 국한시켰다. 서신서들과 초대교회는 일반적으로 무시되었다."[9]

그러나 초대교회는 지혜롭게도 복음서들을 앞부분에 놓았다. 비록 복음서가 더 후에 쓰여지기는 했지만, 거기 기록되어 있는 사건들이 더 먼저 일어났기 때문이다. 게다가 복음서를 먼저 읽으면 우리는 즉시 예수라는 역사적 인물과 만나게 된다. 하지만 복음서에 나와 있는 예수에 대한 묘사는 진정 역사적 사실인가?

20세기 들어 신학자들은 역사적 예수에 대한 탐구를 강조했다. 소위 '최초의' 혹은 '원래의' 탐구는 알베르트 슈바이처와 연관되어 있다. 그가 쓴 책 『예수의 생애 연구사』는 1906년에 출간되었다.[10] 이것은 19세기에 나온 낭만주의적 "예수전"들을 모두 개관한 기념비적 저서다. 슈바이처 자신은 예수가 종말론적인 예언자였으나 임박한 종말에 대한 예수의 기대는 결코 성취되지 않은 것으로 묘사했다. 슈바이처가 시작한 탐구는 루돌프 불트만에 이르러 끝났다. 불트만은 20세기 사람으로서, 예수의 역사성을 논증하는 것은 가능하지도 않고 (만일 가능하다 해도) 믿음을 위해 필요하지도 않다고 주장했다.

그래서 제2차 세계대전 이후에, 역사적 예수에 대한 새로운 탐구가 시작되었다. 보통 1953년 불트만의 제자였던 에른스트 케제만이 "역사적 예수의 문제"라는 제목으로 행한 연설에서부터 새로운 탐구가 시작된 것으로 본다. 케제만은 불트만의 극단적 회의주의에 불만을 느꼈다고 털어놓았다. 케제만 및 다른 '후기 불트만 학파' 사람들은 역사에 대해 좀더 긍정적인 견해를 가지라고 촉구했으며, 예수를 가르침을 베푸는 현자, 종교적 천재, 혹은 사회적 혁명론자로 간주하는 경향이 있었다. 하지만 이러한 해석은 예수를, 십자가 처형을 당할 일을 하거나 전 세계적인 기독교 운동을 일으킬 만한 인물이 못 되는 무기력한 존재로 만들어 버린다.

그런데 1980년대 이래, 일부 학자들은 역사적 예수에 대한 제3의 탐구가 시작되었음을 알려 주고 있다.[11] 그것의 가장 중요한 특징 중 하나는 관련된 기독교 학자들 및 유대교 학자들이 예수가 유대인임과, 이스라엘의 정당성을 입증하고 이스라엘을 회복시키는 예수의 사명을 둘 다 강조한다는 것이다. 이 제3의 탐구는 예수에 대한 복음서 묘사의 신빙성을 확신하고 있다.

하지만 미국의 "예수 세미나"에서 명백히 드러난 것처럼, 누구나 다 그러한 확신을 가지고 있는 것은 결코 아니다. "예수 세미나"는 1985년에 로버트 펑크와 존 도미닉 크로산이 공동 설립했으며 75명 가량의 '특별 연구원'이 1년에 두 번씩 모여서 예수님이 하셨다는 말씀이 모두 정말 예수님의 말씀인지 아닌지 평가해 왔다. 그들은 색 코드를 사용했다. 즉 의심할 여지 없이 확실한 예수님의 말씀은 붉은색, 예수님의 말씀인 듯한 것은 분홍색, 확실한 예수님의 말씀은 아니지만 비슷한 것은 회색, 확실히 예수님의 말씀이 아니며 후에 전승으로 내려온 것은 검은색으로 표시했다. 그들의 책 『5복음서: 예수는 정말로 무엇을 말했는가?』(5복음서는 외경인 도마 복음을 말한다)에서 그들은 "복음서에 예수님의 말씀이라고 나와 있는 것의 82퍼센트는 실제로 예수님이 말씀하신 것이 아니다"라고 결론 내렸다. 이제 그들은 예수님의 말씀에 대한 조사에서 그분이 하신 일에 대한 조사로 넘어갔다. 하지만 그들의 연구는 별로 도움이 될 것 같지 않다. 그들의 판단 기준이 대체로 주관적이기 때문이다.[12]

복음서를 직접 살펴보기 전에, 학자들의 강조점이 역사에서 신학으로 옮겨 가는 중대한 이동이 일어났다는 점을 주목해야 할 것이다. '양식 비평'은 초대교회의 관심사에 몰두했던 반면, '편집 비평'은 그보다는 각 복음서 저자들의 관심사에 몰두한다. 각 복음서 저자들이 세심한 역사가였음을 우리가 아무리 확신한다 해도(누가가 1:1-14에서 주장하듯이), 그들이 또한 의식적으로 복음을 전하는 전도자였으며 자신의 독특한 강조점을 개진하던 신학자들이었음을 기억하는 것 역시 중요하다. 그러므로 신적 영감 과정이 인간 저자들의 개성을 억제하지 않았음은 분명하다. 이것이 바로 성경의 이중 저작설, 즉 하나님이 인간의 언어를 통해 자신의 말씀을 전하기로 하셨다는 것이다. 성령께서는 인간 저자들 각자를 통해 적절하고도 독특한 메시지를 전달하시기 위해, 그들을 택하고 다듬고 준비시키고 구비시켰다.

1부

원래의 예수

신약은 예수를 어떻게 증거하는가?

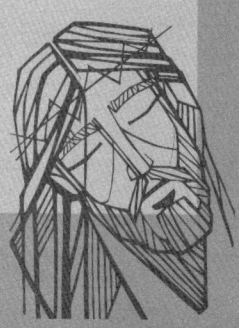

사복음서

1. 마태복음: 성경의 성취 그리스도

하나님의 섭리로 우리에게 사복음서가 있다는 사실은 얼마나 감사한가! 예수 그리스도는 한 사람의 저자가 포착하거나 하나의 관점에서만 묘사하기에는 너무나 위대하고 영광스러운 인물이시기 때문이다. 복음서들에 나오는 예수님은 네 얼굴을 가진 초상화, 네 면을 가진 다이아몬드이시다.

그렇다면 마태가 말하는 예수의 주된 특징은 무엇인가? 그것은 **성취**라는 한 단어로 말할 수 있다. 대단히 유대적인 가문과 문화권에 속해 있던 마태는 예수를 구약의 성취로 묘사한다. 마태복음은 신약과 구약 사이, 준비와 성취 사이의 다리 역할을 하고 있기 때문이다. 마태복음 13:16-17에 기록된 예수님의 말씀을 잘 생각해 보라. "너희 눈은 봄으로, 너희 귀는 들음으로 복이 있도다. 내가 진실로 너희에게 이르노니 많은 선지자와 의인이 너희가 보는 것들을 보고자 하여도 보지 못하였고 너희가 듣는 것들을 듣고자 하여도 듣지 못하였느니라."

다시 말해, 구약 선지자들은 성취를 예상하면서 살았다. 그러나 사도들은 실제로 성취되는 시대에 살고 있었다. 선조들이 보고 듣기를 갈망했던 것을 그들의 눈으로 실제로 보고 있었으며, 그들의 귀로 실제로 듣고 있었다. 그래서 마태는 예수님을 또 다른 선지자, 수십 세기 동안 계속 있었던 선견자들의 뒤를 잇는 또 한 사람의 선견자로 보기보다는, 오히려 모든 예언의 성취로 보았다. 오랫동안 기다려 왔던 하나님 나라가 바로 예수의 사역 안에서 그 사역과 함께 임했다.

그렇다면 첫째, 마태의 그리스도는 **예언의 성취**였다. 우리는 마태복음 서두에 나오는 계보(1:1-17)를 보면서 이 점에 주의를 기울이지 않을 수 없다. 마태는 예수의 혈통을 밝히면서 선택받은 백성의 조상으로서 하나님이 세상에 복 주시는 통로로 쓰겠다고 약속하셨던 아브라함에게까지, 그리고 이스라엘의 가장 위대한 왕으로서 앞으로 오실 위대한 왕의 모범이 되는 다윗에게까지 거슬러 올라가기 때문이다. 이렇게 마태는 왕족의 계보를 제시한다. 그는 예수가 "다윗의 자손"(그는 이 칭호를 다른 복음서 기자 세 명이 사용한 것을 다 합친 것보다 더 자주 쓴다), 다윗의 보좌에 오를 권리가 있는 분임을 보여 주는 데 관심을 갖고 있다.

마태가 즐겨 사용하는 문구는 "기록된 것이 이루어지기 위해 지금 이 일이 일어났다"는 것이다. 그 말은 11번 나온다. 그는 일어난 모든 일이 예언되었던 것이며 예언된 모든 일이 성취되었음을 보여 주려고 애쓴다. 게다가 마태는 예수님 이야기에 이스라엘 이야기가 요약되어 있는 것을 본다. 이스라엘이 포악한 바로 치하 애굽에서 억압당했던 것처럼, 아기 예수는 포악한 헤롯왕 치하 애굽에서 난민이 되었다. 이스라엘이 홍해를 통과한 후 40년간 광야에서 시험받은 것처럼, 예수님은 요단강에서 세례 요한에게 세례를 받은 후 40일 동안 유대 광야에서 시험받으셨다. 또한 모세가 시내산에서 이스라엘에게 율법을 주었던 것처럼, 예수님은 감람산에서 제자들에게 율법을 참되게 해석하고 자세히 설명해 주셨다.

성취라는 주제는 예수님이 하나님 나라의 막을 여신 것에서 가장 분명하게 드러난다. 사복음서 기자들 모두 예수님이 하나님 나라를 선포하셨다고 쓴다. 하지만 마태는 그 점을 특히 강조한다. 유대인들은 하나님의 거룩한 이름을 입 밖에 내어 말하기를 꺼리기 때문에, 마태는 대신 "천국"이라는 표현을 사용한다(약 50번). 그는 또한 그 나라가 현존하는 실재(그 나라가 이미 그들에게 "임하였[으므로]", 12:28)이면서 또한 장차 올 것(역사의 끝에 왕이신 하나님이 영광의 보좌에 앉아 모든 민족을 심판하실 것이므로, 25:31-46)이라는 점을 잘 이해하고 있다. 이 모든 면에서 즉 계보에서, 마태가 즐겨 사용하는 문구에서, 이스라엘 이야기가 요약 반복된 것에서, 하나님 나라에 대한 가르침에서, 마태의 그리스도는 예언의 성취이시다.

둘째, 마태의 그리스도는 **율법의 성취**이시다. 당시 사람들이 보기에는 예수님이 율법을 멸시하는 것 같았다. 이를테면 안식일을 범하거나 정결 의식을 모욕하거나 금식의 율법을 소홀히 하는 것처럼 보였다. 그들이 엄격하게 지키는 부분에서 예수님은 느슨하고 흐릿한 것처럼 보였다. 하지만 예수님은 자신이 율법에 충실하다고 주장하셨다. 어떤 학자들은 마태가 의도적으로 예수님을 새로운 모세로 묘사했다고 생각한다. 모세오경에 모세의 다섯 책이 있는 것과 마찬가지로, 일종의 기독교적 오경인 마태복음에는 예수님의 가르침이 다섯 개 나와 있기 때문이다.

마태는 다음과 같은 예수님의 말씀을 기록한다.

내가 율법이나 선지자를 폐하러 온 줄로 생각하지 말라. 폐하러 온 것이 아니요 완전하게 하려 함이라. 진실로 너희에게 이르노니 천지가 없어지기 전에는 율법의 일점일획도 결코 없어지지 아니하고 다 이루리라.…내가 너희에게 이르노니 너희 의가 서기관과 바리새인보다 더 낫지 못하면 결코 천국에 들어가지 못하리라. (마 5:17-18, 20)

제자들은 예수님의 이 말을 듣고 어이가 없어서 말문이 막혔을 것이다. 바리새인들은 세상에서 가장 의로운 사람들이었기 때문이다. 그렇다면 어떻게 예수님의 제자들이 지상에서 가장 의로운 사람들보다 더 의로울 수 있단 말인가? 주님은 농담을 하고 계시는 것이 분명하다! 하지만 그리스도인의 의는 바리새인의 의보다 더 크다. 그리스도인들의 의가 더 깊기 때문이다. 그리스도인의 의는 마음의 의로서, 말과 행동만의 의가 아니라 특히 생각과 동기의 의이다(마 5:21-30을 보라). 바로 이러한 의미에서 예수님은 율법의 완성이셨다. 예수님은 율법에서 율법의 논리적 결론으로 나아가셨다. 예수님은 율법을 피상적으로 이해하는 것을 넘어서, 율법이 근본적인 마음의 의를 요구한다는 점을 주목하셨다.

셋째, 마태의 그리스도는 **이스라엘의 성취**이시다. 이것은 세 가지 성취 중 가장 간과하기 쉬운 것이다. 마태복음을 읽고서도 이 점을 놓칠 수 있다. 마태는 예수님이 이스라엘에게 회개하라고 최후 명령을 하고 계시는 것을 본다. 그래서 예수님은 사도들에게 자신이 "이스라엘 집의 잃어버린 양"(15:24)에게만 보내심을 받았으며, 그들은 "이스라엘 집의 잃어버린 양"(10:6)에게만 가야 한다고 말씀하셨다. 물론 후에 사도들은 예수님의 대위임령을 듣고 이방 세계까지 시야를 넓혔을 것이다. 하지만 지금 예수님이 지상 사역을 하시는 동안에는 이스라엘에게 한 번 더 기회가 주어져야 한다. 그렇지만 이스라엘은 끝까지 고집스럽게 반역했다. 그래서 예수님은 예루살렘성을 바라보시며 우셨다. 예수님은 그 성 사람들을 그분의 날개 아래로 모으기를 간절히 바라셨지만, 바로 그 세대에 그분의 심판이 임하리라고 경고하셨다. 물론 그 심판은 주후 70년에 그대로 일어났다(마 23:36-39).

이처럼 예수님은 자신을 유일하게 살아남은 진정한 이스라엘의 대표자로 보셨다. 예수님만 계속해서 신실하셨고, 예수님을 제외한 온 민족은 변절자가 되었다. 동시에 예수님은 새로운 이스라엘의 시작이었다. 그래서 예수님은 의도적으로 새 이스라엘의 핵심으로 열두 지파에 상당하는 열두 제자를 택하셨다. 하나님 나라는 그들에게 옮겨질 것이다(21:43). 게다가 예수님은 이 사람들을 자신의 '교회'라고 부르시는데, 그것은 산상수훈에서 묘사된 하나님 나라의 가치관과 기준을 가진 반문화적 공동체다.

예수님은 또한 이 새 이스라엘이 여러 인종이 혼합된 국제적인 나라가 되고, 세상에 빛과 소금이 되리라고 분명하게 말씀하셨다. 사복음서 기자 중 마태가 가장 유대적임에도 불구하고, 그의 복음서 앞부분에서 이방 민족들의 대표인 신비한 동방박사들의 방문을 그리고 끝부분에서는 가서 모든 족속으로 제자를 삼으라는 부활하신 주님의 명령을 기술하는 것은 특별히 놀라운 일이다. 이처럼 예수의 천국 공동체는 처음에는 겨자씨같이 아주 작고 보잘것없게 시작하지만, 자라서 마침내 온 땅을 채울 것이다. "또 너희에게 이르노니 동서로부터 많은 사람이 이르러 아브라함과 이삭과 야곱과 함께 천국에 앉으려니와"(마 8:11).

2. 마가복음: 고난받는 종 그리스도

마태가 예수를 성경의 그리스도로 제시한다면, 마가는 예수를 여호와의 고난받는 종으로, 그의 백성의 죄를 위해 죽으시는 분으로 제시한다. 마가의 예수 이해에서 중심이 되는 것은 십자가이다.

마가복음은 다른 세 복음서와 마찬가지로 엄밀히 말하자면 작자 미상이다. 저자는 자신의 신원을 밝히지 않는다. 하지만 아주 예전부터 두 번째 복음서는 마가의 저작으로 간주되고 있다. 동시에 마가와 사도 베드로 사이에는 밀접한 연관이 있었던 것으로 알려져 있다. 2세기 초 히에라폴리스의 주교였던 파피아스는 마가를 베드로의 회고록과 설교를 기록한 베드로의 '해설자'라고 일컬었다. 분명 마가복음은 다른 복음서들보다 베드로를 더 많이 언급하며, 베드로의 어리석음과 약점과 예수님을 부인한 사건을 다른 복음서 기자들보다 더 자세하고 생생하게 말한다. 어떤 사람들은 마가가 그렇게 하면서 베드로와 동료 의식을 느끼게 되었다고 주장한다. 마가 역시 실패자였기 때문이다. 겟세마네 동산에서 벗은 몸으로 도망한 청년이 마가였다면(막 14:51-52), 마가 역시 도망자였다. 그리고 바울의 제1차 선교 여행 당시 마가는 다시 한번 도망갔다(행 13:13; 15:37-38). 하지만 만일 베드로처럼 마가도 예수님을 부인했다면, 베드로와 마찬가지로 마가 역시 회복되었을 것이다. 이후의 신약 서신서들에서 마가가 베드로와 바울을 둘 다 충성스럽게 섬기고 있는 모습을 보게 되기 때문이다. 예를 들어, 바울은 "마가…가 나의 일에 유익하니라"고 썼다(딤후 4:11).

이제 마가복음에 나오는 중대한 본문을 하나 살펴보자. 이 본문은 마가가 즐겨 다루는 세 가지 주제, 곧 예수는 누구셨으며, 그분은 무엇을 하러 오셨으며, 제자들에게 무엇을 요구하셨는가를 결합하고 있다. 이 본문은 마가복음에서 전환점이다. 왜냐하면 그것은 예수의 사역의 전환점이었기 때문이다. 이 사건 전에는 예수는 인기 있는 선생이자 치유자로 사람들의 추앙을 받으셨지만, 이제부터는 앞으로 닥칠 십자가에 대해 제자들에게 경고하신다.

예수와 제자들이 빌립보 가이사랴 여러 마을로 나가실새 길에서 제자들에게 물어 이르시되 사람들이 나를 누구라고 하느냐? 제자들의 여짜와 이르되 세례 요한이라 하고 더러는 엘리야, 더러는 선지자 중의 하나라 하나이다. 또 물으시되 너희는 나를 누구라 하느냐? 베드로가 대답하여 이르되 주는 그리스도시니이다 하매 이에 자기의 일을 아무에게도 말하지 말라 경고하시고 인자가 많은 고난을 받고 장로들과 대제사장들과 서기관들에게 버린 바 되어 죽임을 당하고 사흘 만에 살아나야 할 것을 비로소 그들에게 가르치시되 드러내 놓고 이 말씀을 하시니 베드로가 예수를 붙들고 항변하매 예수께서 돌이키사 제자들을 보시며 베드로를 꾸짖어 이르시되 사탄아 내 뒤로 물러가라 네가 하나님의 일을 생각하지 아니하고 도리어 사람의 일을 생각하는도다 하시고 무리와 제자들을 불러 이르시되 누구든지 나를 따라오려거든 자기를 부인하고 자기 십자가를 지고 나를 따를 것이니라. 누구든지 자기 목숨을 구원하고자 하면 잃을 것이요 누구든지 나와 복음을 위하여 자기 목숨을 잃으면 구원하리라. 사람이 만일 온 천하를 얻고도 자기 목숨을 잃으면 무엇이 유익하리요? 사람이 무엇을 주고 자기 목숨과 바꾸겠느냐? 누구든지 이 음란하고 죄 많은 세대에서 나와 내 말을 부끄러워하면 인자도 아버지의 영광으로 거룩한 천사들과 함께 올 때에 그 사람을 부끄러워하리라. (막 8:27-38)

첫째, **예수님이 누구셨는지 생각해 보라.** 예수님은 자신의 정체에 대한 일반 사람들의 인식과, 제자들이 개인적으로 갖기 시작한 확신 사이에 차이가 있음을 아셨다. 대중의 견해에 따르면 예수님은 세례 요한, 엘리야 혹은 또 다른 선지자였다. 열두 제자에 따르면 예수님은 또 한 명의 선지자가 아니라 "그리스도", 모든 예언의 성취이셨다. 마태는 "하나님의 아들"이라는 말을 덧붙이는데, 아마도 이는 예수님이 영원한 성자라는 의미가 아니라 메시아라는 의미일 것이다(시 2:7-8에서처럼).

제자들이 이러한 신앙을 고백한 직후, 예수님은 "자기의 일을 아무에게도 말하지 말라 경고하시고"(막 8:30) 계속 침묵을 지키고 자신의 신원을 비밀로 하라고 하셨다. 많은 독자들은 이 명령을 보면서 당혹스러움을 느껴 왔다. 하지만 그것을 이해하기는 어렵지 않다. 마가가 이미 두 번에 걸쳐 침묵을 지키라는 명령을 기록한 바 있기 때문이다. 예수님은 문둥병자를 고치신 후에 그에게 "삼가 아무에게 아무 말도 하지 말…라"(막 1:44)고 말씀하셨다. 귀먹고 벙어리인 자를 고치신 후에도 "아무에게라도 이르지 말라"(막 7:36)고 명령하셨다. 하지만 왜 그들은 입을 다물고 있어야 하는가? 그 이유는 대중이 메시아에 대해 잘못된 정치적 개념을 가지고 있었기 때문이다. 이스라엘은 마카베오 치하에서 잠깐 황홀한 자유를 맛본 것을 제외하고는 700년 이상 줄곧 외세의 압제에 시달려 왔다. 하지만 이제 사람들은 여호와께서 다시 한번 간섭하셔서, 그분의 원수들이 멸망하고 그분의 백성이 해방될 것이며 메시아의 시대가 밝아 올 것이라고 꿈꾸고 있었다. 갈릴리는 그러한 민족주의적 기대의 온상이었다.

예수님은 분명 사람들이 자신에게 이러한 혁명적 역할을 기대할까 봐 염려하셨으며, 이러한 염려를 하실 만한 충분한 이유가 있었다. 예수님이 5천 명을 먹이신 후, 요한에 따르면, 무리가 그분을 "억지로 붙들어 임금으로 삼으려"(요 6:15) 했다. 하지만 예수님은 정치적 메시아가 되기 위해 오신 것이 아니었다. 예수님은 오히려 죽으러 그리고 죽음을 통해 그분의 백성을 영적으로 해방시키러 오셨다. 그래서 일단 제자들이 그분을 메시아로 인식하자, "인자가 많은 고난을 받고 장로들과 대제사장들과 서기관들에게 버린 바 되어 죽임을 당하고 사흘 만에 살아나야 할 것을 비로소 그들에게 가르치[셨다]"(막 8:31). 게다가 그분은 "드러내 놓고 이 말씀을 하[셨다]"(막 8:32). 즉 터놓고 공개적으로 하셨다는 말이다. 그가 어떠한 메시아가 되기 위해 오셨는지는 한 점 비밀도 없이 밝혀져야 했다.

둘째, **예수님이 무엇을 하러 오셨는지 생각해 보라**. 마가는 일단 열두 제자가 예수님의 신원을 파악하고 나자, 예수님은 오로지 십자가만을 강조하셨다고 설명한다. 예수님은 자신의 고난과 죽음에 대해 세 번 더 명확하게 예언하셨다(막 9:31; 10:33, 45). 실제로 마가복음 전체의 3분의 1은 십자가 이야기에 할애되어 있다.

예수님의 예언들에서 세 개의 문구는 특별히 주목할 만하다. 첫째,

"인자가 많은 고난을 받아야 하고…죽임을 **당해야 할**"(막 8:31, NIV, 저자 강조) 것이라는 말이다. 강박적인 분위기가 감돈다. 왜 그분은 고난을 **받아야 하고** 죽임을 **당해야 하는가**? 그 대답은 성경이 성취되어야 하기 때문이라는 것이다. 십자가에 대한 예수님의 예언을 듣고 베드로는 건방지게도 예수님을 꾸짖는다. 그래서 예수님은 돌이켜 베드로를 꾸짖으셨다(막 8:32-33). 십자가의 필요성을 해치는 것은 무엇이든 절대로 허용해서는 안 된다.

두 번째로 주목할 문구는 고난을 받아야 하는 분이 **"인자"**(the Son of Man)라는 것이다. '인자'라는 말은 히브리어에서 통상 인간을 나타내는 표현이며 성경에서도 종종 그런 뜻으로 쓰였다. 하지만 예수님이 자신을 지칭하기 위해 사용하셨을 때는, 다니엘 7장에 나오는 환상과 관련하여 사용하셨음이 분명한 듯하다. 다니엘서 본문을 보면 "인자 같은 이"(즉, 인간의 모습)가 하늘 구름을 타고, 보좌에 앉으신 옛적부터 항상 계신 자(전능하신 하나님)께로 다가와서는 권세와 영광과 나라를 받았다. 그래서 그 결과 모든 백성과 나라와 각 방언하는 자가 그를 섬겼다. 그의 통치는 영원한 권세라 옮기지 아니할 것이요 그 나라는 폐하지 아니할 것이라고 다니엘은 덧붙인다(단 7:13-14). 하지만 이제 예수님은 인자가 고난을 받아야 한다는 놀라운 선포를 하신다. 이는 예수님이 그 칭호는 취하셨지만, 자신의 역할은 바꾸셨음을 의미한다. 다니엘에 따르면, 모든 나라가 그를 섬길 것이다. 예수님에 따르면, 그분은 섬김을 받는 것이 아니라 섬기실 것이다. 이처럼 예수님은 그 어느 누구도 일찍이 하지 않은 일을 하셨다. 곧 두 개의 구약 이미지―고난받을 종(사 53장)과 통치하실 인자(단 7장)―를 합쳐 버린 것이다. 오스카 쿨만은 이렇게 쓴다.

'인자'라는 말은 유대교에서는 최고를 나타내는 선언이다. 반면 '에베드 야웨'(ebed Yahweh, 여호와의 종)라는 말은 가장 낮은 겸손의 표현이다.…이것은 이제껏 들어 본 바 없는 예수님의 새로운 행동이다. 곧 그분은 자신의 자의식 속에서 겉보기에 서로 모순되는 듯한 이 두 과업을 하나로 만드셨으며, 자신의 생애와 가르침에서 그 연합을 나타내신 것이다.[1]

예수님이 자신의 죽음과 관련하여 사용하신 세 번째 표현은 "인자의 온 것은 섬김을 받으려 함이 아니라 도리어 섬기려 하고 **자기 목숨을 많은 사람의 대속물로 주려** 함이니라"(막 10:45, 저자 강조)는 것이다. '대속물'이란 포로를 석방시키기 위해 지불하는 값이다. 그러므로 예수님은 인간들이 (특히 죄와 죄책과 심판의) 포로로 잡혀 있으며, 우리는 우리 자신을 구원할 수 없다고 가르치신 것이다. 그래서 그분은 자신을 많은 사람 대신 대속물로 주신 것이다. 십자가는 우리를 해방시키는 수단이 될 것이다. 오직 예수님이 우리 대신 죽으셨기 때문에, 우리는 자유롭게 된다. 마가에 따르면, 이 모든 것이 십자가에 대한 예수 그리스도의 이해에 포함된다.

셋째, **예수님이 우리에게 무엇을 요구하시는지 생각해 보라**. 예수님은 이제 앞으로 닥칠 자신의 죽음에 대해 말씀하시면서, 무리를 불러 이르셨다. "누구든지 나를 따라오려거든 자기를 부인하고 자기 십자가를 지고 나를 따를 것이니라"(막 8:34). 즉 예수님은 곧바로 그분의 십자가에서 우리의 십자가로 이동하셨으며, 기독교 제자도를 자기 부인, 심지어 죽음이라는 견지에서 말씀하셨다. 십자가를 진다는 말은 로마의 점령하에 있던 팔레스타인이라는 문화적 배경에 비추어 보아야만 이해할 수 있다. 로마인들은 가장 악질 범죄자들만 십자가로 처형했으며, 십자가형을 선고받은 사람들에게 처형 장소까지 십자가를 강제로 지고 가게 했다. 그러므로 우리가 그리스도를 따르며 십자가를 지고 있다면, 우리가 갈 수 있는 곳은 단 한 군데밖에 없다. 그곳은 바로 사형장이다.

기독교 제자도는 신념, 선행, 종교적 관행의 혼합물보다 훨씬 더 급진적인 것이다. 죽음과 부활 외에는 어떤 이미지도 그것을 제대로 나타내지 못한다. 우리는 우리 자신을 잃어버릴 때 우리 자신을 발견하며, 죽을 때 살기 때문이다(막 8:35).

여기에 마가의 기본적인 세 가지 주제가 나온다. 예수님은 누구신가? 그리스도. 그분은 무엇을 하러 오셨는가? 섬기고, 고난을 받고, 죽으러 오셨다. 그분은 제자들에게 무엇을 명하시는가? 자기 부인이라는 죽음을 통해 부활의 영광에 이르기까지 우리 십자가를 지고 그분을 따르는 것.

교회사 전체에 걸친 중대한 질문들은 언제나 기독론적인 것이었다. 그 질문들은 예수의 신원과 사명과 요구에 관한 것이었다. 이런 것들을 발견하려 할 때, 우리는 대중의 의견("사람들이 나를 누구라고 하느냐?")이나 특이한 교회 지도자들(베드로와 같이 건방지게도 예수님을 반박하는)의 의견 둘 다를 조심해야 한다. 그 대신 우리는 예수님 자신의 증거에 나타난 그분의 말씀—특히 마가가 기록한 대로 십자가에 대한 그분의 강조—에 귀기울여야 한다. 십자가가 중심에 있지 않으면 진정한 기독교 신앙이나 삶은 있을 수 없다.

3. 누가복음과 사도행전: 온 세상의 구세주 그리스도

복음서 기자들이 어떤 사람이었는가 하는 것과 그들이 예수 그리스도를 증거하는 방식 간에는 근본적으로 상응하는 면이 있다. 신적 영감은 저자들의 인간적 개성을 구체화시켰지 말살시키지는 않았기 때문이다. 이 원리에 대한 신약의 가장 좋은 예는 누가이다. 그는 신약을 쓴 사람 중 유일한 이방인이다. 그러므로 그가 예수를 (마태처럼) 성경의 그리스도로 제시하거나 (마가처럼) 고난받는 종으로 제시하지 않고, 인종이나 국적, 사회적 지위, 성별, 필요, 연령에 관계없이 온 세상의 구세주로 제시하는 것은 대단히 적절하다.

첫째, 누가는 **의사였다**(골 4:14). 따라서 그는 훌륭한 교육을 받은 교양 있는 사람(세련된 헬라어를 구사하는)이었으며, 동정심 많은 사람이었을 것이다(아마도 그는 히포크라테스 선서를 했을 것이다).

둘째, 누가는 **이방인**이었다. 바울은 그를 "나의 동료들 중 유대인들"(골 4:11, NIV)과 구분한다. 그래서 그는 로마 제국이라는 넓은 세계에 속해 있었다. 적어도 세 번에 걸쳐(사도행전에 '우리'라는 단어가 쓰인 부분들) 누가는 바울의 여행에 동참했다. 그는 넓은 시야와 광범위한 공감대를 가지고 있는 사람이었다. 다른 세 명의 복음서 기자는 갈릴리를 바다라고 말하지만, 누가만 그것을 호수라고 부른다. 그가 항해했던 대해인 지중해에 비하면 갈릴리는 연못에 불과했다.

셋째, 누가는 **역사가**였다. 우리는 그가 복음서 서문에서 자신의 서술 방법에 대해 쓴 것을 액면 그대로 받아들여야 한다. 그는 신화를 쓰고 있는 것도 아니고, 미드라쉬(유대적 사고에 따른 일종의 성경 주석—역주)를 쓰고 있는 것도 아니었다. 그는 역사적 진리를 썼다고 주장한다. 예수의 탄생, 사역, 죽음, 부활을 둘러싸고 일어난 사건들은 목격자들이 전달해 준 것이기 때문이다. 누가 자신이 그 사건들을 조사했으며, 이제 독자들이 배우고 믿은 바의 확실함을 알도록 하기 위해 그것들을 기록하고 있다.

누가는 언제 연구에 착수했을까? 그는 열두 제자도 아니었으며, 사건들을 직접 목격한 사람도 아니었다. 하지만 그는 나중에 주후 57년경부터 팔레스타인에 2년 동안 머물 기회가 있었다. 그는 바울과 함께 배를 타고 팔레스타인에 도착했는데, 바울은 곧바로 체포되어 투옥되었다. 바울이 2년간 가이사랴 감옥에 있는 동안 누가는 자유인이었다(행 21:17; 24:27). 이 기간 동안 그는 어떤 일을 했을까? 알 수는 없다. 하지만 그가 그 지역 전체를 샅샅이 여행하면서 예수와 관련된 거룩한 장소들을 방문하고, 유대 문화를 샅샅이 익히고, 목격자들과 인터뷰를 하면서 시간을 보냈으리라고 추측하는 것은 무리가 아니다. 그중에는 아마도 이제 나이 든 부인이 된 동정녀 마리아도 있었을 것이다. 누가가 마리아 이야기를 들려주고 있으며, 누가가 독자들에게 전하는 예수의 탄생 및 유아 시절에 대한 세부 사항은 마리아를 만나 들은 이야기임이 분명하기 때문이다.

그렇다면 누가는 바로 이런 사람이었다. 의사이며 이방인이고 역사가로서 기독교의 기원에 대한 두 권의 책—신약의 4분의 1 이상을 차지하며 우리가 그 책들의 신빙성을 확신할 수 있는 – 을 쓸 자격을 충분히 갖춘 사람이었던 것이다.

그렇다면 누가의 메시지는 무엇인가? 그것은 다음과 같은 시므온의 노래에 요약되어 있다.

> 내 눈이 주의 구원을 보았사오니…
> 이방을 비추는 빛이요
> 주의 백성 이스라엘의 영광이니이다. (2:30-32)

이방인의 구원에 대한 이 같은 말은 누가복음 3:6의 "모든 육체가 하나님의 구원하심을 보리라"에 반복되어 있다. 네 복음서 기자는 모두 세례 요한의 사역에 대해 말하며, 이사야 40장에서 나오는 "광야에 외치는 자의 소리"라는 말을 인용한다. 하지만 오직 누가만이 그 인용문의 뒷부분인 "모든 육체가 하나님의 구원하심을 보리라"는 말까지 포함시킨다(눅 3:6).

그렇다면 첫째, 누가의 메시지는 **구원의 복된 소식**이다. '구원'이 누가복음의 핵심 단어다. 그는 구원에 두 가지 구성 요소가 포함되어 있음을 분명하게 밝혔다. 그것은 소극적으로는 죄책이 제거되는 것(죄 사함을 가져다주는 것)이며, 적극적으로는 성령이 주어지는 것(새로운 탄생을 전달해 주는 것)이다. 이 두 가지가 다 누가의 두 권짜리 이야기의 두드러진 특징이다.

죄 사함에 대해 생각해 보자. 오직 누가만이, 아들 요한이 "주의 백성에게 그 죄 사함으로 말미암는 구원을 알게"(눅 1:77) 할 것이라는 사가랴의 예언을 기록한다. 오직 누가만이 예수님이 자신의 발에 향유를 붓고 눈물로 그 발을 적신 여자의 죄를 사해 주신 것을 말한다(눅 7:48). 오직 누가만이 회개하고 집으로 돌아와 포옹과 입맞춤을 받고 축하 잔치의 주인공이 된 저 유명한 탕자의 비유를 말한다(눅 15:11-32). 오직 누가만이 대위임령을 "죄 사함을 받게 하는 회개"가 모든 족속에게 전파될 것이라는 말로 기록한다(눅 24:47). 그리고 오직 누가만이 바울이 비시디아 안디옥에서 "이 사람(예수님)을 힘입어 죄 사함을" 선포했다고 기록한다(행 13:38).

구원의 또 다른 측면은 새로운 탄생과 새로운 생명을 가져오는 성령이 주어진다는 것이다. 누가는 모든 복음서 기자들 중 성령의 사역에 가장 큰 관심을 보인다. 그는 예수님이 성령의 기름 부음을 받으셨으며, 성령의 권능으로 사역을 행하신다고 말한다(3:22; 4:1, 14, 18). 그리고 오순절에 성령이 오신 것과 그 이후 기독교 선교가 발전한 것을 기록하는 사람도 누가뿐이다(행 2:1-12; 13:2 등).

그러므로 이것들이 구원의 두 구성 요소이다. 죄 사함은 우리의 과거를 근절하며, 성령은 우리의 미래를 바꾸신다. 베드로는 오순절에 행한 설교 결론부에서 그것을 요약한다. 왜냐하면 그는 회개하고 믿고 세례를 받는 사람은 죄를 사함받고 성령을 선물로 받을 것이라고 약속하고 있기 때문이다(행 2:38). 게다가 이 위대한 구원은 큰 기쁨을 가져다준다. 누가는 "큰 기쁨의 좋은 소식"을 알리는 말로 그의 복음서를 시작하며(눅 2:10), 사도들이 "큰 기쁨으로 예루살렘에 돌아[갔다]"(24:52)는 진술로 끝맺는다. 실로 누가가 쓴 두 권의 책을 보면, 둘 다 처음부터 끝까지 구원이 주어질 때 기쁨이 수반된다. 죄인 하나라도 회개하면 하늘에서는 큰 기쁨이 있기 때문이다(눅 15:7, 10; 참고. 행 8:8, 39, NIV).

둘째, 누가의 메시지는 **그리스도를 통한** 구원의 복된 소식이다. 이 진리는 시므온 이야기에 분명하게 나타난다. 그는 아기 예수를 팔에 안고 자신이 본 것에 대해 말하기 때문이다. 그가 실제로 본 것은 아기였다. 그러나 그는 하나님의 구원을 보았다고 말한다(눅 2:28, 30). 예수님은 바로 하나님의 구원이었기 때문이다. 그래서 누가는 특유의 세련된 방식으로 예수 그리스도의 비할 바 없는 이야기를 한다. 그분은 우리 구세주가 되기 위하여 다윗의 성에서 동정녀 마리아에게서 나셨다는 것, 삭개오에게 구원이 오늘 그의 집에 이르렀다고 말씀하시면서 덧붙여 인자의 온 것은 "잃어버린 자를 찾아 구원하려 함이니라"고 말씀하신 것(눅 19:9-10), 자신을 처형하는 자들을 용서해 달라고 기도하셨고 십자가에서 회개한 죄인에게 바로 그날 낙원에 있게 될 것이라고 약속하신 것(23:34, 43), 그리고 하나님 우편에 가장 권세 있는 자리로 높이 올려지시고 나서, 성령을 보내셨고 지금도 구원을 베풀고 계신 것(행 2:33)에 대해 말하는 것이다. 더 나아가, 예수님의 탄생과 죽으심과 부활과 높이 올려지심은 유일무이한 것이므로, 그분의 구원 역시 유일무이한 것이다. 다른 사람 안에서 하나님이 인간이 되시고, 죽으시고, 죽은 자 가운데서 살아나시고, 하늘로 올려지신 적이 없기 때문에, 다른 구세주는 없다. 그분과 같은 자격을 지닌 존재는 아무도 없기 때문이다. 누가는 "다른 이로써는 구원을 받을 수 없나니 천하 사람 중에 구원을 얻을 만한 다른 이름을 우리에게 주신 일이 없음이라"(행 4:12)는 사도 베드로의 단정적인 말을 실어 놓았다.

셋째, 누가의 메시지는 **전 세계를 위한** 그리스도를 통한 구원의 복된 소식이다. 누가는 그의 두 책 각각의 서두에서 의도적으로 보편성에 대해 진술한다. 한편으로 "모든 육체가 하나님의 구원하심을 보[게]"(3:6) 될 것이며, 다른 한편으로 "내가 내 영을 모든 육체에 부어 주[실]"(행 2:17) 것이다. 두 구절 모두 '파사 사르크스'(pasa sarx)라는 동일한 표현을 포함하고 있는데, 그 말은 '모든 육체' 혹은 '모든 사람'이라는 의미이다. 그 구절들은 다음에 어떤 이야기가 나올지 알려 주는 표지판 역할을 한다. 누가는 예수님이 세상이 멸시하는 사람들을 존중하시고, 친구가 없는 자들에게 친구가 되어 주시며, 소외된 사람들을 끌어안으시는 모습을 묘사하고 있기 때문이다.

첫째, **병든 자들과 고난받는 자들**. 물론, 사복음서 기자들 모두 예수님의 치유 사역에 대해 말한다. 하지만 의사인 누가는 그것에 대해 특별한 관심을 보인다. 1882년에 W. K. 호바트가 쓴 『성 누가의 의학 용어』가 출간되었다. 그는 누가와 당시의 헬라 의학 저술가들이 공통적으로 사용한 400개 이상의 단어를 열거해 놓았다. 그의 주장은 과장된 것이긴 하지만, 일부 증거는 유효하다. 윌리엄 바클레이가 썼듯이, "본능적으로 누가는 의학 용어를 사용한다."[2] 그는 증상, 진단, 치료법 등에 대해 의사다운 관심을 가진다. 마가는 혈루병을 앓던 여인이 이 의사 저 의사를 전전하면서 많은 고생을 하고 가진 돈을 탕진했지만 나아지기는커녕 더 나빠졌다고 말하고 있는데, 누가는 재미있게도 의사라는 직업의 평판이 훼손되지 않도록 그저 "아무에게도 고침을 받지 못하던 여자"(눅 8:43)라고 말하는 것으로 그친다.

둘째, **여자들과 어린아이들**. 고대 사회에서 여자들은 일반적으로 멸시받고 억압당했으며, 원치 않은 아이들은 버림받거나 살해되었다. 하지만 누가는 예수님이 여자들이나 어린아이들이나 모두 사랑하고 존중하셨다는 것을 강조한다. 오직 누가만이 엘리사벳과 마리아의 이야기, 마리아와 마르다의 이야기, 외아들을 잃은 나인성 과부의 이야기(눅 7:11-17), 자기들의 소유로 예수님을 후원한 여자들의 이야기(눅 8:3), 십자가 발치에서 지켜보고 안식일 다음 날 일찍 무덤에 왔던 여자들의 이야기(눅 23:49, 55-56; 24:1)를 기록한다. 아이들에 관해서는 마태와 마가 둘 다 "어린아이들이 내게 오는 것을 용납하라"는 예수님의 초청을 기록한다. 하지만 누가는 그런 어린아이를 가리켜 '아기'라고 말하며, 예수님이 "어린아이 하나를 데려다가 자기 곁에 세우[셨다]"고 덧붙인다(눅 9:47; 18:15-17).

셋째, **가난한 자들과 억압받는 자들**. 누가는 다른 복음서 기자들보다 더 부와 가난의 문제에 관심을 둔다. 그는 경제적 평등에 관심을 가지며, 예수님이 "가난한 자에게 복음을 전[하기]"(눅 4:18) 위해서 기름 부음을 받으셨다고 단정적으로 말한다. 그는 돈에 대한 세 가지 비유를 말하며, 초대 예루살렘 교회가 궁핍한 자들에게 자신의 소유를 관대하게 나누어 주었다고 말한다.

넷째, **세리들과 죄인들**. 두 집단 모두 사회적으로 버림받은 사람들이었다. '세리들'은 사람들이 증오하는 로마에 고용되어 있는 사람들이었기 때문이고, '죄인들'은 유대 율법과 전승에 대해 무지했기 때문이다. 하지만 누가는 세리들과 죄인들이 예수님 주위에 모여들었다는 것(눅 15:1), 비판에도 불구하고 예수님은 그들과 함께하셨다는 것(눅 5:30; 15:2) 그리고 예수님은 그들의 친구라는 별명을 얻으셨다는 것(눅

7:34)을 말해 준다. 그것은 앞으로 있을 메시아적 잔치가 어떤 모습일지 생생하게 보여 준다.

다섯째, **사마리아인들과 이방인들**. 사마리아인들은 주전 8세기 혼합 인구의 후예들로서, 반은 유대인이고 반은 이방인인 혼혈인들이었기 때문에, 유대인들은 그들과 상종을 하지 않았다. 하지만 예수님은 야고보와 요한이 엘리야처럼 하늘로부터 불을 명하여 사마리아 마을을 멸하고 싶어 하자 꾸짖으셨다(눅 9:54-55). 예수님은 선한 사마리아인에 대한 기억할 만한 비유를 말씀하셨는데, 그 비유에 나오는 사마리아인은 어떤 유대인도 사마리아인에게 절대로 하려 들지 않을 일을 유대인에게 해 주었다(눅 10:25-34). 그리고 예수님은 그분의 백성에게 오순절 이후 점점 더 넓은 지역에서 자신의 증인이 되라고 위임하셨는데, 거기에는 사마리아도 포함되었다(행 1:8). 이방인들에 대해 말하자면 물론 누가 자신이 바로 이방인이었다. 그래서 누가는 예수님의 계보를 말할 때 아담까지 거슬러 올라가며, 사도행전에서는 유대의 수도인 예루살렘으로부터 세계의 수도인 로마에까지 복음이 퍼져 나가는 것을 죽 기술한다. 이 흥미진진한 드라마에서 주역은 바울인데, 그는 이방인의 사도이며 누가의 영웅이었다.

그래서 누가는 바울의 세 번의 전도 여행에서 일어난 주요 사건을 연대기적으로 기술한다. 바울은 먼저 갈라디아 도시들을 복음화하고, 그다음에 유럽에 복음을 전하고, 에베소와 고린도에서 약 5년을 보냈다. 바울은 예루살렘에서 잡히고, 그 후 여러 번 재판을 받고, 로마로 위험스러운 항해를 한 끝에 마침내 로마에서 구류된다. 그곳에서 바울은 유대인 지도자들에게 "하나님의 이 구원이 이방인에게로 보내어진" 것에 대해 말했으며, 만 2년간 "하나님의 나라를 전파하며 주 예수 그리스도에 관한 모든 것을 담대하게 거침없이 가르[쳤다]"(행 28:28-31).

나는 이 책에서 다음과 같은 세 가지 이유 때문에 누가복음에 사도행전을 덧붙여 다루었다. 첫째, 누가가 두 책 모두의 저자이다. 둘째, 누가 자신이 그 두 책 사이에 근본적인 연속성이 있다고 단언했다. 그가 먼저 쓴 것(복음서)에는 예수님이 지상 사역 동안 행하시고 가르치시기를 '시작하신' 것이 나와 있고(행 1:1), 나중에 쓴 책(사도행전)에는 분명 예수님이 자신이 임명하신 사도들을 통해 계속해서 행하시고 가르치신 것이 나와 있다. 셋째, 두 책 모두 동일한 메시지, 곧 그리스도를 통해 온 세상에 하나님의 구원이 임하는 것(눅 2:30-32; 행 28:28)에 초점을 맞춘다.

그렇다면 누가가 쓴 두 책의 구성 요소는 구원(죄 사함과 성령으로 이루어져 있는), 그리스도(탄생과 죽음과 부활에 의해 유일무이하게 구원하실 자격을 갖추신 분) 그리고 그분이 인종, 계층, 성별, 연령, 필요에 관계없이 구원하러 오신 세상이다. 그리스도 안에 있는 하나님의 사랑은 모든 사람을 품으며, 특별히 사회의 주변으로 밀려난 사람들을 품는다. 그분은 다른 사람들이 접촉할 수 없다고 여기는 사람들과 접촉하기 위해 손을 내미신다. 누가의 그리스도는 온 세상의 구세주이시다.

4. 요한복음과 요한 서신들: 육신이 되신 말씀 그리스도

사복음서의 시작은 각각 다르다. 마태는 아브라함까지 거슬러 올라가는 예수님의 계보로 시작하며, 누가는 예수님의 수태와 탄생과 유아 시절로 시작한다. 마가는 세례 요한의 사역으로 시작한다. 반면에 요한은 바로 태초로 거슬러 올라간다. "태초에 말씀이 계시니라. 이 말씀이 하나님과 함께 계셨으니 이 말씀은 곧 하나님이시니라"(요 1:1). 이 인격적이고 영원하신 말씀은 또한 창조의 행위자로서 자신이 만든 세상을 떠나셨던 적이 한 번도 없으며, 모든 인간의 빛과 생명이 되신다.

어느 날 "육신이 되어 우리 가운데 거하[신]"(요 1:14) 분은 바로 이 하나님의 말씀, 하나님 아버지의 존재의 완벽한 표현이었다. 요한은 바로 그분을 증거했다. 그분은 세상을 잠깐 방문한 것이 아니라 성육신하셨다. 그분은 나사렛 예수라는 인간이 되셨다. 그 역설은 놀랄 만한 것이다. 창조주이신 그분이 자기가 지으신 연약한 인간의 몸을 입으셨다. 영원하신 분이 시간 속으로 들어오셨다. 전능하신 분이 스스로 연약하게 되셨다. 거룩하신 분이 시험을 받으셨다. 그리고 결국에는 불멸하신 분이 죽으셨다.

요한이 복음서를 쓴 목적은 무엇이었는가? 그가 직접 말해 준다. "예수께서 제자들 앞에서 이 책에 기록되지 아니한 다른 표적도 많이 행하셨으나 오직 이것을 기록함은 너희로 예수께서 하나님의 아들 그리스도이심을 믿게 하려 함이요 또 너희로 믿고 그 이름을 힘입어 생명을 얻게 하려 함이니라"(요 20:30-31).

분명한 세 단계가 나와 있다. (1) 요한은 특정한 '표적들'을 골라서 기록했다. (2) 그의 독자들이 예수님을 믿도록 하기 위해서, (3) 그들이 믿음으로써 예수님으로 말미암아 생명을 얻게 하기 위해서다. 이처럼 증거는 믿음으로, 믿음은 생명으로 이끌 것이다.

실제로 요한은 자신의 복음서를 그리스도에 대한 증거라는 견지에서 보는 듯하다. 그것은 일종의 법정과 가까운 모습이다. 거기서 예수님은 재판을 받고 계시다. 증인들이 줄줄이 소환되는데, 처음으로 나오는 증인은 "증언하러 왔으니 곧 빛에 대하여 증언[한]"(1:6-7) 세례 요한이었다. 그의 증언은 무엇이었는가? 그것은 "보라. 세상 죄를 지고 가는 하나님의 어린양이로다"(1:29)라는 것과 "그가 성령으로 세례를 베푸는 이"(요 1:33)라는 것이었다. 하지만 다른 인간 증인과, 신적 증인도 뒤이어 나왔다. 성부 자신께서 말과 행위로 성자를 증거하셨기 때문이다(요 5:31-40; 8:12, 14). 그의 말씀은 그의 행위를 해석한 것이었으며, 그의 행위들은 그의 말씀을 극적으로 표현해 주었다. 그리고 그가 죽은 후 진리의 영 역시 그를 증거하실 것이다(요 15:26-27).

많은 학자들은 요한이 의도적으로 일곱 개의 증거를 일곱 가지 중대한 기적의 형태로 모아 놓았다고 생각한다. 이 기적들은 하나님의 창조 능력의 표현이기 때문에 '권능들'(dunameis)이라고도 하며, 사람들에게 놀라움을 자아냈기 때문에 '기사들'(terata)라고도 한다. 하지만 요한이 그 기적들을 나타낼 때 자주 쓰는 용어는 '표적들'(sēmeia)이라는 말이었다. 기적의 유형적 현상보다 더 중요한 것은 그것이 가지고 있는 영적 의미였기 때문이다. 예수님이 행하신 기적들은 비유를 행동으로 나타낸 것으로, 그분의 주장을 눈에 보이게 극화하여 그분의 영광을 계시했다(요 2:11). 각 표적은 요한이 모아 놓은 증거들과 그가 묘사하고 있는 내용에 기여했다.

기적 1: 예수님은 물로 포도주를 만드셨는데, 이는 새로운 질서가 시작되었다는 그분의 주장을 입증하는 표적이었다. 예식에 사용되었던 여섯 개의 커다란 돌항아리는 가나의 결혼 잔치에서 옛 질서, 유대교의 상징으로 여겨졌다. 하지만 예수님은 자신의 임재 안에서 그 임재와 더불어 하나님 나라가 임했다는 표적으로 물을 포도주로 바꾸셨다. 예수님은 성전을 깨끗하게 하셨을 때(요 2:13 이하), 니고데모에게 중생의 필요성을 말씀하셨을 때(요 3:1 이하) 그리고 사마리아 여인에게 생수를 제공하셨을 때(요 4:1 이하)도 동일한 기본 진리를 상세히 말씀하셨다. 예수님은 새로운 시작을 선도하셨다.

기적 2와 기적 3: 예수님은 두 번에 걸쳐 치유의 기적을 행하셨는데, 이는 새로운 생명을 주신다는 그분의 주장을 입증하는 표적이었다. 먼저 예수님은 가버나움에 있는 왕의 신하의 아들을 고치셨다(4:46, 54). 이것은 그분의 두 번째 표적이었다. 그다음에 예루살렘에 있는 베데스다 못에서 38년 된 병자를 고치셨다(5:1 이하). 이러한 표적들에 뒤이어 요한은 예수님의 또 다른 말씀을 기록한다. 그것은 하나님 아버지께서 예수님에게 생명을 주는 권세와 심판을 행하는 권세를 주셨다는 말씀이었다. 심판과 생명을 주는 것은 둘 다 신적 특전이다(5:24-27).

기적 4: 예수님은 보리떡 다섯 개와 물고기 두 마리로 5천 명을 먹이는 기적을 행하셨는데, 이는 자신이 생명의 떡이라는 주장에 대한 표적이었다. 5천 명을 먹인 사건은 사복음서에 모두 기록되어 있는 단 하나의 기적이다. 하지만 요한만이 그다음에 예수님이 하신 말씀을 덧붙인다. 예수님은 이렇게 주장하셨다. "나는 곧 생명의 떡이니 내게 오는 자는 결코 주리지 아니할 터이요 나를 믿는 자는 영원히 목마르지 아니하리라"(6:35). 인간의 마음속에는 오로지 그리스도만이 채워 주실 수 있는 굶주림과, 오직 그분만이 해갈시키실 수 있는 목마름이 있다. 무리를 먹이신 것은 이러한 주장을 행동화된 비유로 보여 주신 것이다.

기적 5: 예수님은 자연의 권능도 하나님 나라 권위에 복종한다는 주장을 나타내는 표적으로서 물 위를 걸으셨다. 예수님은 기도하러 산에 올라가시고 열두 제자는 호수를 건너려고 배에 탔을 때 극심한 파도가 그들을 휩감았다. 그들은 홀로 버림받은 것처럼 느꼈다. 하지만 그때, 어둠 속에 돌풍이 일어나면서 예수님이 물 위를 걸어 그들에게 오셨다. 그들은 무서워했으나, 그분은 그들에게 말씀하셨다. "내니 두려워하지 말라." 바람과 바다마저 그분께 순종했다(요 6:16-21).

기적 6: 예수님은 날 때부터 맹인 된 사람의 눈을 뜨게 해 주셨다. 이는 자신이 세상의 빛이라는 주장에 대한 표적이었다. 그분은 "나는 세상의 빛이니 나를 따르는 자는 어둠에 다니지 아니하고 생명의 빛을 얻으리라"(요 8:12)고 말씀하셨다. 요한은 이 이야기를 하면서 바리새인과 날 때부터 맹인 된 사람을 대조시킨다. 바리새인은 눈으로 볼 수는 있었으나 영적으로 맹인이었던 반면, 날 때부터 맹인된 사람은 시력을 회복함과 동시에 믿었다.

기적 7: 예수님은 죽은 지 나흘 된 나사로를 살리셨다. 이는 자신이 부활이요 생명이라는 주장을 나타내는 표적이었다. 이 이야기에서는 육신이 되신 말씀이신 예수님의 격한 감정이 드러난다. 그분은 사망을 대면하고는 노여움과 분노로 '씩씩거리셨으며'(요 11:33, 문자적으로; 개역성경에는 "비통히 여기시고"라고 되어 있다), 가족을 잃은 마리아와 마르다 자매에 대한 동정으로 "눈물을 흘리[셨기]" 때문이다(요 11:35). 그러고 나서 그분은 말씀하셨다. "나는 부활이요 생명이니 나를 믿는 자는 죽어도 살겠고 무릇 살아서 나를 믿는 자는 영원히 죽지 아니하리니"(요 11:25-26). 다시 말해 예수님은 살아 있는 자들의 생명이시며, 죽은 자들의 부활이 되실 것이다. 살아 있는 자들은 영원히 죽지 않을 것이며, 죽은 자들은 다시 살 것이다.

이것들이 요한이 고른 일곱 가지 표적으로, 각 표적은 예수님의 주장을 하나씩 극화하여 나타낸다. 이것이 바로 요한이 증거하는 예수님이며, 우리는 그 예수님을 믿게 된 것이다. 그분은 새로운 질서를 선도하셨다. 그분은 생명을 주는 분이시며 또한 심판자이시다. 그분은 자연의 권능을 지배하신다. 그분은 생명의 떡이시며, 세상의 빛이시고, 부활이요 생명이시다.

하지만 예수님에 대한 요한의 증거에는 또 다른 측면이 있다. 일곱 가지 표적은 권능과 권세를 나타내며, 그것들은 모두 요한복음 전반부에 기록되어 있다. 후반부에서 요한은 겸손과 연약함을 나타내는 표적을 기록한다. 그는 먼저 다락방에서 예수님이 겉옷을 벗고 수건을 두르고 무릎을 꿇어 열두 제자의 발을 씻기신 것을 기록한다. 특히 중요한 것은 십자가이다. 요한에 따르면 예수님은 권능의 표적을 통해 자신의 영광을 계시하셨지만(요 2:11), 그분을 영화롭게 해 준 주요 수단은 십자가였다. 그분은 "인자가 영광을 얻을 **때가** 왔도다"(요 12:23)라고 말씀하셨다.

요한복음에서 요한의 목적이 독자들이 그리스도를 믿고 생명을 얻도록 그분을 증거하는 것이라면(요 20:31), 요한 서신서들에서 그의 목적―여기서는 그것을 간략하게 언급하는 것이 편리할 것이다―은 독자들이 한 걸음 더 나아가도록 하는 것이다. 그는 "내가 하나님의 아들의 이름을 믿는 너희에게 이것을 쓴 것은 너희로 하여금 너희에게 영생이 있음을 알게 하려 함"(요일 5:13)이라고 말한다. 생명을 받는 것과 우리가 생명을 받았음을 아는 것은 별개이기 때문이다. 이렇게 그리스도에 대한 일곱 가지 표적을 모아 놓고 나서, 요한은 이제 가짜 그리스도인들의 거짓된 확신을 무너뜨리고 진짜 그리스도인들의 참된 확신을 확증해 주는 세 가지 시험에 대해 말한다. 그는 대놓고 솔직하게 세 종류의 거짓말쟁이를 밝힌다. 첫째, 예수가 육신을 입고 오신 그리스도이심을 부인하는 사람은 누구든 거짓말하는 자이다(요일 2:22). 이것은 **교리적 시험**이다. 둘째, 어둠에 행하면서 하나님과 사귐을 누린다고 주장하는 사람은 누구든 거짓말하는 것이다(요일 1:6). 이것은 **도덕적 시험**이다. 셋째, 하나님을 사랑한다고 하면서 자기 형제를 미워하는 사람은 누구나 거짓말하는 자이다(요일 4:20). 이것은 **사회적 시험**이다. 역으로, (1) 우리는 하나님의 영을 안다. 그리스도를 시인하기 때문이다(요일 4:2). (2) 우리는 우리가 그를 안다는 것을 안다. 우리는 그의 계명들을 지키기 때문이다(요일 2:3; 참고. 요이 9절). (3) 우리는 우리가 사망에서 옮겨 생명으로 들어간 줄 안다. 우리는 그리스도인 형제 자매를 사랑하기 때문이다(요일 3:14). 요한은 심지어 하나님의 백성을 특징짓는 세 개의 동사를 모아 놓기까지 한다. 그것은 그들은 그리스도를 믿고, 서로 사랑하고, 그의 계명을 지킨다는 것이다(요일 3:23-24).

5. 사중 복음

지금까지 각각 다른 표정을 지니고 있는 그리스도의 네 얼굴을 살펴보았다. 이제는 그것들이 서로 모순되지 않음을 단언할 필요가 있다. 스티븐 닐 주교가 썼듯이 "복음의 중심 메시지는 예수님의 가르침이 아니라 예수님 자체이다."³ 개인적으로, 나는 네 복음서 기자들에게서 하나님의 구원 목적의 네 차원 곧 구원의 길이, 깊이, 넓이, 높이를 간파해 내는 것이 도움이 된다고 생각한다. 마태는 구원의 길이를 나타낸다. 그는 오랜 세월의 기다림을 돌아보는 성경의 그리스도를 묘사한다. 마가는 구원의 깊이를 강조한다. 그는 자신이 견딘 굴욕의 깊이를 내려다보는 고난받는 종을 묘사하기 때문이다. 누가복음에는 하나님의 목적의 넓이가 나온다. 그는 자비로운 마음으로 가능한 한 넓은 범위의 인간들을 둘러보는 세상의 구세주를 묘사하기 때문이다. 그다음에 요한은 높이를 계시한다. 그는 높은 곳을 올려다보는 육신이 되신 말씀을 묘사하기 때문이다. 그분은 저 높은 곳에서 오셨으며, 우리를 그곳으로 끌어올리려 하신다.

바울이 하나님의 백성 모두와 함께, 우리가 "그리스도의 사랑을 알고 그 너비와 길이와 높이와 깊이가 어떠함을 깨달[을]"(엡 3:18-19) 수 있게 해 달라고 기도하는 것도 놀라운 일이 아니다. 초기 교회 교부들 몇 명은 십자가 모양이 그러한 네 차원을 상징한다고 보았다.

교회사 전체에 걸쳐 복음서들을 조화시켜 보려는 시도들이 몇 번 있었다. 그 일을 처음 시도한 사람은 타티아누스였던 듯하다. 그는 2세기 중반에 로마를 방문했을 때 그리스도께 회심하였으며, 순교자

유스티누스의 제자가 되었다. 그가 조화시킨 복음서는 '디아테사론'(Diatessaron)으로 알려졌는데, 그 말은 원래는 4부 화음을 나타내는 음악 용어였다. 그것은 그가 편집자로서 추가한 부분 없이, 네 복음서를 놀랄 만큼 솜씨 있게 짜맞추어 놓은 것이었다.[4]

그다음으로 네 복음서를 조화시키려고 진지하게 시도한 사람은 아우구스티누스였다. 그는 이교도 철학자들의 비방과 비판에 대항하여 복음서들의 진실성을 입증하고자 했다. 그는 예수님의 말씀과 사역에 대한 복음서 기자들의 기사들을 조직적으로 비교하면서, 그 기사들 사이에는 진정한 '조화' 혹은 '일관성'이 있으며, '불일치'나 '모순'은 없다고 주장했다.[5]

단 한 분의 진정한 예수와 복음서들에 묘사된 그분의 네 얼굴 사이의 긴장을 어떻게 조화시킬 것인가 하는 문제는 런던 대학 킹스 칼리지 학장 리처드 버리지가 쓴 『복음서와 만나다』라는 매혹적인 책의 주제다. 버리지는 왕성한 상상력, 진지한 믿음, 독실한 영혼의 소유자다. 그는 에스겔 1:10과 요한계시록 4:7에 나오는 네 "생물"에 대해 다룬다. 그 생물의 얼굴들은 사람과 사자와 소와 독수리의 얼굴을 닮았다고 하는데, 그것은 각각 모든 생물의 왕(사람), 야생 짐승의 왕(사자), 가축의 왕(소), 새의 왕(독수리)이다. 교부들은 이 상징들을 네 명의 복음서 기자, 그들의 복음서들, 따라서 그들이 묘사하는 그리스도에 적용시켰다. 그것들은 기독교 미술에 매우 자주 등장한다. 그래서 마가의 예수님은 마치 묶인 사자("여기저기 돌진하며 불가사의하게 울부짖으며, 처참하게 홀로 죽는")와 같다. 마태의 그리스도는 인간의 얼굴을 하고 있다(그분은 새 모세, 이스라엘 최고의 선생이셨기 때문이다. 그럼에도 불구하고 이스라엘은 그의 가르침을 거부함으로써 이방인을 위해 길을 열어 주었다).
누가의 예수는 소를 닮았다(그분은 가난한 자들과 궁핍한 자들과 버림받은
자들의 짐을 지는 강하고 참을성 있는 분이기 때문이다). 마지막으로 요한의
예수는 "높이 날아올라 멀리 보며 모든 것을 아는 독수리"이다(그분
은 높은 하늘에서 우리와 함께 이 땅에 거하기 위해 그리고 우리를 그분과 함께
영광으로 데려가기 위해 오시기 때문이다).

그렇다면 "네 편의 복음서와 한 분 예수님 사이의" 관계는 무엇인
가? 버리지의 대답은 각 복음서 기자들이 각자 그리스도를 묘사하
고 나름대로 그리스도에 대해 이야기하도록 해야 한다는 것이다. 우
리 마음대로 각 복음서 기자의 개성을 제거함으로써 네 복음서를 하
나로 바꾸어 버리거나, 각자의 개성을 과장함으로써 한 복음서를 네
복음서로 바꾸어 버려서 복합적인 묘사를 불가능하게 만들 수는 없
다. 그렇다. "예수에 대한 하나의 이야기를 네 가지로 말하는, 네 가지
묘사가 담긴 네 개의 복음이 있다." 그리고 네 가지 묘사에 담겨 있는
이 하나의 이야기가 규범이 된다. 그것은 다른 예수들을 재건하려는
모든 시도가 과연 신빙성 있는 것인지를 판단하는 표준이다.[6]

6. 예수와 바울

복음서에서 서신서로, 그럼으로써 예수님에게서 바울로 이동함에 따
라, 즉시 한 문제를 만나게 된다. 바울은 예수님과 연속적인가, 불연
속적인가? 19세기 중반부터 수많은 학사들은 바울을 '두 번째의' 혹
은 '진정한' 기독교 창시자라고 묘사해 왔다. 바울은 단순하고 소박한

예수의 종교를 타락시켜, 우리가 바울과 연관시키는 경향이 있는 복잡다단한 신학으로 만들어 버린 인물로 인식되기도 한다. 그러나 바울은 그리스도의 복음을 왜곡시키는 사람은 누구나 저주를 받을 것이라고 말한다(갈 1:6-9). 그렇다면 바울 자신은 그 복음을 왜곡시키는 죄를 범하지 않았단 말인가? 알베르트 슈바이처는 그리스도와 바울 사이에서 식별할 수 있는 연속성은 전혀 보지 못했다고 공언했다.[7] 그는 바울을 그의 교리로 참된 복음을 왜곡한 "병적인 기인(奇人)"이라고 불렀다. 마찬가지로, 오늘날에도 A. N. 윌슨은 이렇게 말한다. "기독교의 '창시자'라고 부를 수 있는 단 한 명의 개인이 있다면…그는 바울일 것이다."[8] 그 결과 "바울에게서 예수님께로 돌아가기" 운동이 20세기 초부터 발전했으며 최근에도 여전히 목소리를 내고 있다.

물론 바울이 단 네 번만 예수님을 인용한 것은 사실이다(고전 7:10; 9:14; 11:23 이하; 살전 4:15). 또한 바울 서신들이 놀랍게도 몇 가지를 빼놓은 것 역시 사실이다. 예를 들어, 바울 서신에는 예수님의 세례나 변화산 사건, 비유나 기적이 직접적으로 언급되어 있지 않다. 그럼에도 불구하고, 바울이 예수님의 가르침과 이야기를 잘 알고 있었다는 증거는 대단히 많다. 종종 인용되기보다는 암시되어 있긴 하지만 말이다. 예수님은 하나님 나라를 현재 이루어진 것으로, 그리고 미래에 일어날 일로 선포하셨으며, 그럼으로써 우리가 구원이 '이미' 이루어졌으면서 '아직' 이루어지지 않은 중간기에 살고 있음을 암시하셨다. 바울도 동일한 이중적 관점을 가르쳤다. 예수님은 또한 자신이 "아바 아버지" 하나님과 독특한 관계를 누린다고 주장하셨는데, 바울은 예수님을 하나님의 아들이라고 부름으로써 그 사실을 확증했다(롬 1:3-4).

무엇보다 예수님은 성경을 이루기 위해 자신이 죄인들을 위한 대속물로서 고난을 받고 죽어야 하며, 그 이후에는 부활이 따를 것임을 강조하셨다. 그리고 십자가와 부활은 바울의 복음의 중심이다. 십자가와 부활 때문에 죄인들은 행위 없이 오직 믿음으로만 의롭다 함을 얻을 수 있다. 바울은 이 점을 강조했으며, 예수님 역시 바리새인과 세리의 비유에서 이 점을 주장하셨다. 예수님은 또한 제자들에게 위선과 탐욕을 경계하라고 말씀하시고, 보복하지 않고 율법을 성취하며 겸손한 섬김으로 표현되는 사랑에 우선권을 두라고 강조하심으로써 제자에게 적합한 생활 방식을 가르쳐 주셨다. 이 모든 것은 바울의 윤리적 가르침과 유사하다. W. D. 데이비스는 심지어 "바울은 그의 주님의 마음과 말씀에 푹 젖어 있다"고 말하기까지 했다.[9] 이것은 별로 놀라운 일이 아니다. "그리스도는 바울의 사상과 복음 전체의 주제"이기 때문이다.[10]

예수님의 가르침으로부터 눈을 돌려 그분의 전 생애와 사역, 그분의 '이야기'를 바라보면, 바울이 예수님의 지상 사역에 대해 무지하지도 않고 무관심하지도 않다는 것이 분명하게 드러난다. 바울은 그의 서신서에서 예수님의 탄생(갈 4:4), 그분이 아브라함과 다윗의 후손이신 것(롬 9:5; 1:3), 그분의 인간 가족(고전 9:5; 갈 1:19)을 언급한다. 바울은 예수님이 "죄를 알지도 못하[셨고]"(고후 5:21), 온유하셨으며(고후 10:1), 겸손하고 순종적이셨고(빌 2:8), 무엇보다도 다른 사람들을 위해 기꺼이 자신을 희생하셨다는(고후 8:9) 것을 알았다. 바울이 예수님의 삶에 대해 알았다면, 그는 예수님의 죽음은 특별히 알고 강조했다. 예수님은 죽기 전에 성찬식을 제정하셨으며(고전 10:16; 11:23 이하), 죽은 후에는 장사 지낸 바 되고, 부활하셨으며, 높이 올려지셨고, 성령을 선물로 주셨다. 그다음에 그분은 먼저 유대인들에게, 그 다음에 이방인들에게 복음을 전하도록 그리고 모든 족속에서 자기 백성을 모으도록 제자들을 보내셨다(갈 3:28). 그들의 사명은 예수님의 초림과 재림 사이의 간격을 메우는 일이 될 것이다. 그러고 나서 예수님은 예수님과 바울 둘 다 가르친 대로 자신의 구원과 심판을 완성하기 위해 도둑같이 오실 것이다.

데이비드 웬함은 바울이 예수님의 말씀과 이야기를 이용한 것에 대한 포괄적인 연구서를 썼는데, 제목은 『바울: 예수님을 따르는 자인가, 기독교의 설립자인가?』다.[11] 그는 해당 분야를 매우 철저하게 조사해 본 후 예수님과 바울 사이에는 "중복되는 것이 대단히 많다"는 결론을 내렸다.[12] 동시에 신학적 초점에서 차이점도 있기는 했다. 그렇지만 그런 차이점이 "근본적인 견해차를 나타내는 것은 아니다."[13] 차이점의 대부분은 상황이 변화되었음을 보여 주는 것이었다. 예수님은 팔레스타인의 유대인들에게 아직 미래의 일인 자신의 죽음과 부활에 대해 가르치셨다. 반면 바울은 대체로 이방인으로 구성된 그레코-로만 세계의 성도들에게 이미 일어난 일인 십자가와 부활에 대해 썼다.

그래서 데이비드 웬함은 "바울을 '기독교의 설립자'로 묘사하기보다는 '예수님의 제자'로 묘사하는 것이 훨씬 낫다"는 것을 보여 주는 데 성공했다.[14] 사복음서 사이에서 그랬던 것처럼, 예수님과 바울 사이에서도 우리는 다양성 안의 통일성을 보게 된다.

바울의 열세 서신

논의는 이제 바울과 예수님의 관계에서 바울 자신에 대한 고찰로 넘어간다. 바울은 합해서 신약의 4분의 1을 차지하는 그의 서신서들에서 비범한 다재다능함을 보여 준다. 13개의 서신이 그의 저작으로 여겨지는데(히브리서를 빼고), 일반적으로 그중 7개만 확실히 바울의 것으로 간주된다. 즉 갈라디아서, 로마서, 고린도전후서, 빌립보서, 빌레몬서, 데살로니가전서이다. 가장 많은 의문이 제기되는 것은 목회 서신이다. 20세기 들어 상당수의 신약학자들이 그 서신들의 출처가 확실하다는 것을 활발하게 변호하기는 했지만 말이다. 나 역시 그 서신들이 바울의 저작이라는 것을 찬성하는 주장과 반대하는 주장을 요약하려 시도해 왔으며, 목회 서신들의 문체와 어휘에 변화가 있는 것은 바울이 개인 필사자를 적극적으로 활용했기 때문이라고 설명하는 것이 가장 타당하다고 생각한다.[15]

그래서 신약 전체를 개관하려는 본서의 목적을 위해, 나는 바울의 저작으로 여겨지는 열세 서신 모두를 바울의 저작이라고 추정하려 한다. 예수 그리스도에 대한 바울의 증거를 공정하게 다루는 것은 쉬운 일이 아니다. 하지만 다시 한번 나는 그것이 통일성과 다양성의 결합체임을 보여 주고 싶다. 바울의 서신서들은 제1차 선교 여행(주후 약 48-49년)부터 주후 68년경 로마에서 바울이 순교할 때까지의 20년에 걸쳐 연대순으로 그룹을 지으면 좋을 것 같다. 각 그룹에서 그리스도는 다소 다른 각도에서 묘사된다(이는 다음과 같이 표로 만들 수 있다).

대략의 연대	기간	그룹	서신서 이름	그리스도에 대한 제시
48-49	제1차 선교 여행의 끝	논증 서신	갈라디아서	해방자 그리스도
50-52	제2차 선교 여행 기간 중	초기 서신	데살로니가전후서	다시 오실 심판자 그리스도
53-57	제3차 선교 여행 기간중	주요 서신	로마서, 고린도후서	구세주 그리스도
60-62	로마에서의 제1차 투옥 중	옥중 서신	골로새서, 빌레몬서, 에베소서, 빌립보서	최고의 주님 그리스도
62-67	석방과 제2차 투옥 중	목회 서신	디모데전서, 디도서, 디모데후서	교회의 머리 그리스도

7. 논증 서신(갈라디아서): 해방자 그리스도

나는 갈라디아서가 바울이 쓴 최초의 서신이라고 믿는 편이다. 주된 이유는 갈라디아서에는 이방인 회심자들이 할례를 받거나 의식 율법을 준수할 필요가 없다고 선포한 획기적인 예루살렘 공의회와 칙령이 언급되어 있지 않기 때문이다. 본문이 침묵하고 있는 바를 근거로 논증을 하는 것은 언제나 위험한 지레짐작이 될 수 있지만, 바울이 갈라디아서에서 이러한 칙령을 언급하지 않는다는 사실은 분명 그 칙령이 아직 공표되지 않았음을 의미할 것이다. 그렇게 되면 갈라디아서의 연대는 제1차 선교 여행과 2차 선교 여행 사이인 주후 49년이 될 것이다.

갈라디아서는 '논증' 서신이라고 부르는 것이 마땅하다. 그 서신서 전체에서 바울이, 복음을 왜곡해서 교회에 문제를 일으키고 있는 거짓 교사들에게 매우 분개하고 있음을 느낄 수 있기 때문이다(1:7). 바울은 그들에게 저주를 선포한다. 사람이건 천사건 심지어 사도 자신이건 간에, 원래 사도들이 전해 준 은혜의 복음과 다른 복음을 전파하는 사람들은 하나님의 심판을 받아 마땅하다(1:8-9). 바울은 "복음의 진리"에 충성해야 할 필요성을 너무나 예민하게 느낀 나머지, 심지어 그 문제를 놓고 동료인 베드로와 당혹스러운 공개적 대결도 불사할 정도였다(2:11-14).

아마도 갈라디아서의 핵심 본문은 바울이 "그리스도께서 우리를 자유롭게 하려고 자유를 주셨으니 그러므로 굳건하게 서서 다시는 종의 멍에를 메지 말라"고 말하는 5:1일 것이다. 바울은 이처럼 그리스도를 최고의 해방자로 보고 구원을 자유라는 견지에서 묘사한다. 이러한 자유란 무엇인가?

첫째, 그리스도인의 자유는 **율법으로부터의 자유**이다. 바울은 "율법의 저주"에 대해 쓰는데, 이 표현은 율법 자체를 의미하는 것이 아니라 율법이 그것을 어기는 사람들에게 내리는 심판을 의미한다. 율법을 준수함으로 구원을 받으려 하는 사람은 모두 하나님의 저주 아래 있기 때문이다(갈 3:10). 하지만 그리스도께서는 우리를 위하여 저주받으심으로 이 심판으로부터 우리를 속량하셨다(갈 3:13). 그리스도께서는 우리를 대신하사 우리의 저주를 지셨으며 우리의 죽음을 죽으셨다. 하지만 갈라디아인들(바울은 그들에게 "어리석도다. 갈라디아 사람들아"라고 말한다, 갈 3:1)은 십자가에 달리신 그리스도를 믿는 대신 자신들이 의롭다고 생각하여 자신들을 믿고 있었으며, 그럼으로써 십자가의 원수로 행하고 있었다. "만일 의롭게 되는 것이 율법으로 말미암으면 그리스도께서 헛되이 죽으[신]"(갈 2:21) 것이기 때문이다. 바울이 십자가 외에는 결코 자랑하지 않기로 결심한 것도 놀랄 일은 아니다 (갈 6:14).

하지만 율법과 율법의 저주로부터 자유로워졌다고 해서 도덕법을 따르지 않거나 죄 된 본성에 빠질 수 있는 자유가 주어지는 것은 아니다(갈 5:13). 그와 반대로, 그리스도인의 자유는 죄를 짓기 위한 자유가 아니라 섬기기 위한 자유이다(갈 5:13). 사실상 "온 율법은 네 이웃 사랑하기를 네 자신같이 하라 하신 한 말씀에서 이루어졌[다]"(갈 5:14; 참고. 6:2).

둘째, 그리스도인의 자유는 **육체(sarx)로부터의 자유**, 타락하고 방종한 본성으로부터의 자유다. 바울은 갈라디아서에서 심지어 그리스도를 믿는 믿음으로 말미암아 은혜로 의롭다 함을 받은 사람들마저도 육체(타락한 본성)와 성령(내주하시는 성령) 사이의 엄청난 충돌에 휘말려 있다고 쓴다. 죄 된 본성이 행하는 행동에는 음행, 우상 숭배, 주술을 쓰는 것, 시기, 이기적인 야심(개역개정에는 "당 짓는 것"으로 되어 있다—역주) 등이 포함된다(갈 5:19-21). 그러나 "오직 성령의 열매는 사랑과 희락과 화평과 오래 참음과 자비와 양선과 충성과 온유와 절제" (갈 5:22-23)이다. 이러한 내적 투쟁에서의 승리는 우리가 각각에 대해 어떤 태도를 취하는가에 달려 있다. 우리가 그리스도께 속해 있다면, 우리는 "육체와 함께 그 정욕과 탐심을 십자가에 못 박았[다]"(즉, 철저히 부인했다, 갈 5:24). 한편 우리는 "성령을 따라 행하고", "성령으로 행[해야]" 한다(갈 5:16, 25). 즉 성령의 자극을 받아 행동해야 한다. 그럴 때에 육체가 성령께 굴복할 것이며, 성품 속에 성령의 열매가 익어 갈 것이다.

갈라디아서에서 바울이 해방자 그리스도에 대해 증거하는 바는, 그분의 십자가에 의해 우리가 율법의 저주에서 속량함을 얻을 수 있다는 것 그리고 그분의 영으로 우리가 타락한 본성의 권능에서 해방될 수 있다는 것이다. 그 결과 우리는 더 이상 종이 아니며, 아브라함의 자손이고 하나님의 아들과 딸이다(갈 3:29; 4:7).

8. 초기 서신(데살로니가전후서): 다시 오실 심판자 그리스도

바울과 그의 동료들은 제2차 선교 여행 동안 데살로니가를 방문했으며, 그들에게 보내는 바울의 첫 번째 편지는 분명 그가 방문한 지 몇 달 이내, 심지어 몇 주 이내에 써 보낸 것이었다. 그리고 그 직후 그는 두 번째 편지를 보냈다. 그러므로 두 서신 모두 갓 회심한 사람들에게 보낸 것이다. 최근에 와서야 그들은 "우상을 버리고 하나님께로 돌아와서 살아 계시고 참되신 하나님을 섬기[게]"(살전 1:9) 되었다. 첫 번째 편지에서 바울의 일차 목적은, 그를 가리켜 데살로니가에서 도망쳤으며 이제 막 생긴 데살로니가 신자들에 대해 신경을 쓰지 않는다고 말하는 사람들의 비난에 대항하여 자신을 변호하는 것이었다.

그의 두 번째 목적은 목회적인 것이었다. 그는 아비와 어미가 자녀를 사랑하는 것처럼 그들을 사랑했으며(살전 2:7, 11), 특별한 어려움 가운데 있는 사람들을 도우려고 노심초사했다. 그는 "모든 사람을 대하여 오래 참으라"고 그들에게 촉구하기는 하지만, 세 가지 특정한 범주의 사람들을 꼬집어 말한다. 그들은 "게으른 자들을 권계하며 마음이 약한 자들을 격려하고 힘이 없는 자들을 붙들어 주[어야]" 했다(살전 5:14). 일부 주석가들이 제안했듯이, "힘이 없는 자들"은 그가 4:1-8에서 절제하라고 권면하는 성적으로 힘없는 자들이며, 일을 하지 않고 게으름 피우는 "게으른 자들"(ataktoi)은 자기 일이나 신경 쓰고 자기 손으로 일하라는 권면을 받을 필요가 있는 자들이었고(4:9-12), "마음이 약한 자들"은 가족을 잃고 엄청난 비탄에 잠겨 있는 사람들(4:13-18)이라고 보는 것이 그럴듯하다.

하지만 데살로니가전후서의 주요 강조점은 구원하시고 심판하시기 위해 그리스도가 오시는 것과 관련되어 있다. 데살로니가전후서는 다 합해서 8개의 장으로 나뉘어 있는데, 각 장마다 '파루시아'(parousia, 그리스도의 재림)에 대한 언급이 빠짐없이 나온다.[16] 미래에 대한 기대는 기독교 제자도의 필수적인 요소이다. 믿음과 사랑뿐만 아니라 "소망"도 제자도의 특징이기 때문이다(살전 1:3). 그리고 우리는 우상으로부터 하나님께로 돌아온 후에는 살아 계신 하나님을 섬기면서 또한 "그의 아들이 하늘로부터 강림하실 것을…기다[린다]"(살전 1:10).

언제나 그렇듯이 바울은 건전한 교리만이 해결할 수 있는 목회적 문제에 대해 다룬다. 데살로니가전후서에는 4개의 중대한 종말론적 본문이 있는데, 그 본문들은 각각 특정 집단을 대상으로 쓰인 것이다.

첫째, 어떤 사람들은 **가족들과 사별하고 슬픔에 잠겨 있었다**(살전 4:13-18). 그들은 그리스도께서 오실 때 죽은 친구들이나 친척들이 불이익을 당할까 봐, 심지어 그분이 가져오실 복을 빼앗길까 봐 두려워했다. 이에 대한 대답으로 바울은 간단한 종말론적 신경을 제시한다. "우리가…믿을진대…우리가…너희에게 이것을 말하노니…"(살전 4:14-

15). (1) 주 예수님 자신이 하늘로부터 오실 것이다. (2) 죽은 그리스도인들이 먼저 죽은 자 가운데서 부활할 것이다. (3) 하나님은 그들을 그리스도와 함께 데려가실 것이다. (4) 살아 있는 그리스도인들은 죽은 그리스도인들보다 앞서지 못하며 그들과, 또한 주님과 재결합할 것이다. (5) 그래서 우리는 모두 주님과 영원히 함께 있을 것이다. 이것이 우리가 가진 모든 질문에 대답해 주지는 않지만, 재림, 부활, 휴거, 재결합에 대한 기본 정보를 제공해 준다.

둘째, 어떤 사람들은 **시기 문제로 궁금해하고 있었다**(살전 5:1-11). 그들은 분명 그리스도께서 오실 때 그들이 그분 앞에 설 준비가 되어 있을지 염려하고 있었으며, 그 날짜를 아는 것이 가장 좋은 준비 방법이라고 생각했다. 하지만 이것은 그들의 문제에 대한 잘못된 해결책이었다. 그들은 주님의 재림이 갑자기 예기치 않게 이루어질 것이며(밤의 도둑처럼), 갑작스럽게 닥쳐서 피할 수 없을 것임(임신 기간 끝의 진통처럼)을 알고 있었기 때문이다. 대신 제대로 준비하는 길은 우리가 이미 빛의 자녀임을 기억하는 것이다. 우리는 낮에 속하여 있으므로 자지 말고 계속 깨어 있어야 한다. 그렇게 되면 우리는 불시에 기습을 당하지 않을 것이다.

셋째, 어떤 사람들은 **심한 핍박을 당하고 있었다**(살후 1:4-10). 하지만 그들이 시련을 당하는 중에도 참고 믿음을 간직한다는 것은 하나님의 의로운 심판이 있으리라는 증거였다. 그리스도의 고난에 참여하는 자들은 그분의 영광에도 참여할 것이기 때문이다. 그뿐 아니라 하나님은 의로우시며 언젠가 자신의 백성들을 공개적으로 옳다고 인정하실 것이다. 동시에 그분은 고집스럽게 진리를 거부한 사람들, "하나님 인정하기를 거부하고…복음에 순종하려 하지 않은 사람들"(8절, NEB, 역자 사역)을 벌주실 것이다. 하늘나라와 지옥이라는 서로 다른 두 운명이 생생한 이미지로 묘사되어 있다. 주 예수님은 성도들에게서 영광을 받으실 것이다(10절). 반면 그분을 거부한 사람들은 "주의 얼굴과 그의 힘의 영광"(9절)으로부터 배제될 것이다.

넷째, 어떤 사람들은 **주님의 날이 이미 왔다는 소문 때문에 혼란스러워하고 있었다.** 바울은 기독교적 역사 철학을 전개함으로 이러한 오류를 논박한다(살후 2:1-12). '파루시아'(그리스도의 재림)는 반역(적그리스도가 오는 것)이 일어날 때까지는 일어날 수가 없으며, 이러한 반역은 그것을 막는 것이 제거되기까지는 일어나지 않을 것이라고 그는 설명한다. 7절에 의인화되어 나타나는 억제하는 영향력(6절)의 정체가 무엇인가에 대해서는 오랫동안 연구자들이 갖가지 독창적인 의견을 내놓았다. 하지만 가장 그럴듯한 주장은 그것이 로마와 국가의 권세를 가리킨다는 주장이다. 테르툴리아누스는 "로마 제국 말고 어떤 장애물이 있단 말인가?"라고 물었다." 실로 모든 국가는 법과 질서, 공공 평화와 정의의 공식적인 수호자로서, 하나님이 악을 억제하기 위해 두신 존재이다.

한편 심지어 억제의 기간에도 그리고 불법한 자(적그리스도)가 나타나기 전에도, "불법의 비밀이 이미 활동하였[다]"(7절 상). 그의 반사회적·반율법적·반하나님적 운동은 현재에는 대체로 은밀하게 진행된다. 우리는 무신론, 전체주의, 물질주의, 도덕적 상대주의, 사회적 허용 등에서 그것의 파괴적인 영향력을 탐지한다. 하지만 언젠가 불법한 자가 나타날 때 은밀한 파괴는 공개적 반역이 될 것이다. 그럴 때 우리는 하나님과 법을 뻔뻔스럽게 업신여기는 정치적·사회적·도덕적 혼돈기가 있으리라고 예상할 수 있다(다행히 그 기간은 짧을 것이다). 그러고 나서 갑자기 주 예수님이 오실 것이며 불법한 자를 타도하실 것이다.

그렇다면 여기에 종말론적 드라마의 세 막이 있다. 지금은 불법이 저지당하고 있는 **억제**의 때이다. 다음 막은 **반역**의 때가 될 것이다. 그때는 법의 통제가 제거되고 불법한 자가 나타날 것이다. 마지막으로 주 그리스도께서 적그리스도를 타도하고 멸망시킬 **심판**의 때가 올 것이다. 이것이 하나님의 프로그램이다. 그때까지 데살로니가인들은 이전에 사도로부터 받은 가르침 안에 굳게 서야 했다. 그들이 어떤 어려움을 겪고 있든, 바울은 그들이 장차 오실 그리스도에 집중하게 한다.

9. 주요 서신(로마서, 고린도전후서): 구세주 그리스도

바울은 소위 제3차 선교 여행 동안 고린도에서 2년, 에베소에서 3년을 보냈다. 두 도시 모두에서 그는 먼저 회당에서 말씀을 전하기 시작했으며, 유대인들이 복음을 거부하면 비로소 세속적 장소로 옮겼다. 고린도에서는 디도 유스도의 집으로, 에베소에서는 두란노 서원으로 옮겼다.

이 5년간 바울은 복음 전도와 변증과 가르침으로 고된 사역을 하느라 바쁘긴 했지만, 적어도 여기저기 돌아다니지는 않았다. 그래서 글을 쓸 시간이 있었던 듯하다. 바로 이 시기에 그는 로마서(그는 두란노 서원에서 로마서의 내용을 충분히 시험해 보았을 것이다)와 고린도에 보낸 2개의(지금까지 남아 있는) 편지를 썼다.

이 세 '주요 서신'의 내용은 풍성하고 다양하다. 각각은 특정한 필요와 쟁점에 대한 대답으로 쓰인 것이기 때문이다. 그럼에도 불구하고 '구원'이 그 서신서들의 지배적인 주제라고 보아도 큰 무리는 없을 것이다. 예를 들어, 여기에 몇 가지 핵심 본문이 있다.

로마서 1:16, "내가 복음을 부끄러워하지 아니하노니 이 복음은 모든 믿는 자에게 구원을 주시는 하나님의 능력이 됨이라. 먼저는 유대인에게요 그리고 헬라인에게로다."

고린도전서 1:21, "하나님의 지혜에 있어서는 이 세상이 자기 지혜로 하나님을 알지 못하므로 하나님께서 전도의 미련한 것으로 믿는 자들을 구원하시기를 기뻐하셨도다."

고린도전서 15:1-2, "내가 너희에게 전한 복음을 너희에게 알게 하노니…그로 말미암아 구원을 받으리라."

고린도후서 6:2, "보라, 지금은 은혜 받을 만한 때요. 보라, 지금은 구원의 날이로다."

로마서

로마서는 그리스도께 초점을 맞춘 간략한 서론(1:1-5)을 제시한 후, 구원이 누구에게나 필요하다는 점을 진술한다. 첫째는 타락한 이교도들, 그다음에는 비판적인 도덕주의자들, 그다음에는 자신만만한 유대인들이 규탄의 대상이다. 그래서 마침내 온 인류가 죄를 지었으며 변명할 도리가 없다는 것을 알게 된다(1:18-3:20). 하지만 이어서 바울은 강력한 반의 접속사(NIV에는 3:21 처음에 '그러나'가 삽입되어 있다—역주)를 사용하여 "이제는…하나님의 한 의"(즉, 불의한 자를 '의롭게 하는'

하나님의 의로운 방식)가 복음 안에 나타났다고 말한다(3:21-31). 아브라함의 경우에서 분명히 알 수 있는 것처럼(4장), 그 의는 오직 믿음으로만 얻는 의이다. 그 결과 우리는 믿음으로 의롭게 되고 나서, 하나님과 화평을 누리고 은혜 안에 있으며 하나님의 영광에 참여할 것을 바라며 기뻐한다(5:1-11).

이제 두 종류의 인류가 묘사된다. 한 인류의 특징은 죄와 죄책이며, 다른 인류의 특징은 은혜와 믿음이다. 옛 인류의 머리는 아담이며, 새 인류의 머리는 그리스도시다. 매우 엄밀하게 바울은 그 둘을 비교하고 대조한다(5:12-21).

다음에 바울은 두 가지 비난에 대해 답한다. 로마서 6장에서는 복음이 죄를 조장한다는 비방을 논박한다. 우리는 (세례를 통해) 그리스도의 죽으심과 부활에서 그리스도와 하나가 되었기 때문에, 계속해서 죄를 짓는다는 것은 불가능한 일은 아니지만 생각할 수도 없는 일이다. 어떻게 죄에 대해 죽은 우리가 죄 안에 살 수 있단 말인가?

로마서 7장에서 바울은 두 번째 비난, 곧 율법 때문에 죄를 짓게 된다는 비난에 대답한다. 그 대신에 바울은 우리의 '육신', 타락한 인간 본성을 비난한다. 로마서 7장은 내주하는 죄의 권세로 가득 차 있다. 하지만 로마서 8장은 내주하시는 성령—우리는 그분을 통해서만 "몸의 행실을 죽이[고]" 살 수 있다(8:13)—에 관한 것이다. 사도 바울은 또한 피조물의 구속을 고대하며(8:18-27), 우리가 궁극적으로 구원받으리라는 흔들리지 않는 확신을 표명한다. 그 무엇도 우리를 하나님의 사랑에서 끊을 수 없기 때문이다(8:28-39).

로마서 9-11장은 일부 독자들의 추정과 달리 삽입된 것이 결코 아니며, 바울의 논지에서 필수 불가결한 부분이다. 로마서 전반부 전체에서 바울은 로마 교회의 인종적 혼합("먼저는 유대인에게요 그리고 헬라인에게로다", 1:16; 2:9-10)이나 소수 집단인 유대 그리스도인들과 다수 집단인 이방인 그리스도인들 사이에 계속 나타나고 있던 긴장에 대해서도 잊어버리고 있었다. 이제 기저에 있는 신학적 문제를 정면으로 다룰 때가 왔다. 도대체 어떻게 유대인 전체가 그들의 메시아를 거부했단 말인가? 그리고 이방인을 포함시키는 것이 어떻게 하나님의 계획에 들어맞는단 말인가? 각 장 첫부분에서 바울은 그들이 구원받기를 간절히 바란다는 것과 자신이 여전히 유대인이라는 것에 대해 감동적인 진술을 한다(9:1-6; 10:1; 11:1).

9장에서 바울은, 하나님의 약속들은 야곱의 모든 후손에게 주신 것이 아니라 이스라엘 안의 이스라엘, 선택받은 남은 자들에게 주신 것이라는 점을 근거로 하나님이 언약에 충실하시다는 것을 변호한다. 하지만 10장에서는 이스라엘의 불신앙이 하나님의 선택의 목적 탓(9장에서처럼)이 아니라, 그들의 교만과 무지와 완악함 탓이라고 본다. 그러고 나서 11장에서 바울은 미래를 내다본다. 그는 이스라엘의 죄는 전체적인 것도 아니고(믿는 남은 자들이 있으므로), 최종적인 것도 아니라고(회복이 있을 것이므로) 선포한다. 그의 환상은 유대인과 이방인 둘 다의 "충만한" 수가 궁극에 가서 모여들게 되리라는 것이다(11:12, 25). 그가 이러한 것을 예상하면서 하나님의 부요함과 지혜의 깊이에 대해 그분을 찬양하는 송영을 부르는 것은 놀라운 일이 아니다(33-36절).

로마서 12장을 기점으로 바울은 교리에서 윤리로 넘어간다. 그는 지금까지 해설해 온 하나님의 자비에 근거해서, 우리 몸을 봉헌하고 마음을 새롭게 할 것을 명한다. 세상의 유행을 따라가든지 하나님의 뜻에 따라 변화되든지 둘 중 하나를 선택하라는 것이다.

게다가 하나님의 뜻은 우리의 관계들—모든 관계는 복음에 의해 철저하게 변화된다—과 관련되어 있다. 바울은 그중 일곱 가지를 다룬다. 첫째로 우리와 하나님의 관계(12:1-2), 그다음에는 우리 은사에 대한 평가에서의 우리 자신과의 관계(12:3-8), 셋째로 그리스도인 가족을 묶어 주는 사랑 안에서의 서로의 관계(12:9-16)이다. 넷째로는 원수와 악행자들과의 관계가 있는데, 이것은 보복하지 말라는 예수님의 명령을 반영한다(12:17-21). 그리고 다섯째로 하나님이 국가에 주신 권세와 사역을 인식하는 국가와의 관계가 있다(13:1-7). 13:8-10에서 바울은 사랑으로 되돌아가는데, 그러면서 이웃에 대한 사랑은 갚지 않은 빚이며 또한 율법의 완성임을 강조한다. 이 여섯 번째 관계는 종말이 가까워질수록 더 긴급한 것이 된다(13:11-14).

바울은 일곱째이자 마지막 관계를 상당히 길게 다루는데, 그것은 "연약한 자"에 대한 우리의 행동에 관한 것이다. 우리는 연약한 자의 지나치게 세심한 양심을 짓밟아서는 안 된다(14:1-15:13). 그 대신 그리스도께서 우리를 받으신 것처럼 그들을 가족으로 맞아들여야 한다.

연약한 자에 대한 바울의 실제적인 교훈 중 가장 주목할 만한 특징은 그것이 그의 기독론, 특히 예수님의 죽으심과 부활과 재림에 근거를 두고 있다는 것이다. 연약한 자들은 그리스도께서 위하여 죽으신 형제자매들이다. 그리스도께서는 그들의 주님이 되기 위해 부활하셨으며, 우리는 그분의 종들에게 간섭할 자유가 없다. 그분은 또한 우리 재판관이 되기 위해 다시 오신다. 우리 자신이 재판관 역할을 해서는 안 되는 것이다.

바울은 유대인 신자들과 이방인 신자들에 대한 아름다운 비전으로 이 부분을 끝맺는다. 그들은 '연합의 영'(NIV: 개역개정에는 "뜻이 같게"라고 되어 있다—편집자 주)에 의해 엮여서 "한 마음과 한 입으로" 함께 하나님께 영광을 돌린다(15:14-22).

이 서신서는 바울의 여행 계획에 대한 소식, 이름이 거명된 수많은 사람들과 주고받는 인사말, 거짓 교사들에 대한 경고, 서론부에 나오는 것과 비슷한 마지막 송영—그리스도의 복음, 하나님의 위임, 열방에 복음을 전파하는 것, 믿음의 순종을 하라는 요구를 언급하는—으로 끝난다(15:23-16:27).

로마서는 신약 중 구원에 대한 가장 철저한 해설로서, 구원의 필요와 본질과 수단을 묘사하며, 새로운 다인종적 공동체에서 그것이 지니는 급진적인 함축을 나타내고, 십자가에 달리셨다가 부활하시고 통치하시며 유일하신 구세주로 오시는 예수 그리스도를 송축한다.

고린도전서

바울이 고린도 교회에 보낸 첫 번째 편지는 분량은 로마서와 거의 같지만 내용은 매우 다르다. 로마서는 복음에 대한 해설로서 정돈되고 주의 깊게 구성된 반면, 고린도전서는 20가지나 되는 온갖 다양한 주제를 다루고 있다. 바울은 자신이 고린도에서 간파한 목회적 필요를 다루고 있든지 아니면 고린도인들이 그에게 던진 질문들에 대답하고 있는 것이다. 하지만 바울은 각 주제를 주의 깊게 다루기에, 이 서신은 지역 교회가 오늘날에도 곰곰이 생각할 필요가 있는 교리적·윤리적·사회적 주제에 대한 대단히 귀중한 교훈 몇 가지를 담고 있다.

바울은 먼저 교회의 이중성을 인정한다. 그는 교회를 거룩하면서 동시에 거룩하도록 부르심 받은 것으로, 연합되어 있으면서("하나님의 교회", 1:2) 나뉘어 있는 것으로, 완전하면서 불완전한 것으로 묘사한다. 특히 사도 바울은 교회 내의 파벌에 대해, 그 배후에 있는 인물 숭배로 인해 혐오감을 느낀다. 그로 인해 그는 '연약함을 통한 능력'이라는 주제를 전개하게 되는데, 이는 권세에 굶주린 현대 사회에 매우 필요한 주제다. 바울은 그것이 십자가의 복음 안에서(1:18-25), 고린도인 회심자들 안에서(1:26-31), 설교자로서의 자기 자신 안에서(2:1-5)—자신이 개인적으로 연약한 상태로 연약한 메시지를 가지고 있었지만 성령의 권능을 믿었을 때—역사하는 것을 보았다.

'연약함을 통한 능력'과 비슷한 것은 '어리석음을 통한 지혜'의 원리다. "십자가의 도가 멸망하는 자들에게는 미련한 것"(1:18)이지만, 그럼에도 불구하고 그것은 하나님의 능력과 지혜다. 그리고 바울은 이어서 하나님이 성령의 영감을 통해 나타내신 참된 지혜에 대해 쓴다(2:6-16).

사도 바울은 고린도의 파당이 궁극적으로 교회와 목회 사역에 대한 잘못된 견해로 인해 생겨난 것임을 분명히 깨닫는다. 우리는 교회에 대해 겸손한 견해를 가지고 있을 때 기독교 지도력에 대해 겸손한 견해를 가지게 될 것이다. 그래서 3장에서 바울은 교회에 대한 삼위일체적 이해를 제시한다. 그에 따르면 교회는 하나님이 농부이신 "하나님의 밭"이며, 그리스도께서 터가 되시는 "하나님의 집"이며, 또한 성령이 내주하시는 "하나님의 성전"이다. 3장이 교회에 대해 묘사하고 있다면, 4장은 목사에 대해(실제로는 일차적으로 사도에 대해, 하지만 이차적인 의미에서 오늘날의 기독교 지도자들에 대해) 묘사한다. 그들은 그리스도의 일꾼들이며, 하나님의 계시를 맡은 자들이고, 세상의 더러운 것(13절)이며 교회라는 가족의 아비다. 각각의 모델은 우리를 겸손하게 만드는 것이다.

그다음 장들에서 바울은 심각한 죄를 범한 사람들을 징계하고 심지어 출교시키는 것(5장), 그리스도인 형제 자매들을 법정에 데리고 가지 **않는** 것(6:1-6), 성적 음란과 인간의 몸에 대한 기독교적 견해(6:7-20) 그리고 결혼, 독신과 이혼(7장)에 대한 사도적 교훈을 제시한다. 그 가르침은 강력하고 정면으로 맞서는 것이다. 바울은 당시의 문화에 양보하지 않는다. 그는 교회가 반문화를 이루도록 부르심 받았다는 것을 알기 때문이다. 우리는 우유부단하게 세상을 따라가는 것이 아니라, 주위의 세상과 철저히 다르게 살도록 부르심 받았다.

8장과 9장에서 바울은 우리의 권리와 그 권리의 포기라는 민감한 문제를 끄집어낸다. 그가 말하는 첫 번째 예는 우상에게 바쳤던 고기에 관한 것이다. 즉 그리스도인들이 정육점에서 팔리기 전에 이교도들의 제사 의식에서 사용되었던 고기를 사서 먹을 수 있는가 하는 문제였다. 그런 고기는 오염된 것이 아닐까? 지식이 있는 신자였던 바울은 오직 하나님 한 분만이 계시며, 우상은 아무것도 아니고, 따라서 우상에게 바쳤던 고기를 먹지 못할 이유가 없다고 강력하게 단언할 수 있었다. 하지만 우리는, 우리와 달리 이런 지식을 갖지 못했으며 따라서 연약한 혹은 지나치게 민감한 양심을 가지고 있는 동료 그리스도인들―아마도 최근에 회심한―에 대해서는 어떻게 행동해야 하는가? 우리가 그런 고기를 먹는 것을 본다면, 그는 양심의 소리를 거슬러 가면서 용감무쌍하게 우리의 본을 따르고, 그럼으로써 양심에 상처를 입고 심지어 그리스도에 대하여 죄를 지을 수도 있다. 내가 먹는 것이 형제로 하여금 죄에 빠지게 한다면, "나는 영원히 고기를 먹지 아니[할]"(8:13) 것이라고 바울은 특유의 과장법으로 덧붙였다. 그렇다면 원리는 분명하다. 지식은 자유를 가져오나 사랑은 그것을 제한한다는 것이다. 사랑은 지식보다 더 크기 때문이다(8:1; 13:2; 참고. 10:23-33).

바울의 두 번째 예는 더 개인적인 것이며, 9장에서 전개된다. 그는 사도이다. 그는 부활하신 주님을 보았기 때문이다(이것은 사도 됨의 조건 중 하나였다). 그것만으로도 그는 결혼을 하고 후원을 받을 권리가 있었다. 결국, 군인과 농부와 목자는 무보수로 일하지는 않는다. 그리고 구약 율법을 보면 소는 자기가 밟아 떠는 곡식을 먹을 수 있으며, 성전의 제사장들은 제물을 나누어 먹을 수 있다고 말한다. 그리고 세 번째 논증으로 주 예수님 자신이 "복음 전하는 자들이 복음으로 말미암아 살리라"(14절)고 명하셨다. 그러므로 원리에 대해서는 의심할 바가 없다. 하지만 바울은 이어서 말하기를(12절 하, 15절에서), 그는 그의 권리를 사용하지 않았으며 지금 그 권리를 요구하고 있는 것도 아니라고 한다. 그는 자기가 아무것도 받지 않고 복음을 전했다는 자랑스러운 마음을 빼앗기느니 차라리 죽음을 택할 것이다. 게다가 그것은 자랑거리가 아니라 부득불 하는 것이었다. "만일 복음을 전하지 아니하면 내게 화가 있을 것이로다"(16절). 그는 가능하면 많은 사람을 얻기 위해 스스로 모든 사람의 종이 되었다(19절).

두 가지 예 모두 동일한 근본 원리를 설명한다. 그것은 우리가 어떤 권리를 가지고 있을지라도 그 권리를 행사하지 않을 만한 타당한 이유가 있을 수 있다는 것이다.

10-14장에서 사도는 교회 생활과 예배에 대한 중요한 질문을 본격적으로 다룬다. 그는 먼저 이스라엘의 역사를 볼 때, 신앙을 고백하는 가시적 교회가 진정한 하나님의 백성이 아닐 수도 있다고 경고한다. 모든 이스라엘 사람들은 홍해에서 세례를 받았으며 같은 음식과 음료를 나누었기 때문이다. 다시 말해 그들은 모두 세례받고 성찬을 받는 가시적 교회의 교인들이었다. 그럼에도 불구하고 하나님은 그들 대부분을 기뻐하지 않으셨으며, 하나님의 심판이 광야에서 그들에게 임했다(10:1-13). 명목상의 교회와 진정한 교회에 대한 이러한 중대한 구분(오늘날에도 여전히 이 둘을 구분해야 한다)을 한 후에, 사도 바울은 공적 예배의 여러 가지 측면으로 넘어간다.

먼저 그들은 이스라엘이 그랬어야 했던 것처럼 우상 숭배를 피해야 한다. 그리스도의 몸과 피에 참여하는 것은 이교도의 우상 축제 및 제사와 양립할 수 없기 때문이다. "너희가 주의 잔과 귀신의 잔을 겸하여 마시지 못하고"라고 바울은 말한다(10:21).

그다음에 바울은 고린도인들의 공적 예배에 대해 알려 준다. 그 예배는 부적절한 행동에 의해 훼손되고 있었다. 첫째는 성별에 관한 것이었다. 우리가 바울의 가르침을 해석하는 데 어려움을 겪는 이유는 그가 동일한 본문에서 신학적 문제와 문화적 문제를 결합시켜 놓기 때문이다. 우리 대부분은 머리 길이와 머리에 무엇을 쓰는 문제가 문화적인 것이라는 데 동의할 것이다. 그것은 장소마다 시대마다 변할 수 있다는 의미에서 그렇다. 하지만 '머리됨'(하나님-그리스도-남자-여자)에 대한 바울의 가르침은 매우 신학적인 것이다. 게다가 하나님과 그리스도 사이에서와 마찬가지로 남자와 여자 사이에서도 '머리됨'은 평등함과 양립할 수 없는 것이 아니다.

바울이 다루는 두 번째 상황은 성만찬이다. 그는 심지어 성찬을 나누는 식탁에서마저 고린도의 파당들이 나타나고, 계층의 구분 역시 나타나며, 그래서 어떤 예배자들은 시장하고 어떤 예배자들은 취하는 것에 대해 매우 가슴 아파 한다. 그래서 바울은 독자들에게 최후의 만찬 때 성찬이 제정된 것을 상기시킨다(11:23-26). 그러므로 그는 정당하지 않은 방식으로 먹고 마시는 것이 얼마나 심각한 것인지 강조하며, 하나님의 심판을 더 많이 받지 않도록 식탁에 오기 전에 자신을 성찰하라고 촉구한다.

다음에 12-14장에서 바울은 '카리스마타'(*charismata*), 곧 영적 은사에 대한 그들의 질문에 대답한다. 이 본문은 하나 됨 속의 다양성이라는 주제에 대한 또 하나의 탁월한 예이다. 네 번에 걸쳐 바울은 그들이 근본적으로 하나라는 것을, 그들의 다양성을 제대로 인식할 수 있는 배경으로서 주장한다. 첫째, 그들은 모두 성령을 받았다. "성령으로 아니하고는 누구든지 예수를 주시라 할 수 없[기]"(12:3) 때문이다. 둘째, 그들은 삼위일체에 대한 동일한 경험을 가지고 있다. 그들이 가진 서로 다른 은사와 사역 배후에는 '같은 성령', '같은 주', '같은 하나님'이 계시기 때문이다(12:4-6). 셋째, 바울은 아홉 가지 은사(다른 은사들은 다른 목록에 나온다)를 열거한 후 이렇게 결론을 내린다.

"…이 모든 일은 같은 한 성령이 행하사…"(12:7-11). 그리고 넷째, 바울은 그가 즐겨 사용하는 인간의 몸에 대한 비유에 호소한다. 그 몸은 "하나인데 많은 지체가 있고…그리스도도 그러하니라. 우리가… 다 한 성령으로(혹은 한 성령과 더불어 그리스도에 의해) 세례를 받아 한 몸이 되었고"(괄호 안 저자 삽입), 비유를 바꿔 말하자면, "또 다 한 성령을 마시게 하셨느니라"(12:12-13).

12장 나머지 부분에서 사도 바울은 "한 몸, 많은 지체"의 모델을 전개한다. 몸의 모든 지체는 서로 다른 방식으로 유용하다. 그러므로 우리는 자신의 은사를 무시해서도 안 되며 다른 사람들의 은사를 깎아내려서도 안 된다. "난 네가 필요 없어"라고 말하는 교만과 "너한테는 내가 필요치 않아"라고 말하는 거짓 겸양은 둘 다 파괴적인 태도다. 그러한 태도들은 몸의 다양성 속의 하나 됨을 침해한다. 그런 사람들에게는 "너희는 그리스도의 몸이요 지체의 각 부분이라"(12:27)고 단언해야 한다.

다양성이 불화를 일으킬 수 있는 위험이 있다는 사실을 고찰한 후에, 바울은 고린도인들에게 그가 '제일 좋은 길'이라고 부르는 것을 보여 준다. 사랑에 대한 그의 찬가는 세상 어느 문헌에서도 유례를 찾아볼 수 없다. 사랑은 방언과 예언보다 위대하며, 지식과 믿음보다 위대하고, 자선 행위와 영웅적 행위보다 위대하다(13:1-3). 사랑은 세상에서 가장 위대한 것이다. 사랑은 오래 참으며 온유하다. 그러므로 사랑은 시기도 자랑도 아니하며, 교만도 무례히 행하지도 아니하고, 자기 유익을 구하지도 아니하고 성내지도 아니한다. 사랑은 악이 아니라 진리를 기뻐한다. 사랑은 언제나 참고 믿으며 바라고 견딘다

(13:4-7). 그리고 사랑은 영원토록 지속된다(13:8-13). 그런 사랑은 그리스도의 몸의 다양성을 환영한다. 그것은 분개하지도 자만하지도 않는다. 그런 분위기는 영적 은사가 발휘되는 데 필수적이다.

14장에서 바울은 영적 은사로 그리고 특별히 예언으로 되돌아간다. 그는 예언이 방언보다 더 유익하다고 단언한다. 예언은 이해할 수 있으며, 사람들에게 덕과 권면과 안위를 가져다주기 때문이다(14:3). 이것은 "교회의 덕을 세우기 위하여…풍성하기를 구하라"(14:12)는 사도의 원리와 조화를 이룬다.

이 서신은 고린도 교회를 분열시키고 있던 파당들로부터 시작했다. 그와 대조적으로 15장(16장에 나오는 개인적 메시지를 빼면 마지막 주요 장)은 다른 무엇보다도 교회를 연합시키도록 되어 있는 복음에 대한 장엄한 해설이다.

바울은 고린도인들에게 복음을 상기시키고 싶다고 말하는데, 그는 그 복음이 보편적으로 인식할 수 있는 메시지라고 본다. 바울 자신이 그것을 그들에게 선포했으며, 그들은 그것을 받았다. 게다가 그들은 그 가운데 서 있다. 그들이 복음을 굳게 붙드는 한 그것에 의해 구원받는다. 그렇지 않다면 그것은 그들이 헛되이 믿었기 때문이다. 이 복음은 무엇이었는가? 그것은 그가 받아서 전해 준 사도적 전통이었다. 이 복음에서 가장 중요한 것은 네 개의 사건, 곧 주 예수의 죽으심, 장사 지냄, 부활, 나타나심이다.

하지만 아마도 이미 확실하게 암시되어 있는 점, 즉 이 네 사건이 똑같이 중요한 것은 아니라는 점을 명시하면 한층 명료해질 것이다. 신약에 반복되는 언급을 통해 알 수 있듯이, 가장 중요한 것은 예수님의 죽으심과 부활이다. 장사 지냄과 나타나심의 중요성은 이것들과의 관계에서 바라보아야 한다. 그리스도께서는 성경에 따라 우리 죄를 위하여 죽으셨으며, 그러고 나서 그분의 죽으심이 실제로 일어난 일임을 보여 주기 위해 장사 지낸 바 되었다. 그다음에 그리스도께서는 성경대로 셋째 날에 부활하셨으며, 그분의 부활이 실제로 일어난 일임을 보여 주기 위해 나타나사 사람들에게 모습을 보이셨다.

바울은 이어서 부활하신 예수님이 공식적으로나 개인적으로 집단들과 개인들에게 나타나신 경우를 열거하면서, 맨 마지막에 자기도 거기 포함시킨다. 다마스쿠스 도상의 경험에 대해 몇 가지를 말할 필요가 있다.

첫째, 그것은 진정으로 부활하신 예수님이 나타나신 것이었으며, 환상이나 환영이 아니었다. 바울이 부활하신 예수님을 경험한 다른 경우들을 나열하면서 그것을 포함시키기 때문에 그리고 "살아나[신]" 것이 "장사 지낸 바" 된 것 곧 그분의 몸이기 때문에 우리는 이를 알 수 있다. 게다가 바울은 "내게도 보이셨느니라"는 말에서 "나는 사도 중에 가장 작은 자라"는 말로 바로 넘어간다. 부활하신 예수님의 나타나심을 본 것은 사도가 되기 위해 필수 불가결한 자격이었기 때문이다(행 1:21-22, 25; 고전 9:1을 보라).

둘째, 그것은 진정으로 부활하신 예수님이 나타나신 것이긴 했지만, 전형적인 경우는 아니었다. 그것은 (다른 모든 경우처럼) 예수님이 승천하시기 전 40일 동안 일어난 것이 아니라 그 후에 일어난 것이기 때문이다.

셋째, 그것은 "맨 나중에" 마지막으로 나타난 것이었다. 그 후로 사람들이 예수님에 대해 어떤 환상을 보았다고 주장하든 간에, 우리는 그것을 부활하신 예수님이 나타나신 것으로 생각해서는 안 된다.

바울은 부활하신 예수님이 나타나신 경우들을 죽 열거하고는 이제 복음에 대한 중요한 진술로 결론을 맺는다(15:11). "그러므로 나나 그들이나 [우리가(NIV에는 '우리'라는 말이 있으나 개역개정에는 없다—역주)] 이같이 전파하매 너희도 이같이 믿었느니라."

네 개의 대명사가 극히 중요하다. 그것은 '나, 그들, 우리, 너희'다. '나'란 사도 바울이며, '그들'은 예루살렘 사도들이다. '우리'는 동일한 복음을 전파하는 모든 사도를 말하며, '너희'는 모두 복음을 받은 고린도 교회의 교인들이다. 그것은 사도들의 선포와 교회의 믿음—그들의 은사의 다양성과 함께—의 단일성에 대한 주장이다.

고린도전서 15장 나머지는 부활의 다양한 측면에 대한 면밀하고 상세한 진술이다. 그리스도께서 부활하지 않으셨다면 닥쳤을 무시무시한 결과(12-19절), 그리스도께서 부활하사 종말론적 프로그램이 가동되었다는 사실(20-28절), 부활이 없었을 경우 닥쳤을 상황에 대한 추가 질문(29-34절), 지상의 몸과 연속성 및 불연속성을 모두 가지고 있는 부활체의 본질에 대한 교훈(35-49절), 죽은 자들은 부활할 것이며 그리스도가 오실 때까지 살아남은 자들은 변화될 것이고, 따라서 사망이 승리에 삼켜지리라는 확신(50-57절) 그리고 독자들에게 주는 마지막 권면, 즉 부활에 비추어 볼 때 그들의 수고가 헛되지 않을 것을 알고 견고하게 서서 열심히 일하라는 것(58절)이 그 내용이다.

고린도후서

고린도 교회와 사도 바울의 관계(그가 그곳을 방문한 일들과 그의 서신들 둘 다)는 복잡하며, 여기에서 거론할 문제가 아니다. 하지만 우리는 고린도후서가 바울의 모든 서신 중 가장 개인적인 것임이 거의 분명하다는 점에 주목하게 된다. 그는, 사실은 "거짓 사도"(11:13)이면서 자신들을 "지극히 크다는 사도들"(11:5)로 간주하던 사람들의 많은 비난에 대하여 자신을 변호해야 하기 때문이다. 그들과는 대조적으로 바울은 진정한 기독교 사역의 본질적인 요소를 서술한다.

그는 먼저 자신의 괴로움과 역경에 대해 말한다. 그는 그리스도 안에서 그리스도로 말미암아, 고난 속의 위로와 심지어 죽음을 통한 부활의 삶까지 경험했다(1:3-11). 그는 비난에 대한 대답으로, 이제 자신이 계획을 바꾼 것에 대해 변호한다. 그는 마음의 동요를 일으켜 천박하게 혹은 세속적으로 생각을 바꾸는 죄, 또는 동시에 '예'와 '아니요'라고 말하는 죄를 저지른 것이 아니었다. 그런 행동은 하나님의 신실하심과 양립할 수 없고 하나님의 모든 약속이 그리스도 안에서 "예"가 된다는 진리와 양립할 수 없었을 것이다(1:12-22).

이로 인해 바울은 "새 언약의 일꾼"(3:6)인 자신과 동료들을 일반적으로 변호하게 된다. 분명 옛 언약의 직분에도 어느 정도 영광이 따랐다. 하지만 새 언약의 직분은 "영광이 더욱 넘치[는]"(3:9) 것이다. 그것은 영의 직분(죽음의 직분이 아니라), 의롭게 하는 직분(정죄하는 직분이 아니라), 영원한 직분(사라져 가는 직분이 아니라)이다(3:1-18).

우리는 이 영광의 직분을 받았기 때문에, "낙심하지 아니하고"(4:1, 8) 오히려 "항상 담대하다"(5:6, 8). 생각해 보라. 우리가 낙심하게 될 충분한 이유가 있다. 첫째는 "수건"이다. 그것은 불신자들의 마음에 드리워져서 그들이 그리스도의 영광의 복음의 빛을 보지 못하도록 가린다(3:12-18). 둘째는 "몸" 곧 우리의 연약하고 죽을 수밖에 없는 몸으로서, 그것은 복음이라는 보물이 담긴 질그릇과도 같다(4:7). 우리는 이 두 문제 중 어느 것도 스스로의 힘으로 해결할 수 없다. 오직 하나님만이 인간의 어두움에 빛이 비치게 하심으로 그 수건을 제거하실 수 있다(4:6). 오직 하나님만이 "예수의 생명"이 우리의 죽을 몸에 지금 나타나게 하시고(4:10-11) 마지막 날에 "예수와 함께 우리도 다시 살리[실]" 수 있다(4:14-5:10). 우리가 용기백배하며, 낙심하려 들지 않는 것도 무리가 아니다!

새 언약의 직분은 또한 화목의 직분이며, 5:18-21은 신약에서 화목이라는 주제를 다루는 가장 탁월한 본문 중 하나이다. 첫째, 하나님이 그 화목의 **창시자**이시다("모든 것이 하나님께로서 났으며…하나님께서 그리스도 안에 계시사…화목하게 하시며…", 18-19절). 그리스도께서 주도권을 쥐고, 내키지 않아 하시는 하나님에게서 억지로 화목을 얻어 냈음을 암시하는 곳은 전혀 없다. 둘째, 그리스도께서는 화목의 **대행자**이시다. 바울의 담대한 표현 두 가지를 보면 하나님은 인간들의 죄를 그들에게 돌리지 아니하시고(19절), 그 대신 죄 없으신 그리스도로 우리를 대신하여 죄를 삼으셨다(21절). 셋째, 우리는 화목의 **사신**이다. 화목의 직분과 화목의 메시지 둘 다 우리에게 맡겨졌으며(18-19절), 하나님은 이제 우리를 향해 그리스도를 대신하여 사람들에게 하나님과 화목하라고 간구하라고 권면하고 계시기 때문이다(20절; 참고. 6:1-2).

바울은 6장 첫머리에서도 권면을 계속하며, 그러고 나서 자신의 직책을 묘사한다. 한편으로 그는 자신의 직책이 훼방을 받지 않게 하려고 무엇에든지 누구에게든지 거리끼지 않게 하기로 결심한다. 다른 한편으로 그는 모든 고통을 견딤으로써, 깨끗함과 사랑 같은 도덕적 자질들로써 모든 가능한 방식으로 자신의 직책을 자천하기로 결심한다. 8-10절에 나오는 역설(예를 들어, "근심하는 자 같으나 항상 기뻐하고", "가난한 자 같으나 많은 사람을 부요하게 하고")은 외양과 실체를 대조시킨다. 그것은 사람이 보는 그와 하나님이 보시는 그를 나타내는 것이다.

8장과 9장은 바울이 유대의 곤궁한 교회들을 위해 헬라의 부유한 교회들에게서 헌금을 모은 일에 대한 것이다. 그는 헬라 교회들이 관대하게 헌금하도록 설득하기 위해 온갖 논증을 전개한다. 그중 가장 위대한 것은 "우리 주 예수 그리스도의 은혜"다. 그것이 무엇인가? 그것은 "부요하신 이로서 너희를 위하여 가난하게 되심은 그의 가난함으로 말미암아 너희를 부요하게 하려 하심이라"(8:9)는 것이다. 바울은 그리스도를 결코 잊지 않는다. 그는 심지어 재정적인 호소를 하는 중에도 계속해서 그분께로 돌아온다.

나머지 부분(10-13장)에서 사도 바울은 다시 거짓 사도들에 대항하여 자신의 직분을 변호한다. 그는 자신이 얼마나 강하게 나갈 수 있는지 혹은 강하게 나가야 하는지 확신하지 못한다. 그는 기적을 베풀고 고린도에서 개척 전도 사역을 함으로써 진정한 그리스도의 사도로 인증되었기 때문에(10:8; 12:12), 마음 한구석에서는 자신의 사도적 권위를 주장하고 싶어 한다. 하지만 다른 한편으로는 극도로 주저한다. 그는 "그리스도의 온유와 관용으로"(10:1) 그들에게 호소하는 편이 훨씬 더 적절하다는 것을 안다. 어쨌든 동기는 순수하다. 그는 "하나님의 열심으로" 그들을 위하여 열심을 낸다. 그는 그들을 남편 그리스도에게 드리려고 중매했다. 하지만 그들이 "그리스도를 향하는 진실함과 깨끗함에서" 떠나 부패할까 봐 두려워한다(11:1-3).

그는 자신이 어리석은 자인 것처럼 느낀다. 그가 자신만만하게 자랑하는 말이 "주를 따라 하는 말이 아니[라]"는 것을 알기 때문이다(11:17). 하지만 그의 대적들은 그가 그렇게 하지 않을 수 없게 만든다(11:18). 그래서 그는 그냥 이야기를 진행한다. 그는 그의 유대적 혈통을 말하고 그가 바다와 강에서, 강도들과 원수들로부터, 도시와 시골에서, 굶주림과 목마름 가운데, 헐벗고 자지 못하는 가운데 당했던 모든 위험은 말할 것도 없고 채찍으로 맞고 감옥에 여러 번 갇혔음에도 불구하고 그리스도께 충성했던 것을 말한다. 다른 무엇보다도 그는 교회에 대한 관심 때문에 받는 압력을 경험했다(11:21-33). 그리고 그를 향한 "주의 환상과 계시"(12:1)가 있었다. 그는 이어서 이러한 것들 때문에 자고하지 않도록 하기 위해 "내 육체에 가시 곧 사탄의 사자를 주셨[다]"(12:7)고 말한다. 그것은 분명 모종의 신체적 연약함이었다. 그는 그것이 없어지도록 세 번 간구하였으나, 주 예수님은 대신 그에게 은혜가 족하다고 말씀하셨다. 그분의 능력이 그의 연약함 가운데 온전해졌기 때문이다. 그는 약할 때 강하기 때문이다(12:7-10). 그는 '약함을 통한 능력'이라는 역설로 되돌아갔다. 그것은 바울이 쓴 고린도 서신의 주요 주제 중 하나다. 그것은 그리스도에게나 바울에게나 해당되는 말이었다. 그것은 또한 우리에게도 해당되는 말이다.

10. 옥중 서신(에베소서, 골로새서, 빌레몬서, 빌립보서): 최고의 주님 그리스도

바울이 서너 번에 걸쳐 "주 안에서 갇힌"(엡 4:1; 참고. 고후 11:23) 자로 투옥되었다는 것은 잘 알려진 사실이다. 그는 '나는 그리스도를 위해 매였다'(빌 1:13, 17)고 썼다. 또한 "내가 매인 것을 생각하라"(골 4:18)고 말하기도 했다. 하지만 그가 언제 어디에서 투옥되었는지에 대해서 모든 학자의 의견이 일치하는 것은 아니다. 나는 그가 로마에서 두 번 구금당했으며, 두 번의 구금 사이에 몇 년간 자유로운 기간이 있었다는 전통적인 견해를 따를 것이다(행 28:30-31).

감옥에 있는 동안, 열정적인 선교적 생활 방식에서 벗어난 그가 조용히 묵상할 만한 시간을 더 확보할 수 있었으리라는 추측은 타당할 것이다. 그는 첫 번째 변호를 하면서 어느 누구도 그를 후원하러 오지 않았다고 단언한 적이 있다. 모두가 그를 버렸기 때문이었다. 그럼에도 불구하고 그는 "주께서 내 곁에 서서 내게 힘을 주셨[다]"(딤후 4:16-17)고 덧붙였다. 누가는 이전에 바울이 예루살렘에서 잡힌 후(행 23:11)와 로마로 항해하는 도중(행 27:23)에 이와 비슷한 일이 일어났다고 말한다. 그러므로 다른 때에도 그런 일이 일어나지 못할 이유는 없다. 감옥의 창살이 그의 몸을 가둘 수는 있었겠지만 그의 영혼은 가둘 수 없었을 것이다. 이 기간 동안 그는 더 많은 도시를 복음화하지도 못했고 교회들을 방문하지도 못했지만, 마음만은 하늘 높이 날아올랐다.

에베소서와 골로새서는 서로 밀접하게 관련되어 있다. 이 서신서들의 본문과 주제는 몇 가지 중요한 점에서 매우 유사하다. 특히 둘 다

놀랍도록 숭고한 기독론을 표현한다.

에베소서 1:15-23에서 바울은 그의 독자들의 마음의 눈이 밝아져서, 하나님이 그리스도를 부활시키시고 그를 최고로 영광스러운 자리인 자신의 우편에 앉히셨을 때 보여 주신, 상상할 수 있는 모든 경쟁자보다 훨씬 뛰어나신 하나님의 지극히 크신 능력을 이해할 수 있기를 기도한다. 실로 하나님이 "만물을 그의 발 아래 복종하게 하시고 그를 만물 위에 교회의 머리로 삼으셨느니라. 교회는 그의 몸이니 만물 안에서 만물을 충만하게 하시는 자의 충만함이니라"(22-23절).

골로새서에도 우주적 그리스도의 절대적인 탁월성에 대한 비슷한 본문이 포함되어 있다. 다만 그것은 창조로 시작하고 십자가를 포함하는 것이 다를 뿐이다. 바울은 예수님을 보이지 아니하시는 하나님의 보이는 형상으로 규정하면서, 이어서 (모든 종류의 영지주의적 이원론과 반대로) 예수님이 모든 창조물보다 먼저 나신 자요 그를 통해 만물이 창조되고 결합을 유지하는 행위자이며, 그를 위해 모든 것이 만들어진 상속자라고 말한다. 예수님은 이처럼 시간적으로나 지위로나 "만물보다 먼저" 계신 분이다. 그분은 몸인 교회의 머리이시며 죽은 자 가운데서 먼저 나신 자 "만물의 으뜸이 되려 하[신다]." 하나님은 모든 충만으로 예수님 안에 거하게 하시고, 십자가에서 흘리신 그리스도의 피로 화평을 이루사 그로 말미암아 만물이 자신과 화목하게 되기를 기뻐하신다(1:15-20).

그 관점은 우리를 압도할 정도다. 예수님은 우주 창조와 교회 창조 둘 다에서 최고의 머리로 나타나시기 때문이다.

하지만 무언가가 더 있다. 예수 그리스도의 죽으심과 부활은 객관적인 구원의 사건에 그치지 않는다. 하나님의 목적은 우리를 그러한 사건들의 실상에 개인적으로 참여시키는 것이다. 바울은 에베소서와 골로새서 둘 다에서 이를 단언한다. 그는 에베소서에서 하나님이 "우리를 그리스도와 함께 살리셨고…또 함께 일으키사 그리스도 예수 안에서 함께 하늘에 앉히[셨다]"(2:5-6)고 쓴다.

신자들과 그리스도의 이 같은 연합은 골로새서에서는 훨씬 더 두드러지게 표현되어 있다. 거기에서는 '순'(*sun*, '함께'라는 의미)이라는 부사가 네 번 사용된다. "너희가 그리스도와 함께 죽었거든…너희가 그리스도와 함께 다시 살리심을 받았으면…너희 생명이 그리스도와 함께 하나님 안에 감추어졌음이니라…너희도 그와 함께 영광 중에 나타나리라"(2:20; 3:1, 3, 4).

하지만 에베소서와 골로새서는 그리스도인의 삶을 이같이 고상한 수준에서, "하늘"(heavenly realm, NIV)에서 그리스도 안에 참여하는 것으로만 묘사하는 것은 아니다. 두 서신서 모두 한편으로는 교회—하나님의 새로운 사회로서, 바울은 교회의 연합과 진리와 거룩함에 대해 이야기한다—와 관련된 실제적 권고를, 다른 한편으로는 가정 혹은 집—우리의 새로운 삶은 새로운 관계를 요구한다—과 관련된 실제적인 권고를 담고 있는 것으로도 유명하다. 이것은 빌레몬에게 보낸 짧은 서신서에 아름답게 예시되어 있다.

빌립보서 역시 대단히 숭고한 기독론적 믿음과 그리스도인의 선행을 결합시키고 있다. 2장에 나오는 소위 '카르멘 크리스티'(*carmen christi*, "그리스도 찬가")는 바울이 초대 그리스도인들의 찬송가를 빌려 온 것이라는 사실은 널리 알려져 있다. 하지만 바울이 지은 것인지 빌려 온 것인지는 크게 문제가 되지 않는다. 어떤 경우든 바울이 그것을 사도적으로 보증해 준 것이기 때문이다. 그 찬송가는 "누구든지 자기를 낮추는 자는 높아지리라"는 예수님의 경구와 어울려서, 성육신과 속죄가 그에게 가져다준 굴욕의 깊이("자기를 낮추시고 죽기까지 복종하셨으니 곧 십자가에 죽으심이라") 그리고 그 결과 하나님 아버지께서 그를 높이셔서, "모든 이름 위에 뛰어난 이름" 즉 "주"라는 호칭에 암시되어 있듯이 다른 모든 것을 능가하는 지위를 주사, 모든 무릎을 그에게 꿇게 하시고 모든 입으로 그를 주라고 고백하게 하신 그 높임의 절정을 묘사한다(2:9-11).

에베소서 및 골로새서와 마찬가지로, 빌립보서에서도 예수님의 최고 주권은 상아탑의 신학으로 머물러 있지 않는다. 바울은 또한 그리스도에 대한 자신의 개인적 헌신에 대해 쓴다. 그는 일종의 손익 계산서를 작성한다. 원장의 한쪽에는 '이익'으로 간주될 수 있었던 모든 것—그의 문벌, 혈통과 교육, 그의 히브리 문화, 그의 종교적 열심과 율법적 의—을, 다른 쪽에는 '그리스도'를 놓는다. 그러고 나서 그는 주의 깊게 계산을 하고 결론을 내린다. "나는 모든 것을 순손실로 여기는데, 예수 그리스도를 아는 것으로 인한 순이익이 순손실을 훨씬 능가한다"(3:7-8, REB). 더구나 이 그리스도의 주권은 그의 일상 생활에서 곧 기쁨과 관용에서, 염려로부터의 자유와 내적 평강에서, 단련된 사고 생활과 모든 상황에서 만족하는 것에서(4:4-13) 실제로 나타났다. 왜 그런가? "주께서 가까우시[기]"(4:5) 때문이다.

높이 올려지셨으나 동시에 가까이 계신 주 예수에 대한 확신이 옥중 서신을 지배한다.

11. 목회 서신(디모데전서, 디도서, 디모데후서): 교회의 머리 그리스도

디모데와 디도에게 보낸 목회 서신이 정말로 바울의 저작인가에 대해서는 1835년 튀빙겐의 F. C. 바우어가 그것을 부인한 이후 끊이지 않고 이의가 제기되어 왔다. 동시에 20세기 후반에 그 서신들이 바울의 저작임을 변호하기 위해 상당수의 학자들이 다시 모였다. 그 서신들의 진정성을 여전히 거부하는 사람들은, 종종 그 서신서들의 신학을 평가할 때, 좀더 명확히 말하면 (그들이 생각하기에) 그 서신들에 신학이 없다는 점을 평가할 때 상당히 무례한 경향을 보인다. 예를 들어, A. T. 헨슨은 "그 서신들에는 서신을 하나로 통합시키는 주제가 전혀 없다", 심지어 "상대적으로 논리가 맞지 않는다는 느낌"마저 든다고 단언했다.[18]

하지만 다른 사람들은 명백하게 다른 의견을 가지고 있다. 이 세 목회 서신에서 바울은 교회 문제에 최우선적으로 몰두하고 있다. 그리스도께서는 "우리를 깨끗하게" 하기 위해 죽으셨다(딛 2:14). 따라서 바울은 지역 교회의 삶, 특히 진리를 수호하고 가르쳐야 하는 교회의 책임에 관심이 있다. 그는 교회를 "진리의 기둥과 터"(딤전 3:15)로 규정하기 때문이다. 교회는 진리를 확고하게 붙잡아 줄 터이며 진리를 높일 기둥이다.

디모데전서에서 바울은 건전한 교리, 공적 예배, 목회적 감독, 지역 교회의 리더십, 사회적 책임, 물질적 소유에 대해 교훈한다. 이것들은 모두 지역 교회에 극히 중대한 것들이다. 바울은 디도서에서 디도에게 목사를 어떻게 선정하고 임명할 것인가, 어떻게 가정과 공적 생활에서 의무와 교리를 연관시킬 것인가에 대해 지시한다. 디모데후서는 바울이 처형되기 직전 감옥에서 쓴 듯하다. 그것은 아마도 바울의 모든 서신서 중 가장 친밀하고 다정한 서신일 것이다. 바울은 죽음이 다가오고 있다는 것을 알고서, 디모데에게 그리스도를 부끄러워하지 말고, 삶과 사역에서 근신하며, 어려울 때 구약성경과 사도의 가르침을 붙잡고, 말씀을 전파하라고 권면한다.

아마도 이 세 목회 서신의 주요 메시지를 가장 잘 요약하는 본문은 디모데후서 2:2, "또 네가 많은 증인 앞에서 내게 들은 바를 충성된 사람들에게 부탁하라. 그들이 또 다른 사람들을 가르칠 수 있으리라"일 것이다. 여기에는 진리를 전달하는 네 가지 단계가 있다.

먼저, "예수 그리스도의 사도"인 바울 자신이 있다. 자신이 사도적 권위를 가지고 있다는 그의 자의식은 그의 서신서들에서 분명하게 나타난다. 그는 자신이 "진리", "믿음", "바른 교훈", "교훈", "부탁한 것" 등으로 무차별적으로 부르는 것을 거듭 언급한다. 이는 그가 가르쳤던 사도적 교리들이 존재한다는 것을 분명히 함축한다.

둘째, 디모데와 디도가 있다. 그들은 사도 바울과 교회 사이에 있다. 그들이 사도 바울을 대신하고 그의 가르침을 교회에 중계했다는 의미에서 그렇다. 사도 바울이 그들 곁에 없을 때 그의 권위는 서신서들을 통하여 전달되었다. 바울은 디모데전서와 디도서에서 열 번이나 "이것들을 가르치라", "이것들을 명하고 가르치라", 혹은 "이것을 명하라"고 쓴다. 그들은 사도 바울이 그들에게 가르친 귀한 진리를 다른 사람들에게 신실하게 전달해야 했다.

셋째, 디모데와 디도가 임명한 참되고 믿을 만한 감독들이 있다.

디모데전서나 디도서에서나 바울은 그들이 어떤 자격을 갖추어야 하는지 규정한다. 그들은 성품과 가정 생활이 견실해야 할 뿐만 아니라, 사도의 가르침에 충실해야 하고 그것을 가르치는 은사를 가지고 있어야 한다(딛 1:9; 딤전 3:2).

넷째, 이 감독들은 "또 다른 사람들을 가르칠 수" 있을 것이다. 이것이 참된 사도적 계승으로, 사도들의 가르침을 신약을 통해 대대로 전달하는 것이다.

우리가 사는 포스트모던 시대에는 계몽주의의 자신감이 사라지고, 객관적 '진리'라는 개념 자체가 거부되며, 순전히 개인적이고 주관적인 견해만 남아 있을 뿐이다. 그러므로 사도 바울의 말을 들으면 안심이 된다. 그는 자신을 "경건함에 속한 진리의 지식"(딛 1:1)을 위한 사도라고 부르며, 교회를 진리와 관련해서 규정한다. 하지만 그는 거짓 교사들을 가리켜 "진리에 관하여는 그들이 그릇되었도다"(딤후 2:18)라고 말하며, 심지어 "진리를 대적"(딤후 3:8)한다고까지 말한다. 교회의 생명과 건강과 성장에 있어 진리를 신실하게 가르치는 것보다 더 필요한 것은 아무것도 없다.

바울의 서신서들을 이같이 빠르게 훑어본 결과, 그의 믿음과 삶과 사역이 그리스도 중심적임을 확실하게 알 수 있다. 그는 "내게 사는 것이 그리스도니"라고 말할 수 있었으며(빌 1:21), 또한 "무엇이든지 내게 유익하던 것을 내가 그리스도를 위하여 다 해로 여길뿐더러"(빌 3:7)라고 말한다. 서로 다른 상황에 대해 다루는 각각의 서신 혹은 서신들은 그리스도의 복합적인 모습—해방자, 심판자, 구세주, 최고의 주님, 교회의 머리—을 보여 준다. 바울은 모순된 말을 하지 않는다.

그는 대단히 풍성하게 다양한 가지각색의 실을 가지고 그리스도라는 융단을 직조해 나간다.

세 명의 유대인 저자

바울이 쓴 것으로 여겨지는 13개의 서신을 살펴보았으니, 이제 신약의 나머지 서신들인 야고보서, 히브리서, 베드로전후서(베드로후서와 대단히 유사한 유다서를 포함하여)를 살펴보겠다. 바울은 이방인들의 사도로 인정된 사람이었던 반면(예를 들어, 롬 15:16; 갈 1:16; 2:7), 세 편지(야고보서, 히브리서, 베드로전서―우리는 이제 이 서신들에 나오는 그리스도에 대한 증거를 살펴볼 것이다)는 정도의 차이는 있지만 유대인 독자들을 염두에 두고 쓰인 것이었다. 먼저 야고보서를 살펴보겠는데, 그것은 야고보와 바울 간에 일치하지 않는 점이 있다고 말하는 사람들이 있기 때문이다.

12. 야고보서: 도덕 선생 그리스도

이 서신을 쓴 야고보는 주님의 동생 중 하나였으며, 예수님의 생전에는 믿지 않았으나 부활하신 예수님이 나타나신 것을 통해 믿음에 이르게 된 듯하다(막 6:3; 요 7:5; 고전 15:7). 그는 후에 예루살렘 교회와 유대 그리스도인들의 인정을 받는 지도자가 되었다(행 12:17; 갈 1:18-19). 그는 예루살렘 공의회(행 15:13-21)를 주재했으며, 이방인 회심자들에게는 할례가 필요하지 않지만 유대인 신자들은 모세의 의식 율법을 계속 존중해야 한다고 끊임없이 주장했다(예를 들어, 행 21:17-26).

야고보는 개인적인 의와 경건함 때문에 '의인 야고보'로 알려지게 되었다. 헤게시푸스는 2세기 말경에 이렇게 말했다고 한다. "그는 성전에 홀로 들어가는 습관이 있었으며, 무릎을 꿇고 사람들을 위해 용서를 비는 모습이 종종 목격되었다. 하나님을 예배하면서 끊임없이 무릎 꿇은 결과 그의 무릎은 낙타 무릎같이 딱딱해졌다."[19]

그러므로 의인 야고보의 거룩함 때문에, "흩어져 있는 열두 지파에게"(1:1) 보낸 그의 서신(사실은 소책자 혹은 논문이다)이 하나님을 기쁘시게 하는 삶에 초점을 맞추고 있는 것은 놀라운 일이 아니다. 그렇다면 야고보는 예수님에 대해 무엇이라 증거하고 있는가? 어떤 이는 "거의 증거하지 않는다"고 대답할 것이다. 그리고 예수님의 이름이 단 두 번만 나오는 것은 사실이다. 한 번은 야고보가 자신을 "주 예수 그리스도의 종"이라고 지칭할 때, 그리고 다른 한 번은 그의 독자들을 "영광의 주 곧 우리 주 예수 그리스도에 대한 믿음을…가[진]"(2:1) 자들이라고 말할 때 나온다. 예수님은 또한 "아름다운 이름"(2:7)을 지니고 있다고 언급되며, 8번 이상 "주"라는 말이 나오는데, 이는 대개 예수님을 가리키는 것이다(1:7; 4:10, 15; 5:7, 8, 10, 11, 15). 하지만 간접적으로 야고보는 처음부터 끝까지 예수님을 증거한다. 그의 서신서의 가장 흥미로운 특징 중 하나는, 그가 기록된 예수님의 가르침 특히 산상수훈을 마치 자기가 그 자리에 있으면서 듣기라도 한 것처럼—불가능한 일은 아니다—여러 번 명확하게 시사하고 있다는 것이다. 그런 경우가 적어도 20번은 되는데, 이를테면 약속된 나라를 상속받는 것, 화평하게 하는 자와 의를 위하여 고난받는 자와 긍휼을 베푸는 자의 복, 부와 가난의 문제, 다른 사람들에 대해 나쁘게 말하거나 그들을 판단하지 않는 것, 주님 오실 때까지 참고 기다리는 것 등이다. 그러므로 야고보가 예수님을 본질적으로 도덕 선생으로 제시한다는 것은 논의의 여지가 없이 확실하다.

이러한 강조점의 차이 때문에, 자연히 야고보와 바울 간에 모순이 있는 것처럼 보이게 된다. 바울은 아브라함이 행위가 아니라 믿음으로 의롭다 하심을 받았다고 가르쳤다(롬 4:2-3). 하지만 야고보는 여기에서 "우리 조상 아브라함이…행함으로 의롭다 하심을 받은 것이 아니냐"(2:21)고 묻는다. 그 둘은 명백하게 모순되는 것처럼 보이며, 루터는 이러한 불일치로 인해 야고보서를 '지푸라기' 서신이라고 거부하기에 이르렀다. 하지만 신약을 보면 그 두 지도자가 서로를 존중하는 것으로 나와 있다. 야고보는 바울의 이방인 선교를 환영했으며(갈 2:9), 바울은 야고보가 유대인들의 기분을 배려하는 것을 받아들였다(행 15:12-30; 21:17-26).

그들이 서로 다른 신학적 강조점을 필요로 하는 상황에 대해 다루고 있었음을 주목할 때, 둘은 자연스럽게 조화를 이룰 수 있다. 바울은 율법의 행위로 의롭게 된다고 가르쳤던 유대주의자들에 반대하여 글을 쓰고 있었으며, 야고보는 메마른 정통이라는 의미의 '믿음'에 의해 의롭다 하심을 받는다고 가르친 지성주의자들에 반대하여 글을 쓰고 있었다. 두 집단 모두 잘못되었다. 바울은 유대주의자들에게 반대하여 행위 없이 오직 믿음으로만 의롭게 되는 것을 강조했다. 야고보는 지성주의자들에게 반대하여, 메마른 정통에 대한 믿음(마귀들도 이러한 믿음을 가지고 있으며 그로 인해 떤다!, 2:19)이 아니라 선행의 열매를 맺는 살아 있는 믿음에 의해 의롭다 하심을 받는다고 강조했다. 이처럼 두 사도는 모두 동일한 구원의 길, 즉 믿음으로 의롭다 하심을 받고 선행에 이르는 것에 대해 가르친 것이다. 바울은 "사랑으로써 역사하는 믿음"(갈 5:6)에 대해 썼으며, 야고보는 "나는 행함으로 내 믿음을 네게 보이리라"(2:18)고 썼다. 하지만 바울은 행위를 낳는 믿음을 강조한 반면, 야고보는 믿음에서 나오는 행위를 강조했다.

야고보의 관심사가 가장 잘 요약된 곳은 1:26-27일 것이다. 거기에서는 "정결하고 더러움이 없는 경건"에는 세 가지 특징이 있다고 말한다. (1) 혀를 제어하는 것, (2) 곤궁한 고아와 과부를 돌보는 것, (3) 자기를 지켜 세속에 물들지 않는 것. 이것이 우리의 삼중적인 윤리적 의무다. 즉 우리 자신에 대한 것, 이웃에 대한 것, 하나님에 대한 것이다. 혀를 제어하는 것은 절제의 표시다. 고아와 과부를 돌보는 것은 이웃 사랑의 예다. 자기를 지켜 세속에 물들지 않는 것은 하나님의 이름에 걸맞은 예배를 드리는 것에 대한 소극적 표현이다. 야고보서의 나머지 부분은 이 세 주제를 여러모로 변형시켜서 표현한다.

13. 히브리서: 우리의 대제사장 그리스도

히브리서는 작자 미상이며, 그 서신서의 저자가 누구인가에 대해서는 논란이 계속되고 있다. 그러나 저자의 신원은 확실하지 않더라도 그의 목적은 확실하다. 그는 아마도 예루살렘 안이나 인근에 있었을 것으로 생각되는 히브리 그리스도인들의 지역 교회 사람들의 배교를 막기 위해서 그들에게 서신 혹은 논문을 쓰고 있다. 그들은 부분적으로는 핍박 때문에(10:32-39), 더 엄밀히 말하면 신학적 혼란 때문에 유대교로 다시 빠져 들어갈 명백한 위험에 처해 있었다. 히브리서 저자는 그리스도의 궁극성을 보여 줌으로써 그들을 그리스도 안에 굳게 세우려고 한다.

저자가 자신의 과업을 수행할 자격을 충분히 갖추고 있다는 것은, 그가 구약과 예수님 이야기 둘 다에 대해 포괄적으로 알고 있다는 점에서 분명히 알 수 있다. 그는 70여 번 구약을 언급하며, 약 25번에 걸쳐 신약 이야기를 언급한다. 그는 구약과 신약 둘 다를 상세히 알고 있기 때문에, 옛 언약에 대한 새 언약의 우월성을 논하고 그럼으로써 새 포도주가 오래된 포도주 부대를 터뜨렸다는 것을 보여 줄 자격을 충분히 갖추고 있다. 그의 논의는 세 부분으로 되어 있다. 즉 그리스도의 제사장직, 제사, 언약은 완전하며 다른 것으로 대신할 수 없다는 것이다.

저자는 이 주제를 전개하기 전에 먼저 간략하지만 장엄한 기독론적 진술로 말문을 연다. 그는 선지자들을 통해 여러 부분과 여러 모양으로 우리 조상들에게 말씀하셨던 그 하나님이, 이 마지막 날에 창조의 행위자이며 유지자이고 상속자이신 그 아들 안에서 우리에게 말씀하셨다고 단언한다. 그의 위격에 대해 말하자면 그는 "하나님의 영광의 광채"(이는 그가 본질상 성부 하나님과 공통성을 갖고 있음을 보증해 준다)이며, "그 본체의 형상"(이는 그가 위격적으로 별개임을 보증해 준다)이다. 그리고 아직 이름이 거론되지는 않았으나, 이 유일하신 예수 그리스도는 죄를 정결케 하시고 성부 하나님 우편에 앉으셨다. 이렇게 선지자보다 우월하신 그분은 천사들보다 우월하시다. 바로 이 높임 받으신 아들, 그 위격과 사역에서 누구와도 비할 수 없는 위엄을 지니신 이 분 안에서 하나님의 궁극적인 계시가 주어졌다.

이렇게 서론을 말한 후 저자는 첫 번째 위대한 주제인 그리스도의 제사장직의 우월성으로 넘어간다. 그는 예수님이 모세와 아론보다 우월하다고 단언한다. 사실상 그리스도의 제사장직은 아론 계열의 것이 아니라(그리스도는 레위의 후손이 아니었으므로), "멜기세덱의 반차를 따르는" 것이었다. 멜기세덱은 구약에 어렴풋하게 나타나 아브라함을 축복했던 인물로서, 그의 영원한 제사장직이 시편 110:4에 언급되어 있다. 옛 레위 반열의 제사장들은 후임자가 계속 있어야 했다. 그들은 죽음 때문에 계속해서 그 직무를 수행할 수가 없었기 때문이다. 하지만 예수님은 영원히 살아 계시기 때문에 영원히 제사장직을 지니신다.

저자는 예수님의 제사장직이 궁극적이며 가장 우월한 것이라는 사실을 확증하고 나서, 그분의 제사가 이룬 것에 대해 말한다. 제사장은 반드시 무언가를 드려야 하기 때문이다. 그렇다면 예수님은 무엇을 드리셨는가? 그 대답은 "자기 피"이다. 즉 폭력에 의한 죽음에 자신을 내주신 것이다. 따라서 그분은 제사장인 동시에 제물이다. 그리고 저자는 그분의 제사의 우월성을 설명한다. 오직 대제사장만 지성소에 들어갈 수 있었다. 하지만 예수님은 모든 하나님의 백성이 하나님의 임재 안에 들어갈 수 있는 길을 확보하셨다. 대제사장은 오직 1년에 한 번(속죄일에) 들어갈 수 있었다. 하지만 예수님은 우리가 계속 들어갈 수 있는 길을 열어 주셨다. 대제사장은 오직 짐승 제물의 피를 가져야만 들어갈 수 있었다. 하지만 예수님은 자신의 피를 가지고 들어가셨다. 구약의 제사로는 의식상의 부정함에서 정결케 될 뿐이었다. 하지만 예수님은 우리의 죄 사함을 이루셨다. 사람들은 정기적으로 제사를 드려야만 정결함을 유지할 수 있었다. 하지만 예수님은 단번에 죽으셨다. 저자는 구약 의식에 불완전하게 예시되어 있는 것이 그리스도 안에서 성취되었음을 한 가지씩 보여 주었다.

저자는 이제 그의 중심 주제를 도입한다. 그것은 이 유일무이하신 제사장이 그분의 유일무이한 희생 제사를 통해 유일무이한 언약을 확립하셨다는 것이다. 이 새 언약은 "더 좋은" 언약이다(7:22). "더 좋은 약속"(8:6)에 근거하여 규정되어 있기 때문이다. 이는 하나님이 예레미야를 통해(렘 31:31-34) 예시하신 것이며, 저자는 그것을 두 번 인용한다. 하나님은 (1) 우리 마음에 그분의 율법을 쓰시겠다고, (2) 우리 각자에게 개인적으로 그분을 계시하시겠다고, (3) 우리 죄를 더 이상 기억하시지 않고 그 죄를 용서해 주시겠다고 약속하신다. 내적 거룩함, 개인적 앎, 완전한 죄 사함에 대한 이러한 약속들은 그리스도를 통해 성취되었다.

일단 그리스도의 제사장직, 제사, 언약의 궁극성을 이해하고 나면 다른 대안을 고려할 수 없다. 다른 제사장은 있을 수 없다. 우리는 대제사장을 통해 하나님께 직접 나아갈 수 있기 때문이다. 속죄를 위한 다른 제사도 있을 수 없다. 그리스도의 유일무이한 제사를 통해 우리의 구원이 이루어졌기 때문이다. 우리 제사는 찬양과 감사의 제사인 것이다. 또 다른 언약도 있을 수 없다. 새 언약은 마지막 언약이며, 더 좋은 언약은 가장 좋은 언약이기 때문이다. 어떤 것도 그것을 대체할 수 없을 것이다. 우리가 받은 궁극적이고 완전한 구원이 지닌 영원성이 저자의 마음을 가득 채우고 있다. 그리스도는 "영원히" 제사장이시며, "죄를 위하여 한 영원한 제사"를 드리고 그래서 "영원한 언약"을 확립하셨다. 그것은 하나님의 백성에게 "영원한 구원"(히 5:9)과 "영원한 속죄"(9:12)와 "영원한 기업"(9:15)을 가져다준다.

히브리 그리스도인들은 다시 옛날로 돌아갈 위험에 처해 있었다. 심한 핍박과 그럴듯한 논증에 직면한 그들의 기독교 신앙은 흔들리고 있었으며, 배교하여 다시 유대교로 돌아갈지를 고려하고 있었다. 그들이 예수 그리스도의 절대적인 궁극성을 파악할 수만 있다면, 다시 옛날로 돌아간다는 것은 생각할 수도 없는 일이었다.

히브리서 저자는 그리스도의 유일무이한 위격과 사역과 언약에 대한 해설을 결론 맺고 난 후, 이어서 다음과 같이 권면한다.

> 그러므로 형제들아 우리가 예수의 피를 힘입어 성소[즉 하나님의 직접적인 임재]에 들어갈 담력을 얻었나니…또 하나님의 집 다스리는 큰 제사장이 계시매 우리가 마음에 뿌림을 받아 악한 양심으로부터 벗어나고 몸은 맑은 물로 씻음을 받았으니 참 마음과 온전한 믿음으로 하나님께 나아가자.…우리가 믿는 도리의 **소망**을 움직이지 말며 굳게 잡고 서로 돌아보아 **사랑**과 선행을 격려하며. (10:19-24, 저자 강조)

저자가 기독교의 유명한 세 가지 요소인 믿음과 소망과 사랑을 언급하고 있음을 파악하기는 어렵지 않을 것이다. 그리고 이 서신서 나머지 부분은 그것을 상세히 설명하고 있는 듯하다. 분명 11장은 믿음에 초점을 맞춰서, 먼저 믿음의 정의를 내리고 그다음에 구약에 나오는 위대한 믿음의 영웅을 죽 나열한다. 하지만 그들은 믿음의 사람들일 뿐 아니라 또한 소망의 사람들이었다. "믿음은 바라는 것들의 실상"(11:1)이기 때문이다. 어떤 약속들은 그들의 생전에 이루어졌으나, 또 다른 의미에서는 "이 사람들은 다…약속된 것을 받지 못하였[다]"(11:39). 하나님의 약속에는 내세에 이르기까지는 이루어질 수 없는 깊은 면들이 있기 때문이다. 그러므로 우리는 그 약속들이 성취되기를 참을성 있게 기다리며, 소망을 가지고 또 하나님의 훈육을 받아들여야 할 것이다.

13장에서는 그리스도인 가족의 상호 사랑의 여러 측면에 대해, 어떻게 나그네들을 대접하고, 갇힌 자를 기억하고, 혼인을 존중하고, 탐욕보다는 만족을 선호하고, 그리스도인 지도자들을 존중하고, "그의 치욕을 짊어지고 영문 밖으로"(13:13) 예수께로 가야 하는지에 대해 간략하게 다룬다.

이러한 그리스도인의 특권과 의무, 즉 믿음으로 하나님께 나아가며, 소망으로 인내하고, 교회 안의 형제를 사랑하는 것은 모두 히브리서 저자가 강조하려 애쓴 위대한 사실, 즉 우리 주 예수 그리스도의 절대적인 유일성과 궁극성에서 생겨난다.

14. 베드로후서: 고난받는 자의 모범 그리스도

내가 베드로를 '유대인 저자'로 분류하는 것을 보고 놀랄 수도 있을 것이다. 최초의 이방인 고넬료는 바로 베드로를 통해 회심했기 때문이다(행 10장). 하지만 베드로는 "할례자에게 [복음 전함을] 맡[았으며]"(갈 2:7), 첫 번째 편지에서 그는 주로(반드시 그런 것은 아니지만) 유대인 독자들을 염두에 두고 있음이 분명한 듯하다. 그는 그들이 소아시아 다섯 지방의 "흩어진 나그네"에 속했다고 말하며, "이방인"들은 별도의 집단으로 언급한다(벧전 2:12; 4:3). 예를 들면 우리의 "유업"(1:4), 거룩하라는 부르심(1:6-7), 흠 없는 양의 피인 그리스도의 피(1:2, 19)를 언급할 때 그가 사용하는 어휘 역시 마찬가지로 시사하는 바가 있다. 모세오경, 시편, 잠언, 예언서에서 많은 구절을 인용한 것은 또한 그가 구약을 매우 잘 알고 있음을 나타낸다.

베드로는 첫머리에 나오는 송영에서 예수 그리스도의 부활하심으로 말미암아 우리를 거듭나게 하사 산 소망이 있게 하신 것에 대해 하나님을 찬양한다(1:3). 그리스도인에 대한 반대가 아무리 격렬할지라도 이 산 소망은 우리를 지탱시켜 준다. 베드로는 이 첫 번째 서신에서 많은 다른 주제들도 다루지만, 주로 강조하는 점은 박해에 직면한 그리스도인의 행동에 대한 것이다. "고난받다"와 "고난"이라는 단어가 그리스도와 관련해서 7번, 그리스도인과 관련해서 9번 나온다.

우리가 아는 바로는 이때까지는 기독교와 그리스도인들을 배척하는 공식 칙령은 내려진 바 없다. 그럼에도 불구하고 베드로의 독자들이 겪고 있던 억압은 맹렬하고(4:12) 만연한(5:9) 것이었다. 그리고 더 심각하고 조직적인 박해의 폭풍우가 서서히 어둠을 몰고 왔던 것 같다. 각 지역에서 핍박이 일어나기 시작했다. 그리스도인들은 이런 상황에서 어떻게 행동해야 하는가? 그리스도인은 부당한 고난에 대해 어떤 태도를 지녀야 하는가? 그리스도인들은 보복을 하면 안 되었다. 거기까지는 분명했다. 하지만 베드로는 그보다 한 걸음 더 나간다. 그의 첫 번째 서신에는 고난에 대한 여섯 개의 본문이 나와 있다. 각각의 본문에는 서로 다른 훈계가 담겨 있으며, 각 본문은 독자들로 하여금 그리스도께 시선을 두도록 한다.

베드로전서 1:6-7. 그들은 온갖 종류의 시련을 겪고 있었으므로, 불이 금을 시험하고 강화하고 정련하는 것처럼 **고난이 그들의 믿음을 시험하고 강화하고 정련한다**는 것을 기억해야 한다. 이것은 예수 그리스도께서 나타나실 때 하나님께 영광을 돌리는 결과를 낳을 것이다.

베드로전서 2:18-25. 이 단락은 특별히 이해심이 없고 가혹한 주인을 둔 그리스도인 종들과 관련되어 있다. 그들은 부당한 고난을 참아야 한다. 왜 그런가? **고난은 그리스도인의 소명의 일부이기** 때문이다. 그리스도께서는 그들에게 무저항의 모범을 남기셨다. 그래서 그들도 그분의 발자취를 따라야 한다.

베드로전서 3:8-18. 옳은 것을 위해 고난을 받을 때, 그리스도인들은 놀라지 말고 그들의 마음에 그리스도를 주로 삼고, 그들의 기독교적 소망에 대한 이유를 묻는 자에게 대답할 것을 항상 예비해야 한다. **고난은 증거할 기회를 준다.**

베드로전서 4:1-6. 베드로는 여기에서 핍박의 육체적 성격을 강조한다. 그것은 "육체의" 고난이다. 예수님은 그러한 고난을 받으셨다. 우리도 그러한 고난을 받을 수 있다. 그렇다면 "육체의 고난을 받은 자는 죄를 그쳤[다]"는 것을 기억해야 한다. **고난은 우리를 성화시키는 힘을 가지고 있으므로**, 우리는 좀더 기꺼이 고난을 받아들여야 한다.

베드로전서 4:12-19. 우리는 고통스러운 시련이 올 때 이상한 일을 당하는 것처럼 놀라지 말고 오히려 **고난이 우리에게 그리스도의 고난에 참여하는 특권을 주는 것**, 그래서 그분의 영광에 참여할 기회를 주는 것을 기뻐해야 한다(4:13; 참고. 1:11; 5:1; 눅 24:25-26).

베드로전서 5:10-11. 우리는 우리가 그리스도 안에서 하나님의 영원한 영광으로 부르심 받았다는 것, 하지만 먼저 잠시 고난을 받는 것이 필요하다는 것을 기억해야 한다. 죽음이 생명으로 이르는 길인 것처럼, **고난은 영광으로 이르는 길이기** 때문이다.

닥쳐오는 고난은 베드로후서—이 서신서의 신빙성에 대해서는 일부 학자들이 지금도 변호하고 있다—의 중심 주제 중 하나다. 2장에서 베드로는 거짓 선생들을 생생하게 묘사하며 그들에게 하나님의 심판이 임할 것이라고 경고한다. 3장에서는 조롱하는 자들과 더불어 그리스도의 재림의 확실성에 대해 논하며(3-7절), 그리고 나서 재림이 늦어지는 것은 하나님의 자비 때문이라고 말한다(8-10절). 하지만 주님의 날은 올 것이며, 새 하늘과 새 땅이 시작될 것이다.

그렇다면 우리는 그것을 준비하면서 어떤 사람이 되어야 하는가?(11절) 우리는 "주 앞에서 점도 없고 흠도 없이"(14절) 나타나기 위해, 거짓 선생들을 삼가고(17절), "구주 예수 그리스도의 은혜와 그를 아는 지식에서"(18절) 자라 가도록 모든 노력을 해야 한다.

결론: 통일성 속의 다양성

신약 문헌(제4부에서 다루게 될 요한계시록은 제외하고)을 이렇게 간략하게 개관해 보기만 해도 그 다양성을 충분히 알 수 있다. 그것은 저자(적어도 9명이 관련되어 있다), 문학적 형태(복음서, 연대기, 서신, 논문, 묵시), 각 지역의 필요에 따라 다루는 주제, 신학적 강조점 그리고 예수님을 제시하는 면에서 다양하다.

하지만 이 동일한 신약성경은 메시지의 통일성을 주장한다. 바울에 따르면 모든 사도가 그리스도의 동일한 복음을 선포했으며 모든 교회가 이를 믿었다(고전 15:11). 또한 "몸이 하나요 성령도 한 분이시…한 소망…주도 한 분이시요 믿음도 하나요 세례도 하나요 하나님도 한 분이시니 곧 만유의 아버지시라"(엡 4:4-6). 그리고 제2차 세계대전 동안과 그 이후에 유럽을 지배했던 소위 "성경 신학 운동"은 이것을 강조했다. 예를 들어, 영국의 A. M. 헌터는 "신약의 본질적인 통일성과 통합의 필요성에 대한 인식이 점차 커지고 있다",[20] "모든 다양성을 초월하며 지배하는 통일성"[21]이라고 쓸 수 있었다.

그 시대의 영향력 있는 또 하나의 책은 에드윈 호스킨스와 노엘 데이비가 쓴 『신약의 수수께끼』이다. 여기에서 말하는 "수수께끼"는 "예수라는 역사적 인물과 교회의 열렬한 믿음의"[22] 관계였다. 호스킨스와 데이비는 증거를 주의 깊게 고찰한 후에, "신약의 다양한 자료 전부는 하나의, 단일한, 고립된 역사적 사건에 집중되며 거기서 기원하는데" 그 사건은 "예수의 삶과 죽음"이라고 결론 내렸다.[23]

하지만 20세기 후반에 들어서자 상황은 완전히 반대가 되어 다양성을 강조하게 되었다. 그것은 부분적으로는 인위적인 화합에 대한 반작용이었다. 그러나 또한 일부 신약학자들이 명백한 불일치를 찾아내는 일에서 오스카 쿨만이 "거의 가학적인 기쁨"이라고 부른 것을 느꼈음을 나타내기도 하지만 말이다!²⁴ 사람들은 이제 '성경신학'이란 없다고 말했다. 상호 양립할 수 없는 수많은 '성경신학들'이 있을 뿐이었다. 사도들의 이름은 형용사로 바뀌었으며, 학자들은 어떤 교리에 대한 '누가의' 또는 '바울의' 견해나 '베드로의' 또는 '요한의' 입장에 대해 썼다. 마치 그것들이 서로 배타적이기라도 하다는 듯 말이다. 신약의 증거를 통합하려는 시도들에 대해 가장 거리낌없이 비판한 사람 중 하나는 더럼 대학교의 제임스 던이다. 『신약성서의 통일성과 다양성』에서 그는 초대 기독교에는 정통에 대한 통일된 개념이 없었다고 썼다. 이어서 그는 한 복음이 있는 것이 아니라고 쓴다. 적어도 네 개, 곧 요한의 복음, 공관복음서의 다른 복음 그리고 사도행전과 바울 서신에 나오는 두 개의 또 다른 복음이 있다는 것이다. "단 하나의, 영단번의, 통합시키는 '케리그마'(*kerygma*)는 반드시 실패하게 되어 있다."²⁵ 동시에 던은 신약에 "통합시키는 요소", 즉 "역사적 예수와 높임 받은 예수 사이의 통합성"이 있다는 것은 인정한다.²⁶ 하지만 그의 책 전체에 비추어 볼 때, 이것은 최소한만을 마지못해 인정하는 것이다.

우리는 어떻게 반응해야 하는가? 우리가 제멋대로 성경 본문을 조작해서 인위적으로 조화를 이루게 할 수는 없다는 것, 외견상 불일치로 보이는 것들을 우리 힘으로 해결할 수 없을지 모른다는 것, 각 신약 저자가 말하는 것을 가감 없이 받아들여야 한다는 것에 단연코 동의해야 한다. 그리고 이렇게 할 때, 긴장은 여전히 남아 있을 것이다. 하지만 우리는 또한 지금까지의 개관을 통해 네 복음서가 서로 보완되는 것을 보았다. 그것들은 서로 모순되지 않는다. 예수님과 바울 역시 마찬가지다. 바울의 열세 서신 역시 서로 모순되지 않는다. 더 독특하게 유대적인 책들(야고보서, 히브리서, 베드로전서) 역시 불협화음을 내지 않는다. 심지어 바울과 야고보까지도 서로 다른 복음을 전파하지 않는다. 찰리 모울이 썼듯이, 모든 신약 저자들은 "예수 그리스도―지금 초월적인 주님으로 인정되는 분과 연속성이 있다고 인정된 역사적 예수―라는 인물에 헌신"하는 데서 그들의 하나 됨을 발견한다.[27]

스티븐 닐은 N. T. 라이트가 개정한 『신약의 해석 1861-1986』에서 신약의 통일성과 다양성을 결합시켰다. "예수 그리스도의 사건은 단 하나의 해석으로만 파악하고 품기에는 너무나 위대하다." 그래서 교회는 신약 정경 안에 "여러 다른 갈래의 전통과 해석"을 결합시켜 놓았다. "이 모든 전통에서 놀라운 것은 그것들의 통일성이다. 그것들은 모두 경이적으로 위대한 것이었음에 틀림없는 한 가지 사건 그리고 이제껏 살았던 어느 누구와도 달랐을 것임에 틀림없는 한 인격과 관련되어 있다."[28]

그리고 또 이렇게 쓴다. "신약에 나와 있는 기독교 전통의 모든 단편은, 인간의 아들들 사이에서 살았던, 어떤 이와도 다른 단 한 명의 역사적 인물을 만장일치로 증거한다."[29] "통일 원리는 나사렛 예수의 크나큰 독창성과 영적인 힘에 있다."[30]

이 세대에 사는 우리는 그리스도에 대한 신약의 증거를 확신과 경험을 통해 인증하는 것 이상은 할 수가 없다. 이 증거는 통일성을 지니면서 또한 엄청나게 다채롭다. 하지만 우리가 성경의 이중 저작권 즉 그것이 인간의 말을 통해 말씀하신 하나님의 말씀이라는 것을 믿는다면, 당연히 그러리라고 예상할 수 있을 것이다. 그 통일성은 그 말씀이 하나의 신적 마음에서 나온 데서 기인하며 그 다양성은 그 말씀이 여러 인간의 마음을 통해 나온 데서 기인한다. 우리는 비교할 수 없는 그리스도인 원래의 예수, 신약에서 증거하는 그 예수께 찬사를 바친다.

2부
교회의 예수

교회는 예수를 어떻게 소개해 왔는가?

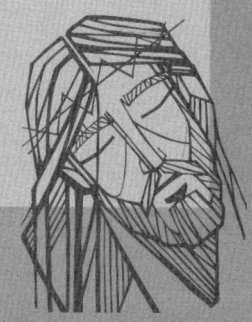

서론: '다른 예수'

'교회의' 예수라는 개념은 처음에는 터무니없는 것처럼 들린다. 예수님은 '교회 의식을 엄격하게 지키는'(churchy) 인물이었는가? 교회는 예수님에 대해 어떤 독점권을 가지고 있는가? 그렇지 않다. 내가 제2부에서 관심을 가지는 것은, 오히려 교회가 오랜 세월에 걸쳐 예수님을 소개해 온 방식들 그리고 교회가 종종 예수님을 자신의 편견과 전통에 가두어 놓았다는 슬픈 사실이다.

바울이 기독교를 깎아내리고 있는 고린도 그리스도인들에게 한 책망을 생각해 보라. "너희 마음이 그리스도를 향하는 진실함과 깨끗함에서 떠나 부패할까 두려워하노라. 만일 누가 가서 우리가 전파하지 아니한 다른 예수를 전파…할 때에는 너희가 잘 용납하는구나"(고후 11:3-4).

"다른 예수." 그 표현 자체가 도발적이고 받아들일 수 없는 것이다. 진정한 예수는 오직 한 분뿐이며, 그분은 신약에서 사도들이 증거하는 예수다. 다른 예수는 없다. 마찬가지로, 오직 '한 주'만이 있다. 이는 오직 '한 믿음', '한 소망', '한 세례'만 있는 것과 마찬가지다(엡 4:4-5). 다시 말하건대, 사람들의 충성을 요구하는 소위 '신'과 '주'가 많이 있으나, "우리에게는 한 하나님 곧 아버지가 계시니 만물이 그에게서 났고 우리도 그를 위하여 있고 또한 한 주 예수 그리스도께서 계시니 만물이 그로 말미암고 우리도 그로 말미암아 있느니라"(고전 8:5-6).

하지만 사실은 여러 세기 동안 이어진 기독교 시대에, 수백 명의 서로 다른 예수가 세계의 종교 시장에 제시되어 왔다. 그중 어떤 예수상은 당대의 문화를 반영하지만, 이는 성경을 교묘하게 조작함으로써 그렇게 하는 것이다. 또 어떤 예수상은 성경에 충실하지만, 문화적으로는 조화를 이루지 못한다. 또 다른 예수상은 정도의 차이는 있지만 성경과 문화 모두와 성공적으로 관계를 맺는다. 신약에서 다양하지만 통일성 있게 증거하는 '한 주'와는 대조적으로, 교회는 놀라운 재간으로 그리스도에 대한 자신의 이미지를 채택하고 형성하고 제시해 왔다.

이 책의 1부에서 한 분 예수님에 대해 다채롭게 증거하는 신약을 개관했던 것처럼 2부에서는 예수님에 대해 놀랄 만큼 다양하게 증거하는 교회사를 개관해 볼 것이다.

교회사는 신약만큼 개관하기 쉬운 분야가 아니라는 점을 기억해야 한다. 2천 년에 걸친 교회 이야기를 모두 다루기에는 교회사의 인물과 운동이 너무나 다양하기 때문이다. 나는 오랜 세월에 걸쳐 예수님이 교회들과 교회 지도자들에 의해 어떻게 제시되어 왔는가에 대한 열두 가지 예만을 선택하려 한다.

독자들은 당연히 내가 어떤 근거에서 그 예들을 선택했는지 물을 것이다. 어떤 사람들에게는 그것이 독단적인 선택처럼 보일 것이기 때문이다. 그에 대한 대답은, 포괄적인 개관이 불가능하기 때문에 교회의 주요 사상 운동 및 그 운동을 대표하는 사람들을 모아 보려 했다는 것이다.

여기서는 사도 직후 시대인 주후 2세기부터 시작한다. 당시 초대교회가 확고하게 붙잡고 있던 확신들 중 하나는 예수님과 더불어 놀랍고 새로운 일이 시작되었다는 것이다. 예수님은 하나님 나라를 여셨다. 예수님은 새로운 시대의 도래를 알렸다. 그분이 공적 사역을 시작하셨을 때 하셨던 최초의 말은 "때가 찼고 하나님의 나라가 가까이 왔으니"(막 1:15)였다. 마찬가지로, 바울은 "때가 차매 하나님이 그 아들을 보내사…"(갈 4:4)라고 썼다. 그렇지만 다른 의미에서 보면 이 새로운 시작은 새로운 것이 아니었다. 그것은 여러 세기 동안 예언되고 약속된 것이었기 때문이다. 일어난 일은 약속의 성취였다. 그러므로 소위 구약과 신약 사이에는 중대한 연속성이 있었다.

1. 완전한 성취 그리스도: 순교자 유스티누스
선지자들과 철학자들

이러한 성취에 대한 의식을 가장 강력하게 표현한 교부는 아마도 순교자 유스티누스일 것이다. 유스티누스는 사마리아에서 이교도 부모 밑에서 태어났다. 지적으로 조숙했던 그는 젊은 시절부터 진리에 대해 추구하기 시작했다. 그는 스토아, 아리스토텔레스, 피타고라스, 플라톤의 철학에 연이어 빠져들었다. 하지만 진리도 평강도 발견하지 못했다. 그런데 어느 날 하나님의 선한 섭리 안에서 에베소의 바다 부근에서 한 노인을 만났는데, 그 노인은 그에게 구약의 선지자들과 그리스도를 소개해 주었다.

그는 회심한 후에도 계속 철학자의 옷을 입고, 수많은 대도시를 도보로 다니면서 가르쳤으며, 로마에 기독교 학교를 설립했다.

유스티누스는 2세기의 가장 위대한 기독교 변증가가 되었다. 그는 믿음과 이성을 화해시키고 히브리 성경과 헬라 철학을 조화시키며 기독교를 그릇된 설명과 중상모략으로부터 변호하기로 결심했다. 그의 『제1변증서』는 안토니누스 피우스 황제와 그의 양아들이자 후계자 마르쿠스 아우렐리우스에게 보낸 것이다. 그의 『제2변증서』는 로마 원로원에 보낸 것으로, 첫 번째 변증에 대한 짧은 부록이며 그리스도인들이 부당하게 핍박당하는 것 때문에 쓰게 되었다. 유스티누스의 세 번째이자 가장 위대한 저술은 박식한 랍비였던 『유대인 트리포와의 대화』다. 이것은 "그리스도를 구약의 메시아로 여기는 이유에 대한 최초의 정교한 해설이며, 기독교에 대한 유대인들의 잘못된 견해를 보여 주려는 최초의 체계적인 시도였다"는 평을 받았다.[1] 유스티누스는 정중하고 인내심 있게 모든 성경을 가지고 그리스도를 증거하면서(때로는 공상적인 풍유에 의지하기도 했지만), 십자가에 달리시고 부활하신 그리스도의 복음을 선포했다. 그는 트리포와 그의 친구들에게 그리스도를 믿으라고 감동적인 호소로 글을 맺는다. "내 형제들이여, 십자가에 달리신 그분을 반대하는 악한 말을 마시오.…그러므로 하나님의 아들을 인정하고 조롱하지 마시오."[2]

165년경 유스티누스는 그리스도인이라는 이유로 고발당했으며, 신들에게 예배하기를 거부하고, 침착하고 용감하게 순교자의 죽음을 맞이했다.

"완전한 성취 예수 그리스도"라는 문구는 내가 유스티누스의 신학에 대한 요약으로 제시한 것이다. 그는 『제1변증서』에서 그리스도를 가리키는 많은 구약의 예언을 나열했다(그는 특별히 모세오경과 시편과 이사야서를 선호한다). 구약에 대한 그의 지식은 굉장했다. 하지만 그는 또한 적어도 어느 정도는 기독교가 헬라 철학의 가장 좋은 것을 모두 구현했다고 믿었다. 그래서 그는 회심할 때 이교는 버렸지만 철학은 버리지 않았다. 그렇다면 어떻게 헬라 철학자들은 그들이 아는 진리에 이르게 되었는가? 그것은 부분적으로는 플라톤이 모세와 선지자의 사상을 차용했기 때문이다(라는 것이 그의 주장이다). 하지만 그것은 또한 신적인 씨 뿌리는 자가 신적 로고스—태초부터 세상에 있었고 예수 그리스도 안에서 완전히 성육신한—를 도처에 나누어 주었기 때문이기도 하다. 그래서 "모든 사람 가운데 진리의 씨가 있는 것처럼 보인다."[3] 예를 들어, 스토아 학파의 도덕적 가르침은 "모든 인종의 사람들 안에 심겨 있는 '로고스 스페르마티코스'(*logos spermatikos*, 이성적 씨 혹은 이성의 씨) 때문에" 감탄할 만큼 훌륭한 것이었다.[4] 이것은 모든 철학자에게 적용되었다. "모든 저자들은 그들 안에 심겨진 씨를 뿌리는 것을 통해 실체를 희미하게 볼 수 있었기 때문이다."[5] 그 결과 "이성에 따라 사는 사람들은 비록 그들이 [이교 신들과 관련해서] 불경하다고 선포되었다 해도 그리스도인들이다. 이를테면 헬라인 중에서는 소크라테스…야만인[즉 비헬라인] 중에서는 아브라함…엘리야…그리고 다른 많은 사람들이 그런 것과 마찬가지다." "이성에 의해 살았던 사람들, 그리고 지금 그렇게 사는 사람들은 그리스도인들…" 즉 그리스도 이전의 그리스도인들이기 때문이다.[6]

그래서 정도의 차이는 있지만 선지자들과 철학자들은 그리스도를 증거했으며, 그들이 쓴 것은 그리스도 안에서 성취되었다. 우리는 유스티누스가 가졌던 시야의 광대함에 감탄하지 않을 수 없다. 어디에서 발견되든 참된 것은 모두 그리스도의 것이라고 주장하려는 그의 결단과, 그의 자비하고 관대한 정신 때문이다.

그렇다면 그의 주제에 대해 좀더 명확한 성경적 기초를 전개했더라면 좋았겠다고 덧붙이는 것은 자비롭지도 관대하지도 못한 말이 될 것이다. 로고스('말씀' 혹은 '이성')에 대한 그의 언급을 보면서 요한복음 서론을 떠올리게 되는 것도 당연하다. 요한복음 1:9은 유스티누스의 확신을 요약하고 있는 듯하기 때문이다. "참 빛 곧 세상에 와서 각 사람에게 비추는 빛이 있었나니." 즉 그분은 성육신하여 '오시기' 전에 '오고 계셨으며', 지금도 오고 계시면서 모든 사람에게 빛을 주신다는 것이다. (유스티누스가 알고 있었듯이) 그것은 구원의 빛은 아니다. 하지만 그것은 빛이며, 그래서 아름답고 선하고 참된 모든 것은 어디서 발견되든 로고스(*Logos*), "참 빛" 예수 그리스도로부터 비롯되는 것이다.

2. 독특한 신인(神人) 그리스도: 초기 공의회들
기독론의 중요성

순교자 유스티누스는 신약이 구약과 연속성을 지니며, 그렇기 때문에 복음은 새로운 것이 아니라는 사실을 강조했다. 그와 반대로, 예수님은 성경과 철학 둘 다의 성취였다.

하지만 그래도 여전히 나사렛 예수를 이해할 필요는 있다. 그래서 4세기에서 5세기까지의 한 세기 반 동안 교회 지도자들은 진지한 기독론적 토론을 벌였다.

합의에 이르는 과정은 처음 네 개의 전 교회 공의회에 의해 계획되었다. 그 공의회들을 두 개씩 살펴보는 것이 가장 좋다. 니케아 공의회(추후 325년)는 예수님이 참으로 하나님이시라는 진리를 확증했으며, 반면 콘스탄티노플 공의회(추후 381년)는 예수님이 참으로 인간이시라는 것을 확증했다. 그다음 에베소 공의회(추후 431년)는 예수님이 비록 하나님이면서 또한 사람이긴 하지만 유일한 한 분이시라는 것을 확증했고, 반면 칼케돈 공의회(추후 451년)는 예수님이 한 분이긴 하지만 신적 성품과 인간적 성품이라는 두 성품을 가지고 계심을 확증했다.

그것은 복잡한 진전이었으며, 종종 분노와 시기와 악의와 정치적 음모가 보기 흉하게 어우러지면서 상처를 남겼다. 하지만 동시에 우리는 성령님이 인내심 있게 일하신 것을 탐지할 수 있다. 성령님은 교회가 기독론에 대해 명확한 입장을 취할 수 있도록 하신 것이다.

첫 번째는 니케아 공의회다. 니케아 공의회가 열리게 된 것은 장로 아리우스의 가르침 때문이었다. 그는 예수님이 하나님의 모든 피조물 중 첫째이고 가장 훌륭한 피조물이긴 하지만 하나님은 아니라고 말했다. 예수님은 영원하지 않다. 그분은 시작이 있기 때문이며("한때 그분은 존재하지 않았다") 심지어 무(無)로부터 생겨나기까지 했기 때문이다. 그래서 콘스탄티누스 황제는 하나 됨과 평화를 증진하기 위해 공의회를 소집했다. 200명 이상의 주교가 참석했는데, 그중 대부분은 동방 출신이었고 많은 사람들이 최근에 있었던 핍박으로 불구자가 되고 상처를 입었다. 그 공의회에서는 아리우스를 정죄했으며 니케아 신경[니케아 콘스탄티노플 신경과 혼동하면 안 된다]을 발표했는데, 그것은 우리 주 예수 그리스도께서 "성부 하나님과 동일한 본질('호모우시오스' *bomoousios*)로" "만들어지신 것이 아니라 나신 것이라고" 단언했다.

이 말은 성경적인 것이 아니었기 때문에 어떤 주교들은 이 말을 사용하는 것을 망설였지만, 대부분은 그것을 받아들였으며, 그 공의회는 예수님의 완전한 신성을 인정하는 기억할 만한 승리를 이루었다.

두 번째, 콘스탄티노플 공의회는 테오도시우스 황제가 소집한 것이었다. 이 공의회의 배경은 예수님이 인간의 마음이나 영혼을 가지고 있음을 부인했던 아폴리나리우스의 가르침이었다. 그래서 이제 그 공의회에서는 아리우스에 반대하여 예수님이 완전한 하나님이시라고 재단언하고는 또한 아폴리나리우스에 반대하여 예수님이 완전한 인간이시라고 단언했다. 하지만 이 경우 어떻게 그분이 한 인격이 되실 수 있는가? 이것이 다음 질문이었다.

세 번째, 에베소 공의회는 콘스탄티노플의 네스토리우스 주교의 가르침을 살펴보기 위해 소집되었다. 네스토리우스는 그리스도를 두 인격, 즉 말씀이신 하나님과 사람이신 예수님으로 나누었고 그 사람 안에 말씀이 내주하신다고 선포했다는 이유로 비난을 받았다. 성육신(내주와 구분되는)을 주장했던 알렉산드리아의 키릴로스가 그를 반대했다. 말씀은 인간의 본성과 완전히 결합되면서 실제로 육신이 되신 것이었다.

네 번째는 칼케돈 공의회다. 거기에는 약 500명의 주교가 참석했으며, 예수의 인성과 신성을 결합시켜 예수가 오직 하나의 본성인 신적 본성만 가지게끔 만들어 버린 에우티케스의 가르침을 처리하기 위해 소집되었다. 이들은 단성론자들(Monophysites '한 본성' 사람들)로서, 오늘날 콥트 정교회와 에티오피아 정교회의 일원으로 계속 존속하고 있다. 440-461년에 로마 주교였던 교황 레오 1세가 그를 반대했다. 레오 1세의 유명한 『토움』(Tome, 공한)은 에우티케스를 논박한 것으로, 칼케돈 공의회에서는 그것을 읽고 승인해 주었다. 그 공의회에서 소위 "칼케돈 정의"가 나왔는데, 그것은 예수님이 한 인격이기는 하지만 별개의 두 본성을 가지고 있는 것은 아님을 강조했다. 거기에는 다음과 같은 말이 포함되어 있다.

> 우리는 한 분이시며 유일하신 성자 우리 주 예수 그리스도께서 신성과 인성에 있어 완전하시고 참 하나님이고 참 사람이라는 것을 한 목소리로 고백한다.…그분은 하나님으로서 성부와 같은 본질('호모우시오스')이시며, 또한 우리 인간과 동일 본질('호모이오스')이시다.…그분은 오래전에 하나님으로서 성부 하나님에게서 나셨으나, 이 마지막 날에 그리고 우리의 구원을 위하여 동정녀 마리아에게서 탄생하셨다.…이 한 분이시며 동일하신 그리스도는…혼동 없이, 변화 없이, 분열 없이, 분리 없이 두 본성으로 나타나셨다.

오늘날 어떤 그리스도인들은 용어 문제를 놓고 벌이는 것이라 생각되는 논쟁을 못 견딘다. 하지만 그에 대한 대답으로 몇 가지를 이야기할 수 있다.

첫째, 현대와 같은 포스트모던 문화에 오염되지 않은 교부들은 하나님의 진리에 대해 깊은 관심을 가지고 있었으며, 아리우스, 아폴리나리우스, 에우티케스와 같은 거짓 교사들과 싸울 필요가 있다고 생각했다. 오늘날 우리도 그들처럼 진리에 대한 열심을 가지고 있다면 좋으련만!

둘째, 그들은 기독론에 대한 논쟁은 구원에 대한 논쟁이라고 보았다. 완전히 신적이고 완전히 인간적인 구세주만이 양측을 모두 대표할 수 있으며, 우리를 하나님과 화목시킬 수 있기 때문이다.

셋째, 그들은 그 일을 아주 잘해 냈기 때문에 그들이 한 일의 결과는 오래도록 지속되었다. 예를 들어, 16세기의 종교개혁자들은 성경이 최고의 권위이며 충분하다는 것, 오직 믿음으로만 의롭게 된다는 것에 대해 로마 교회와 논쟁했는데, 그때 초기의 기독론적 진술을 변경할 필요를 전혀 느끼지 못했다. 오히려 그들은 그러한 진술을 인증했다. 그래서 영국 국교회의 39개 신조 제2조(1563년)는 이렇게 되어 있다.

성부의 말씀이시며, 바로 그 영원한 하나님이신 성부의 영원하심에서 나셨으며, 성부와 한 본체이신 성자가, 복 받은 동정녀의 자궁에서, 그녀의 본체의 자궁에서 인간 본성을 취하셨다. 그래서 말하자면 두 개의 온전하고 완벽한 본질 즉 신성과 인성이 한 인격 안에서 함께 결합되었고 결코 나뉘지 않으니 이는 한 그리스도, 바로 하나님이시며 사람이신 분에 대한 것이다.

넷째, 종교개혁자들이 이 가르침을 인증할 수 있었던 것은 그것이 강력한 성경적 기초를 가지고 있음을 그들이 인식했기 때문이다. 프린스턴의 B. B. 워필드가 썼듯이, "칼케돈의 기독론은…성경적 자료를 아주 완벽하게 종합한 것일 뿐이다."[7]

다섯째, 우리는 교부들이 주의 깊게 균형을 유지하면서 정의를 내린 것에 대해 찬사를 보내지만, 또한 우리 자신은 유한하고 타락한 존재라는 것, 하나님은 무한한 완전함으로 우리를 전적으로 초월하신다는 것 그리고 성육신은 우리가 분명 영원토록 계속해서 탐구해야 할 신비라는 것 역시 인정한다.

여섯째, 우리가 궁극적인 이율배반을 해결할 수 있다고 가정하지 말고 그것을 받아들이는 것이 지혜롭고도 겸손한 일이다. 레오 교황은 『토움』에서 이렇게 썼다. "그리스도는 하나님이시며 그리스도는 사람이시다. 이 두 본성은 공존한다. 어느 한쪽 본성도 다른 본성의 속성에서 무언가를 빼거나 더할 수 없다."

케임브리지의 위대한 찰스 시므온보다 이를 더 잘 표현한 사람은 없다. 그는 19세기 초 54년간 홀리 트리니티 교회 목사로 일했으며, 여러 세대의 학생들에게 심오한 영향을 미쳤다. 그는 "진리는 중간에 있지 않고 한쪽 극단에 있지도 않다. 그것은 양쪽 극단에 있다"[8]고 주장했다. 시므온은 하나님의 주권과 인간의 책임에 대해 이야기한 것이다. 하지만 그의 원리는 예수 그리스도의 인격에 대해서도 동일하게 적용될 수 있다. 예수 그리스도는 인간인 척하는 하나님도 아니고 신적 능력을 지니고 있는 인간도 아니며, 반은 신적이고 반은 인간적인 존재도 아니다. 그분은 완전히 인간이며 완전히 신적인 존재로서 유일무이한 신인이셨다.

3. 완벽한 수사 그리스도: 성 베네딕투스
수도원 제도에 대한 두가지 질문

그리스도인들은 언제나 마가복음 8:34을 기본적이고 명확한 본문이라고 생각해 왔다. 그것은 예수님이 장차 제자가 될 사람들에게 주신 메시지다. "누구든지 나를 따라오려거든 자기를 부인하고 자기 십자가를 지고 나를 따를 것이니라." 더구나 '자기를 부인하는 것'과 '그리스도를 따르는 것'은 동일한 관계의 보완적인 측면인 것이 분명하다. 그리스도를 따르기 위해 우리는 우리 자신을 부인해야 한다. 하지만 이러한 자기 부인에는 무엇이 수반되는가? 그것은 불가피하게 수도원의 삶을 포함하는가?

수도원의 이상은 기독교에서 처음 시작된 것이 아니다. 힌두교의 아슈람(*ashram*, 힌두교 은둔자의 암자 — 역주)이 기독교 시대 이전부터 있었으며, 유대 공동체도 있었다. 그러므로 예수님의 가르침을 진지하게 받아들이기로 결단한 일부 그리스도인들이 은둔자 및 수도자들처럼 다른 사람들과 다른 생활 방식을 시도한 것도 놀라운 일은 아니다.

하지만 기독교의 수도원적 생활 방식은 6세기에 와서야 중앙 이탈리아에서 누르시아의 성 베네딕투스에 의해 조직화되었다. 그는 10대 때 공부를 하기 위해 로마로 왔는데, 그 도시의 윤리적 타락을 보고 혐오를 느꼈으며, 그에 대한 반발로 수비아코의 동굴로 숨어들었다. 후에 그는 열두 개의 수도원 공동체를 세웠는데, 각 공동체에는 열두 명의 수사와 한 명의 수도원 부원장이 있었으며, 맨 나중에는 로마와 나폴리 사이에 있는 몬테 카시노에 자신의 수도원을 세우고, 거기서 죽을 때까지 지냈다. 그곳에서 그는 다른 집단들의 아직 충분히 발달되지 않은 규칙들을 모태로 본격적인 "성 베네딕투스의 규율"을 발전시켰다. 그로 인해 그는 "서방 수도원 제도의 창시자"라는 별명을 얻게 되었으며, 그 규율은 "서양 문명에 가장 큰 영향을 미친 문서 중 하나"로 불리게 되었다.'

그 규율을 보면 그것을 쓴 사람에게 두 가지 자질이 있었다는 것을 즉각 느끼게 된다. 첫째로, 그는 아주 정연한 지성을 가지고 있는 사람이었다. 그 규율은 서로 다른 주제를 다루는 73개의 짧은 장들로 나뉘어 있으며, 추가로 73개의 한 문장짜리 그리스도인의 의무가 포함되어 있기 때문이다.

둘째, 저자는 성경을 매우 잘 안다. 그 규율에는 성경이 스며들어 있기 때문이다.

그 내용은 수사들에게 주는 교훈뿐 아니라 수도원장에게 주는 교훈까지 포함하여 매우 다양하고 실제적인 문제들을 다룬다. 수도원장은 "너그러움과 엄격함을 겸비하고" 공동체의 기강을 바로잡을 책임이 있다(2장). 수사들에 관해서는 겸손과 순종을 강조한다. "개인 소유권이라는 악"(55장)은 전적으로 거부되며, 수사들에게 필요한 음식과 의복은 수도원장이 배당해 준다. 그 규율은 그리 엄격하지 않은 예배와 침묵 일정, 도서관의 책을 읽는 것 그리고 부엌이나 식료품 저장실, 세탁실, 정원, 빵 굽는 곳에서 육체 노동을 할 것을 지시한다. 다른 의무로는 그들의 예술적 재능을 개발하는 것, 나그네를 대접하는 것, 젊은이들을 교육하는 것, 병자, 노인, 가난한 사람을 돌보는 것 등이 있다.

수도원 생활의 기본 조건은 언제나 가난, 금욕(독신을 의미한다), 순종(수도원장에게)에 대한 세 가지 서원이었다. 그리고 그들은 완전한 수사로 간주될 수 있는 그리스도께서 이 모든 것의 모범을 보여 주셨다고 주장한다. 그리스도께서는 가난하게 사셨고, "머리 둘 곳이" 없었다(마 8:20). 그분은 결혼하지 않으셨으며, 자기의 뜻을 행하기 위해서가 아니라 자기를 보내신 하나님 아버지의 뜻을 행하기 위해서(즉 순종하기 위해서) 왔다고 말씀하셨다(요 6:38-39).

우리가 수도원 전통에 큰 덕을 입은 것은 분명하다. 첫째, 그것은 악한 세상과 부패한 교회에 대한 철저한 항의였다. 그것은 거룩함에 대한 기독교적 갈망과, 자기 부인에 대한 기독교적 헌신의 표현이었다.

둘째, 그것은 학문에 대한 기독교적 비전이 사라지지 않게 해 주었으며, 심지어 야만의 시대에도 그 귀중한 장서들을 통해 독특한 기독교적 문화를 보존해 주었다.

셋째, 중세의 수사들은 복음 전도와 가난한 사람들을 위한 사회적 관심 양자에 헌신한 선교사들이었다. 훌륭한 선교사들 중 일부는 프란시스코 사비에르처럼 수사였다. 이러한 점들에서 그들은 필요한 증거를 계속 가지고 있었다. 도스토옙스키의 『까라마조프 씨네 형제들』에 나오는 조시마 장로가 러시아 정교회의 수사들은 고독하게 지내면서 "그리스도의 형상을 올바르고 더럽히지 않은 채 보존하고 있다"고 말한 것은 옳았다.[10]

동시에 나는 수도원 제도가 주는 유익에 진정으로 감사하기는 하지만, 몇 가지 질문을 던지지 않을 수 없다. 주 예수님을 수사의 모범으로 묘사하는 것은 정확한 것인가? 그것은 유용한가? 기독교의 이상을 수도원 제도의 용어로 묘사하는 것은 정확한 것인가? 우리는 기독교 수사들의 헌신과 열심과 자기 부인에 감탄하기에 그들을 비판하기가 망설여진다. 하지만 예수님에 대한 신약의 묘사에 충실하려면 그들을 비판하지 않을 수 없다.

먼저 수도원 제도는 세상으로부터 물러나는 것을 칭송한다. 물론 예수님이 바쁜 공적 사역에서 물러나 산에 가서 쉬고 기도하셨던 것처럼, 제자들 역시 그래야 하며 지금도 그렇게 한다. 모든 그리스도인들이 참여와 후퇴의 리듬을 유지하는 것은 건강한 일이다. 하지만 다시 돌아올 생각으로 잠시 세상으로부터 물러나는 것과, 은둔을 생활 방식으로 삼는 것은 완전히 다른 일이다. 성육신의 진수는 성자께서 우리의 세상과 초연하게 떨어져 있기를 거부하시고 세상에 들어오셨다는 것이다. 그분은 또한 제자들 역시 비슷하게 세상에 동화되기를 바란다는 점을 분명히 밝히셨다. 그분은 "내가 비옵는 것은 그들을 세상에서 데려가시기를 위함이 아니요 다만 악에 빠지지 않게 보전하시기를 위함이니이다"(요 17:15)라고 하나님 아버지께 기도하셨다. 그러고 나서 하나님 아버지께 "아버지께서 나를 세상에 보내신 것같이 나도 그들을 세상에 보내었고"(요 17:18)라고 말씀하셨다. 그러므로 우리는 잠깐 동안 물러나는 경우 외에는 세상에서 물러나는 것을 칭송해서는 안 된다. 그것은 성육신을 부인하는 것이 될 수 있다.

둘째, 수도원 제도는 이중적 기준을 설정한다. 그것은 1급과 2급 두 종류의 그리스도인이 있다는 것, 혹은 하나는 좋고 다른 하나는 더 좋은 두 가지 도덕 기준이 있다는 것을 암시한다. 이에 대한 성경적 기초는 마태복음에서 예수님이 젊은 부자 관원에게 하신 말씀이다. "네가 온전하고자 할진대 가서 네 소유를 팔아 가난한 자들에게 주라"(마 19:21). 이 말로부터 '계명'(모든 그리스도인들에게 구속력을 가지는)과 '복음적 권고'(모든 수사에게 구속력을 가지는 복음삼덕: 정결, 청빈, 무소유—편집자 주)를 구분하게 되었다. 하지만 신약이 우리 앞에 제시하는 것은 하나가 다른 하나보다 더 높거나 더 나은 기준이 아니라, 똑같이 좋지만 서로 다른 다양한 소명들과 사역들이다. 어떤 그리스도인들은 지금도 복음서에 나오는 젊은 부자 관원처럼 그리고 오늘날 테레사 수녀와 동료 수녀들처럼 완전한 자발적 가난으로 부름받는다. 하지만 대다수의 그리스도인들은 재산에 대해 양심적이고 관대한 청지기가 되도록 부름받는다. 사도 베드로가 아나니아에게 말한 것과 같다. "땅이 그대로 있을 때에는 네 땅이 아니며 판 후에도 네 마음대로 할 수가 없더냐?"(행 5:4) 이러한 소명(가난과 청지기직) 중 어느 것도 다른 것보다 더 고상한 것은 아니다.

아니면 독신에 대해 생각해 보자. 의심할 바 없이, 소수의 그리스도인들은 독신으로 부름받는다. 예수님이 그렇게 말씀하셨고(마 19:11-12), 바울도 그렇게 말했다(고전 7:1-7). 하지만 독신으로 사는 것이 결혼하는 것보다 우월하거나 결혼이 독신보다 우월한 것이 아니다. 둘 다 '카리스마타', 곧 하나님이 은혜로 주신 선물이다(고전 7:7). 어떤 사람들은 이것으로, 어떤 사람들은 저것으로 부름받는다. 고린도전서 7:7은 7장 전체를 이해하는 열쇠다.

요약하면 기독교적 역설은 모든 그리스도인에게 적용된다. 우리는 섬길 때만 자유를 경험할 것이다. 우리는 사랑으로 자신을 잃어버릴 때만 자신을 발견할 것이다. 우리는 자신의 자기중심성에 대해 죽을 때만 살기 시작할 것이다.

4. 봉건 채무자 그리스도: 안셀무스
중세의 속죄 신학

3세기의 오리게네스와 4세기의 갑바도기아 교부들 이래 수 세기 동안, '몸값' 속전론이 지배적이었다. 즉 죄가 인류를 마귀의 속박 아래 들어가게 했으며, 그리스도께서 마귀에게 몸값을 지불하심으로써 우리를 구속하셨다는 것이다. 이 받아들일 수 없는 이론은 안셀무스의 위대한 저서 『인간이 되신 하나님』이 나오자 비로소 심각하게 도전을 받았다. 그는 빚은 마귀가 아니라 하나님께 지불하는 것이라고 주장했다.

안셀무스는 1033년 무렵 이탈리아에서 출생했으며, 노르망디에서 오랫동안 체류했고, 1066년 노르만 정복 이후 영국으로 돌아왔으며, 1093년에 란프랑코의 뒤를 이어 캔터베리 대주교가 되었다. 그는 심오한 학식과 명료한 사고와 개인적인 경건을 소유한 사람이었다. 십자가에 대한 그의 책 『인간이 되신 하나님』은 중세에 속죄에 대한 가장 영향력 있는 책 중 하나였다. 그것은 교회의 사고를 바꾸어 놓았다. 제임스 데니는 그것을 "이제까지 쓰인 속죄에 대한 책 중 가장 참되고 위대한 책"이라고까지 말했다.[11]

안셀무스는 먼저 인간의 상태를 성찰했다. 죄는 "하나님이 마땅히 받으셔야 할 것을 그분께 드리지 않는 것"이다.[12] 그러므로 그것은 "하나님에게서 그분 자신의 것을 가져가는 것", 그래서 그분의 명예를 손상시키는 것이다. 하지만 왜 하나님은 십자가 없이 그냥 우리를 용서해 주시지 않는가? 19세기의 냉소가 하이네는 다음과 같이 말했다. "선하신 신은 나를 용서해 주실 것이다. 그것이 그분의 일이기 때문이다."[13] 반대자가 다음과 같이 말할 수도 있다. "결국 우리는 서로 용서하라는 요청을 받는다. 왜 하나님은 자신이 설교한 것을 실천에 옮겨서 관대함을 보이실 수 없는가?" 안셀무스는 단도직입적으로 대답했다. "당신은 아직 죄의 심각함을 잘 생각해 보지 않았다."[14] 우리는 우리가 하나님의 엄위하심도 아직 제대로 생각해 보지 않았다고 덧붙일 수 있을 것이다. 우리가 거룩하신 하나님과, 그분께 반역하고 있는 우리 자신을 볼 때, 마땅히 해야 할 질문은 왜 하나님이 우리를 용서하는 것이 **어렵다고** 생각하시는가가 아니라, 어떻게 그분이 우리를 용서하는 것이 **가능하다고** 생각하시는가이다.

안셀무스는 "하나님은 마귀에게 벌 외에는 아무것도 빚진 바 없으시다"[15]는 것을 근거로, 초기 기독교 교부의 속전 이론을 거부했다. 그 대신에 사람이 하나님께 무언가를 빚지고 있으며, 이것은 갚아야 하는 부채다. 하지만 우리는 그것을 갚을 수가 없다. 첫 번째 책은 이렇게 끝난다. "죄인인 사람은 죄로 인해 그가 갚을 수 없는 것을 하나님께 빚지고 있으며, 그것을 갚지 않으면 구원받을 수 없다."[16] 그래서 그 딜레마에서 벗어나는 길은 단 한 가지다. "하나님 자신 외에는 이것을 **갚을 수 있는** 이가 없다. 하지만 사람 외에는 이것을 **갚아야 하는** 존재가 없다. 그렇지 않으면 사람은 변제하지 않을 것이다." 그러므로 "**하나님-사람**으로서 그러한 변제를 할 존재가 필요하다."[17] "이러한 변제를 하실 바로 그분은 완전한 하나님이면서 완전한 사람이어야 한다. 참으로 하나님이신 분 외에는 그 일을 **할 수 있는** 이가 없고, 참으로 사람인 분 외에는 그 일을 **해야 하는** 이가 없기 때문이다."[18] 그래서 하나님이 그리스도 안에서 성육신하신 것이다. 그리스도는 하나님의 명예를 위해 값없이 자신을 죽음에 내어 주셨다. 그분은 유일한 구세주이시다. 오직 그분 안에서 "**사람이 해야 하는**"것과 "**하나님이 할 수 있는**" 것이 결합되었기 때문이다.

안셀무스의 『인간이 되신 하나님』의 큰 장점은 (1) 하나님에 대한 용서받을 수 없는 불순종으로서의 죄의 심각성 (2) 자기 구원의 불가능성 (3) 성육신의 필요성[사람(채무를 이행하지 않은) 외에는 아무도 **변제해야 할** 의무가 없고, 하나님 외에는 아무도 그것을 **할 수 없기** 때문에]을 강력하게 강조했다는 것이다.

하지만 이해할 만하게도, 안셀무스를 비판하는 사람들도 있다. 첫째, 그는 철학과 신학을 화해시키려 했던 중세 학자였다. 그는 성경에 복종하기를 간절히 원했지만, 그의 최우선적인 관심사는 그의 가르침이 "이성과 조화를 이루어야"[19] 한다는 것이었다. 그러므로 때로 그는 사색에 탐닉했으며, 언제나 차가운 논리에 지배되었던 것처럼 보인다. 어떤 사람은 12세기의 피에르 아벨라르가 그리스도의 십자가에 나타난 하나님의 사랑을 묵상하면서 사람들의 마음에 불을 붙였던 것을 그리워한다.

둘째, 안셀무스는 그의 논문 도처에서 당시의 문화를 반영한다. 봉건 제도는 토지 보유 및 인간 관계로 이루어진 중세의 사회 제도로서, 영주와 가신의 권리와 의무가 균형을 이루었다. 영주는 가신에게 봉토(토지 혹은 영지)를 주었으며 그를 보호할 의무가 있었다. 그 보답으로 가신은 영주에게 충성을 맹세하고 정해진 봉사를 했다. 가신이 의무를 어기면 극악한 범죄로 간주되었으며, 영주의 명예가 손상 당한 것에 대해 배상을 해야 했다. 하지만 하나님을 명예를 요구하는 봉건 영주로, 그리고 그리스도를 우리 대신 배상을 하는 봉건 채무자로 묘사하는 것이 적절한 것인가?

안셀무스의 논리에 아벨라르의 열정을 더할 수만 있다면! 하나님에 대한 안셀무스의 이미지를 기분 상한 듯이 자기 개인의 명예를 만족시키려 하는 봉건 영주에서, 사랑과 정의를 갖춘 자신의 내적 존재를 몸소 만족시키기로 결심한 거룩하신 분으로 변화시킬 수만 있다면! 그러면 우리는 성경 자체와 더 잘 조화를 이루도록 균형 잡을 수 있을 것이다.

5. 하늘의 신랑 그리스도: 클레르보의 베르나르
기독교 신비주의

기독교 신비주의는 12세기와 14세기 사이에 유럽에서 활짝 꽃피었다. 그것은 그리스도인의 영혼의 연인, 신랑이신 예수 그리스도에게 초점을 맞추었으며, 클레르보의 베르나르가 가장 널리 알려진 대표적인 인물이었다.

베르나르는 타고난 수줍음 많은 성격에도 불구하고 또한 금욕적인 절제 생활로 계속 건강이 좋지 않았음에도 불구하고, 많은 다양한 은사를 지닌 타고난 지도자였다. 그는 상당히 호소력 있게 설교를 하고 글을 썼으며, 수도원 제도를 개혁하는 일에 깊이 헌신했다. 그는 그럼에도 불구하고 교회 정치에 관여했으며, 여러 교황들, 주교들, 공의회들 그리고 전체 교회에 엄청난 영향을 미쳤다. 생애 마지막 격동의 20년간 그는 "전 유럽의 양심"으로 여겨졌다.

동시에 그는 성경을 부지런히 연구하는 사람이었으며 정통 신학자였다. 참으로 그의 그리스도 중심적인 메시지는, 지성에 대한 지나친 강조와 중세 교회의 제도 존중주의와 유명론에 반대하는 그에게는 필수적인 것이었다.

베르나르의 가장 잘 알려진 저술은 『나는 들의 꽃 골짜기의 백합화』일 것이다. 그는 아가서를 풍유적으로 해석한 최초의 인물은 절대로 아니었다. 유대 랍비 아키바는 그 책이 구약 정경에 포함된 것을 변호하면서 이렇게 말했다. "모든 성경은 거룩하다. 하지만 아가서는 지성소다."[20] 초기 교회 교부들이 쓴 아가서 주석들도 있다. 하나는 3세기에 오리게네스 쓴 것이고, 다른 하나는 4세기에 니사의 그레고리우스가 쓴 것이다. 하지만 베르나르의 설교들이 가장 널리 읽히고 신봉되었다.[21] 그는 "꿀처럼 단 박사"로 알려져 있었으며, 루터에 따르면 "베르나르는 교회의 다른 모든 박사를 능가한다."[22]

베르나르는 생애의 마지막 18년간(1135-1153) 아가서에 대해 86번의 설교를 했다. 그것도 아가서의 처음 두 장만 다루었을 뿐이다. 그의 글은 결코 주석이 아니라, "하늘의 신랑과 신비한 혼인식을 올릴 만반의 준비를 갖춘" 성숙한 신자들을 위한 일련의 묵상들이다.[23] 처음 여덟 번의 설교는 모두 같은 본문을 다루는데, 그것은 아가서의 두 번째 구절, 즉 "내게 입맞추기를 원하니"이다.

말할 필요도 없이, 그는 그것을 기상천외하게 풍유화하여 다루었다. 예를 들어, 그는 영혼의 완전을 향해 진보하는 세 단계를 상징하는 세 번의 입맞춤(발, 손, 입에 하는)을 상세히 설명했다. 그리스도의 발에 입맞추는 것은 복음서 이야기에서 마리아가 했던 것처럼 겸손한 참회로 그분 앞에 엎드리는 것이다. 이것은 회심의 시작이다. 그리스도의 손에 입맞추는 것은 그분이 모든 선한 은사를 주시는 분이라는 것과, 우리와 그분의 관계는 우리의 공로가 아니라 그분의 자비에 근거하고 있음을 인정하는 것이다. 하지만 세 번째 입맞춤에 도달하는 사람은 거의 없다. 이것은 "최고의 입맞춤"으로 우리가 두려움과 떨림으로 과감히 "그 거룩하고 영광스러운 입"으로 발돋움하여, 성부, 성자, 성령 하나님과의 사랑의 연합의 입맞춤을 누리는 것이다.[24] 그것은 "내 사랑하는 자는 내게 속하였고 나는 그에게 속하였도다"(2:16)라는 말에 요약된 것으로, 신비주의자들이 갈망하는 영혼과 하나님의 궁극적인 연합을 표현한다.

많은 사람들은 아마도 그리스도에 대한 베르나르의 개인적 헌신은 그의 찬송가들에 가장 잘 표현되어 있다고 믿으면서 자랐을 것이다. 나는 특별히 다음과 같은 것들을 생각하고 있다. "구주를 생각만 해도 내 맘이 좋거든", "예수를 생각만 해도 달도다 그 귀한 이름 안에 마음의 모든 기쁨 있도다." 다음과 같은 것도 있다.

    예수여, 당신은 사랑하는 마음의 기쁨
        당신은 생명의 샘, 당신은 사람들의 빛,
    세상이 더없는 행복을 줄지라도
        우리는 채워지지 않은 채 다시 당신께 옵니다.

이 찬송가들은 오랫동안 베르나르가 지은 것으로 여겨져 왔지만, 찬송가 학자들은 이제 그렇게 여길 만한 증거가 없다고 말한다. 그들은 그 찬송가들의 라틴어 원본이 그저 12세기 것이라고 말하는 것으로 만족한다. 하지만 적어도 리처드 트렌치 대주교 같은 권위자들은 다음과 같이 말한다. 만일 베르나르가 그 찬송가들을 만들지 않았다면 "그것들을 누가 썼는지 추측하기가 쉽지 않다." 왜냐하면 "그것들은 그의 마음의 흔적을 지니고 있으며 그의 산문 다음으로 아름답기" 때문이다.[25]

클레르보의 베르나르와 그가 그리스도께 신비적인 애착을 갖고 있었던 것에 대해 마무리하기 전에, 두 가지 질문을 던져 보아야 한다.

첫째, 기독교 신비주의의 본질은 무엇인가? 신비주의라는 말은 기독교에서뿐만 아니라 힌두교, 불교, 도교, 신플라톤주의, 유대교, 이슬람교에서도 사용되기 때문에, 사람들은 '신비주의자'가 된다는 것이 모든 종교에서 똑같은 것을 의미한다고 가정하기가 쉽다. 하지만 그렇지 않다. 분명 누구든 '신비주의'라고 말할 때 이는 '궁극자와의 연합' 같은 다소 불명확한 경험을 의미한다. 하지만 동양의 신비주의와 기독교 신비주의 사이에는 적어도 한 가지 근본적인 차이가 있다. 동양 신비주의자들의 목적은 신적인 것에 몰입함으로써 자신의 개체성을 잃어버리는 것이다. 마치 물 한 방울이 대양 속에 녹아드는 것과도 같다. 하지만 기독교 신비주의에서, 각 신자는 자신의 정체성을 계속 보유한다. 하나님은 우리를 독특한 개성을 지니게끔 창조하셨으며, 우리가 우리의 참된 자아에서 멀어진 존재가 되는 것이 아니라 훨씬 더 참된 우리 자신이 되도록 하시려고 우리를 구속하셨다. 우리의 운명은 자신을 잃어버리는 것이 아니라, 자신을 잃음으로써 자신을 발견하는 것이다. "그리스도 안에"(바울이 즐겨 쓰는 표현) 있는 것은 그분의 생명을 함께 나눌 만큼 그분과 너무나 밀접하게 유기적으로 연합되어 있는 것이다. 예수님은 자신과 하나님 아버지가 하나인 것처럼 제자들이 "하나"가 되기를 기도하셨다(요 17:21-23). 그러나 삼위일체의 세 위격은 하나이긴 하지만 영원히 별개다.

두 번째로 던져야 할 질문은 아가서를 그리스도와 그리스도인 사이의 사랑에 대한 풍유로 사용하는 것이 타당한가 하는 것이다. 일반적으로 어떤 진리를 실증하기 위해서가 아니라 예를 들어 설명하기 위해 풍유를 사용하는 것은 타당하다. 즉 어떤 교리나 의무가 성경 본문의 명백한 의미에 의해 이미 확증되어 있으면, 그 진리를 예를 들어 설명하기 위해 풍유를 사용하는 것은 타당하다. 한 예로, 성경에서는 하나님과 그분의 백성이 사랑의 언약 가운데 서로에게 헌신하고 있다는 것을 명백하게 자주 가르친다. 그러므로 신랑과 신부 사이의 사랑을 표현하는 아가서를 이 진리를 예시하는 데 사용하는 것은 타당하다.

특히 아가서는 개인적으로 해석되는 경우가 너무 많았는데, 하나님과 개인 사이의 사적이고 개인적인 사랑을 진술하는 것으로 여겨지는 경우가 많았다. 그와 대조적으로 신적 사랑을 말하는 두 명의 선지자(호세아와 예레미야)는 언약 백성에 대한 하나님의 사랑을 묘사한다. 예를 들어, "내가 네게 장가들어 영원히 살되"와 같은 약속은 개인들이 아니라 신실하지 못한 민족에게 하신 약속이다(호 2:19). 마찬가지로 신약에서 바울도 "그리스도께서 교회를 사랑하시고 그 교회를 위하여 자신을 주심같이"(엡 5:25)라고 쓴다. 바울이 "**나를** 사랑하사 **나를** 위하여 자기 자신을 버리신 하나님의 아들"(갈 2:20, 저자 강조)이라고도 쓸 수 있는 것은 사실이다. 하지만 그같이 개인주의가 나타나는 순간은 드물다. 아마도 기독교 신비주의자들이 항상 제대로 피하지 못했던—적어도 언어 측면에서—위험, 곧 영적인 에로티시즘의 위험에 처할 수 있기 때문일 것이다.

6. 윤리적 모범 그리스도: 토마스 아 켐피스
금욕적으로 그리스도를 본받음

대단히 널리 알려져 있고 많은 사람들이 추천하는 토마스 아 켐피스의 『그리스도를 본받아』에서, 우리는 중세 후기 교회가 그리스도를 기독교 제자도의 최고의 모델로 제시하는 것을 본다.

토마스 아 켐피스는 1379년 독일의 켐펜에서 태어났다(그래서 이름이 켐피스다). 21세인 1400년에 그는 쾰른 주교 관구에서 아우구스티누스 수도원에 들어갔으며 1413년에 서품을 받았다. 그는 평생 한 수도원에서 지내다가 1470년 91세 때 그곳의 수도원장으로 생을 마감하였다.

그는 수줍고 학문에 힘쓰는 사람이었다고 한다. 그는 책을 읽고 글을 쓰며 책의 사본을 만들고 기도하면서 시간을 보냈다.

『그리스도를 본받아』의 새로운 영문 번역본 머리말에서, L. M. 델레세는 이렇게 말했다. "수 세기를 지나는 동안 이 책은 기독교계에서 성경 다음으로 가장 영향력 있는 신앙 서적으로 자리잡았다."[26]

그 책이 호소력을 지니는 것은 아마도 금욕주의와 신비주의를 결합시켰기 때문일 것이다. 그것의 1권과 2권 혹은 1부와 2부는 금욕적인 거룩함을 개발하는 데 할애되어 있다. 되풀이하여 나타나는 주제는 악을 뿌리 뽑는 것, 유혹에 저항하는 것, 세상적 허영을 멸시하는 것, 자신에 대해 겸손한 견해를 갖는 것, 다른 사람들의 악을 믿거나 생각하지 않는 것, 역경과 '십자가들'을 감당하는 것, 성급한 판단을 피하는 것, 다가오는 죽음을 대비하는 것과 관련되어 있다.

하지만 3권은 '그리스도의 음성'과 '제자의 음성'이 대화를 나누는 형식을 취한다. 토마스는 제자의 음성에서 이따금씩 그리스도에 대한 열정적인 사랑의 표현을 불쑥불쑥 내보인다. 21장에 나오는 예를 하나 들어 보겠다.

오, 내 영혼의 가장 달콤한 배우자이신 그대 예수 그리스도시여, 그대 가장 순수한 연인, 모든 창조물의 주님이시여! 내게 참된 자유의 날개를 주사 당신 안의 마지막 안식처까지 날아가게 하실 분이여! 오, 언제 이 영적인 은혜를 내게 주사, 고요한 마음 가운데 당신이 얼마나 달콤한 분이신지를 보게 해 주실 건가요, 오 주 내 하나님이여? 제가 언제 당신과 하나가 될까요? 제가 불타는 사랑 때문에 더 이상 자신을 의식하지 않고 당신만을 의식할 때는 언제일까요?[27]

그리고 나서 같은 장 조금 뒷부분에서 그는 다시 한번 격정을 쏟아 놓는다.

오 예수여, 영원한 영광의 광채시여, 순례하는 영혼의 위안이시여…얼마나 있어야 내 주께서 오실까요? 당신의 불쌍한 종 제게 오사 기뻐하게 하소서.…오소서, 오 오소서! 당신 없이는 단 하루 한순간도 행복이 있을 수 없으니, 당신은 내 기쁨이요, 당신이 없다면 내 상은 비었나이다.[28]

다른 사람들은 당신 대신 자기들을 기쁘게 하는 것을 구하게 하소서. 하지만 오직 당신, 내 하나님, 내 소망, 내 영원한 구원 외에는 다른 어떤 것도 저를 기쁘게 하지 않고, 앞으로도 기쁘게 하지 못할 것입니다.[29]

예수님에 대한 토마스의 사랑과 거룩함에 대한 열망은 그의 책에서 대체로 분리되어 있지만, 분명 그 두 가지가 통합된 본문이 몇 개 있다. 예를 들어, "예수님을 사랑한다는 것이 무엇인지, 예수님을 위해 자신을 멸시한다는 것이 무엇인지 이해하는 사람은 복이 있도다. 연인은 사랑하는 사람을 위해 모든 것을 버리는 것이 마땅하다."[30] 또한 "예수님이 계실 때는 모든 것이 형통하며 그 무엇도 어려워 보이지 않는다. 하지만 예수님이 계시지 않을 때는 모든 것이 어렵고 힘들다."[31] "예수님의 숭고한 사랑은 우리로 위대한 일을 하도록 고무하고, 언제나 우리가 완전을 열망하지 않을 수 없도록 한다."[32]

그러므로 목표와 동기는 분명하게 그리스도에 대한 사랑으로 거룩함을 추구하는 것이다. 그것은 토마스의 경구 중 하나인 "많이 사랑하는 사람은 많이 행한다"[33]는 말에 요약되어 있다. 우리는 이러한 강조점들을 강력히 지지하며 심오한 찬탄을 보낸다. 예수 그리스도를 따른다고 주장하는 우리 모두가 토마스처럼 의에 주리고 목마르며, 토마스처럼 그리스도를 향한 헌신으로 불타기를!

시험 삼아서라도 어떤 단서를 붙이는 것은 심술궂고 오만한 듯이 보인다. 하지만 적어도 몇 가지 질문은 던질 필요가 있다. 교회가 중세 후기에 예수 그리스도를 최고의 윤리적 모범으로 묘사하고 그리스도인의 삶을 그리스도를 본받는 것으로 묘사한 것은 옳았는가? 분명 예수님은 "나를 따르라"고 말씀하셨으며, 바울은 "내가 그리스도를 본받는 자가 된 것같이 너희는 나를 본받는 자가 되라"(고전 11:1)고 썼다. 그러면 토마스 아 켐피스의 고전적인 저서에는 무엇이 빠져 있는가? 나는 네 가지 질문을 더 던지고자 한다.

첫째, 토마스는 **복음 초청의 본질**을 파악했는가? 그 본질은 그리스도를 본받아 선행을 하라는 것이 아니고, 무엇보다도 우리의 구세주로서 십자가에 못 박힌 그리스도를 믿으라는 것이다. 그는 하나님이 그를 받으셨다고 확신했던 것 같지 않다. 그는 심판과 연옥과 지옥에 대해 끊임없이 두려워하면서 살았기 때문이다. 게다가 그리스도의 사랑에 대해 언급할 때 거의 전적으로 그에 대한 그리스도의 사랑보다는 그리스도에 대한 그의 사랑을 말한다. 그는 "그리스도의 사랑이 우리를 강권하시는도다"(고후 5:14)라는 위대한 선언이나 아무것도 우리를 그리스도의 사랑에서 끊을 수 없다(롬 8:35-39)는 위대한 주장을 단 한 번도 인용하지 않는다.

둘째, 토마스는 **거룩하게 되는 길**을 파악했는가? 거룩함은 그리스도를 본받음으로써가 아니라 그리스도와 연합하는 것을 통해 이루어진다. 그것은 내가 그리스도처럼 사는 것이라기보다는 그리스도께서 내 안에서 사시는 것이다. 제임스 스토커가 말했듯이, "성 바울의 가르침 전체는 그리스도께서 우리를 위해 죽으심으로 말미암은 의와, 그리스도께서 우리 안에 사심으로 말미암은 거룩함이라는 두 기둥을 축으로 하고 있다."[34]

셋째, 토마스는 **기독교 윤리의 배경**을 파악했는가? 스토커의 말을 다시 빌리면 그의 배경은 "수도원이라는 다소 단조로운 세계"[35]였다. 하지만 그리스도인의 삶에 대한 신약의 배경은 직장과 시장이라는 시끄럽고 분주하며 도전이 되는 무대다. 우리가 이 세상에서 "나그네와 순례자"(벧전 2:11, KJV, 토마스는 이 말을 여러 번 인용한다)인 것은 사실이다. 하지만 그렇다고 해서 토마스가 그랬던 것처럼 물러나서 은둔해야 하는 것은 아니다. 그는 "하나님과 거룩한 천사들과의 교제만 바라라. 그리고 사람들과 사귀는 것은 피하라"[36]고 쓴다. 또한 "세상의 압력과 소란은 가능한 한 멀리하라"[37]고 한다. 그는 그리스도인들을 세상이 아니라 "하나님 안에" "완전히 잠기는" 사람들로 본다.[38] 그의 견해로는 "가장 위대한 성도들은 고독한 가운데 하나님께 향하는 삶을 택하고 인간 사회를 피했다." 그리고 그는 "예수님이 그렇게 하신 것처럼"[39]이라고 덧붙였다. 하지만 여기에는 심각한 의견의 불일치 혹은 오해가 있다. 예수님이 안식과 기도를 위해 고독을 추구하셨던 것은 사실이다. 이는 우리가 수도원 제도를 생각할 때 살펴보았던 것과 같다. 하지만 예수님은 단지 다시 돌아오셔서 공생애 사역에 필요한 일을 더욱 잘 수행하기 위해서 그렇게 하신 것이다.

넷째, 토마스는 **본받는다는 것의 의미**를 파악했는가? 그리스도를

본받아라는 말은 그의 책에 붙여진 호소력 있고 인기 있는 제목이며, 그 책이 인기 있는 이유는 아마 제목 덕이 적지 않을 것이다. 하지만 그 책을 읽기 시작하면 우리는 즉시 그가 그 주제를 신약에서 다루는 것처럼 다루지 못하기 때문에 실망하게 된다. 사실 토마스가 그리스도를 따르라고 할 때 그 말은 그리스도를 본받아 십자가를 지고 고난을 견디라는 명령만을 의미할 뿐이다. 그렇다면 그리스도의 성육신과 죽음에 나타난 그분의 겸손을 본받는 것(빌 2:5-8), 그리스도께서 우리를 사랑하신 것처럼 다른 사람들을 사랑하는 것(엡 5:2), 하나님이 그리스도 안에서 우리를 용서하신 것처럼 다른 사람들을 용서하는 것(엡 4:32), 그분이 깨끗하신 것처럼 우리 자신을 깨끗하게 하는 것(요일 3:3), 보복하지 않고 부당한 고난을 참으면서 그분의 발자취를 따르는 것(벧전 2:18-21), 또는 그분이 하나님 아버지에 의해 보내심을 받은 것처럼 세상에 나가 선교하는 것(요 17:18; 20:21)에 대한 언급은 어디 있는가? 그리스도를 본받는다는 것이 무엇인지 상세히 설명해 주는 이 위대한 신약의 주제들은 토마스의 책에는 나와 있지 않다. 그리하여 그 책은 상당히 빈약해졌다.

  토마스가 신약의 가르침을 더 면밀히 따랐더라면, 구세주 그리스도와 모범이신 그리스도(벧전 2:21, 24), 우리를 위한 그리스도와 우리 안의 그리스도를 결합했더라면 그리고 물러나는 것과 참여하는 것 양자에서 그리스도를 따르라는 부르심에 더 주의를 기울였더라면 좋았을 것이다.

7. 자비로우신 구세주 그리스도: 마르틴 루터
이신칭의

중세 교회의 사람들이 얼마나 무거운 죄와 죄책의 짐을 지고 괴로워했는지 오늘날 파악하기는 어렵다. 그들은 하나님의 진노, 심판의 두려움, 연옥과 지옥의 고통 등에 집중하도록 교육받았다. 그들은 의로운 선행으로 하나님의 은총을 확보하고자 애쓰면서 두려움 가운데 살았다. 교회의 가르침이 바로 이런 것이었기 때문이다.

초기의 마르틴 루터도 예외가 아니었다. 그는 1483년에 태어났는데, 아버지는 그에 대해 야심을 품고 있었으며, 그를 중등학교와 대학교에 보냈다. 하지만 그는 늘 심각한 영적 혼란에 압도되어 있었다. 그는 친구가 벼락을 맞아 죽는 것을 보고는 죽음과 심판에 대한 두려움에 사로잡히게 되었다. 그래서 그는 주저 없이 하나님을 섬기는 일에 자신을 드렸으며, 아우구스티누스 수도원에 들어갔다. 여기에서 분명 자신의 영혼을 구원할 수 있으리라고 확신했던 것이다. 그는 기도하고 금식했으며 다른 극단적인 금욕 행위를 했다. 그는 후에 "나는 훌륭한 수사였다"고 썼다. "자신의 수사 생활에 의해 하늘나라에 가게 된 수사가 있다면, 그것은 바로 나일 것이다."[40] 하지만 그의 금욕적인 섭생은 고뇌를 줄여 주는 것이 아니라 더 증가시키는 경향이 있었다. 그는 고해성사를 했으며 고행도 했다. 그는 청빈, 순결, 순종의 세 가지 서약도 했다. 그는 신학 연구에 몰두했다. 사제 서품도 받았다. 그는 로마로 순례 여행을 갔으며, '스칼라 산크타'(*Scala Sancta*: 로마에 있는 28개의 흰 대리석 계단으로, 전승에 따르면 그 계단은 한때 예루살렘 빌라도 궁 앞에 있었으며, 예수님이 고난을 받으실 때 그 계단을 밟고 가심으로써 거룩하게 되었다고 한다—역주)의 28개 계단을 무릎으로 기어서 올라가기도 했다. 하지만 그 모든 것은 아무 소용이 없었다. 그는 하나님 나라로 들어가는 열쇠를 잃어버렸다고 확신하고는, 교회에 대해 환멸을 느끼게 되었다.

1512년 루터는 비텐베르크 대학교의 성경 교수가 되었다. 처음에는 의심과 두려움이 지속되었다. 그는 하나님의 노여움을 가라앉히려 결심했지만, 평강을 찾을 수 없었다. 그는 "나는 그리스도를 찾았을 때 마치 마귀를 본 것 같았다"46고 말한 적이 있다. 이러한 충격적인 진술은, 그가 너무나 강렬한 도덕적 투쟁을 겪은 나머지 지니고 있던 예수 그리스도에 대한 잘못된 이미지를 드러내 준다. 당시 그에게 그리스도는 정다운 존재가 아니라 화가 난 존재였으며, 자비로운 분이 아니라 위협적인 존재였고, 구세주가 아니라 심판자였다. 어디에서 인자한 하나님을 발견할 것인가? 그것이 고뇌에 찬 그의 부르짖음이었다.

그러다가 루터는 성경을 살펴보게 되었다. 그는 대학 강의를 준비하면서, 1513-1515년에 시편을, 1515-1516년에 로마서를 연구했다. 그는 시편 31:1에 나오는 "주의 공의로 나를 건지소서"라는 기도와, 로마서 1:17에 나오는 하나님의 의가 복음에 나타난다는 진술로 인해 혼란에 빠졌다. '만일 하나님의 의가 그분의 정의를 말하는 것이라면, 어떻게 그것이 구원을 가져오거나 복음의 일부가 될 수 있단 말인가?'라고 자문했다. 루터는 이 질문을 가지고 씨름했다. 그는 여전히 '하나님의 의'가 불의한 자를 **벌주는** 것으로 표현된다고 이해했기 때문이다. **그것은** 복된 소식처럼 들리지는 않는다!

밤이나 낮이나 나는 곰곰이 생각했다. 마침내 나는 하나님의 의가, 은혜와 순전한 자비를 통해 믿음으로 우리를 **의롭게 하시는** 의라는 진리를 파악했다. 즉시 나는 나 자신이 거듭났으며 낙원으로 이르는 열린 문을 통과했다는 것을 느꼈다. 성경 전체가 새로운 의미로 다가왔으며, 이전에는 '하나님의 의'가 나를 증오로 가득 채웠던 것에 비하여, 이제는 그것이 더 큰 사랑 안에 있는 표현할 수 없이 달콤한 것이 되었다. 바울의 이 본문은 내게는 천국으로 이르는 길이 되었다.[42]

이렇게 루터의 신학과 경험은 한데 결합되었다. 오직 믿음으로, 오직 그리스도 안에만 있는 은혜에 의해서만 의롭게 된다는 명확해진 복음을 통해, 루터는 자신이 하나님께 받아들여진 것을 발견했다. 그것은 그가 오랫동안 필사적으로 추구해 온 것이었다. 루터는 그를 비판하는 사람들이 때로 시사하는 것처럼 선행이 전혀 중요하지 않다고 말하는 도덕 폐기론자가 된 것이 아니었다. 그는 선행이 믿음의 열매라고 주장했기 때문이다. 또한 루터는 무언가 새로운 것을 시작한 것도 아니었다. 그는 오히려 교회가 잠시 잃어버렸던 원래의 사도적 복음을 회복한 것이었다. 그는 갈라디아서 주석에서 이렇게 썼다. "이것이 복음의 진리다. 이것은 또한 모든 기독교 교리의 제일가는 사항이기도 하다. 그 안에 모든 경건의 지식이 들어 있다. 그러므로 가장 필요한 것은 우리가 이 사항을 잘 알고, 그것을 다른 사람들에게 가르치며 끊임없이 주입시키는 것이다."[43] "진정으로 참된 그리스도인을 만드는 것"은 바로 이 교리라고 그는 덧붙인다.[44] 왜냐하면 "칭의를 잃어버리면 모든 참된 기독교 교리를 잃어버리게 되기" 때문이다.[45]

그러므로 모든 세대에서 교회는 칭의 교리를 다시 회복할 필요가 있다. 바울은 그것을 "하나님의 은혜의 복음"(행 20:24; 참고. 갈 1:6)이라고 불렀다. 은혜는 요구하지도 않았고 공로도 없는데 받게 된 하나님의 사랑이다. 그것은 십자가에서 가장 현저하게 나타났다. 그것은 완전히 값없이 주는 선물로서 죄인들에게 구원을 제공한다. 그러므로 인간이 자랑할 여지는 전혀 없다. 그것은 예수 그리스도, 곧 우리의 은혜로우신 구세주이신 예수 그리스도께만 영광을 돌린다.

8. 인간 교사 그리스도: 에르네스트 르낭과 토머스 제퍼슨

계몽주의 회의론

17세기와 18세기에 꽃피었던 소위 '유럽 계몽주의' 혹은 '이성의 시대'는 교회의 전통적인 신념들을 정면으로 공격했다. 그것의 공공연한 의도는 인간 지성의 자율성을 선포하고, 그래서 계시를 이성으로, 교리를 과학으로, 초자연적인 것을 자연적인 것으로 대체하고 인간의 상태에 대한 비관주의적 견해를 인간의 본성이 근본적으로 선하다는 것과 그에 따라 사회적 진보가 필연적이라는 것 양자에 대한 확신으로 대체하려는 것이었다.

정통 기독교에 대한 이러한 총체적인 공격 속에서 예수님의 인격도 손상되지 않을 수 없었다. 계몽주의는 예수님을 순전한 인간 교사로 제시했다. 이에 대한 가장 노골적이고 솔직한 표현은 18세기 말에서 19세기 말까지 출간된 많은 "예수전"에서 찾아볼 수 있다. 알베르트 슈바이처는 그의 유명한 책에 그중 80개 정도를 첨부해 놓았는데,

그 책의 영어 제목은 『예수의 생애 연구사』다. 이 '전기들'의 급진적인 저자들은 "그분을 참으로 순전히 인간으로 묘사하고자, 그분이 차려입었던 화려한 겉옷을 벗기고, 그분이 갈릴리에서 입고 걸었던 거친 옷을 다시 한번 입히려고 노심초사했다"고 슈바이처는 썼다.[46]

가장 유명한 『예수전』은 다비트 프리드리히 슈트라우스가 겨우 27세였던 1835-1836년에 쓴 것으로 두 권 1,480면으로 출판되었다. 슈바이처는 그에게 세 장을 할애하며, 그는 가장 위대한 신학자도 아니고 가장 심오한 신학자도 아님에도 불구하고 "대단히 진지했다"고 단언한다.[47] 그는 솔직히 생각해 볼 때 이전에 자기가 믿었던 바를 설교할 수가 없다고 생각했다. 그는 복음서를 아주 자세하게, 사건별 비유별로 샅샅이 조사한다. 그러면서 그는 예수님이 자신이 메시아임을 의식하고 있다는 것은 믿었지만, 그 사건들과 비유들에 '신화' 개념을 적용하거나 그것들이 순전히 전설적인 것이라고 단정했다. 그는 즉시 신학적 폭풍우에 휩싸인 유명인이 되어 신학자로서 설 자리를 잃어버렸다.

영어권 독자들에게 더 잘 알려져 있는 것은 에르네스트 르낭의 『예수의 생애』일 것이다. 슈트라우스와 마찬가지로 르낭의 경우에도 책이 출간되자 당혹감과 분노 어린 반응이 쏟아졌다. 하지만 르낭의 경우는 양쪽 모두에서 비판을 받았다. 정통 교인들이 보기에 그는 이단이었다. 하지만 자유주의자들이 보기에 그는 충분히 자유주의적이지 못했다. 하지만 그가 자유주의를 신봉했다는 데는 의심할 여지가 없다. 그는 책 거의 첫부분에서 "복음서들이 부분적으로 전설이라는 것은 분명하다. 그것들은 기적과 초자연적인 것으로 가득 차 있기 때문이다"라고 썼다.⁴⁸ 예수님은 자신이 메시아라고 믿었지만 성육신하신 하나님이 아니었다. 복음서들은 "오류와 잘못된 생각으로 가득 차 있었으며,"⁴⁹ 진짜 부활이 있었던 것이 아니라, 무언가에 홀린 한 사람[막달라 마리아를 말한다]의 열정이 소생한 하나님을 세상에 제시한 것이다."⁵⁰

하지만 르낭의 『예수의 생애』가 또한 식견이 높은 독자들을 매혹시킨 이유는, 저자가 예수에 대해 갖고 있었던 명백한 감탄과 심지어 헌신 때문이다. 르낭은 "예수의 민감하고 친절한 마음"에 대해,⁵¹ 그리고 "그분의 온유하고 통찰력 있는 재능"에 대해 쓴다.⁵² 그는 심지어 예수의 "신성"에 대해 쓰기까지 한다. 하지만 진정으로 그렇게 말하는 것은 아니다. 르낭은 예수의 죽음에 대해 자세히 말한 후 그분께 개인적으로 이렇게 말한다. "이제 당신의 영광 안에서 쉬시오, 고상한 창시자여. 당신의 일은 완수되었습니다. 당신의 신성은 확증되었습니다."⁵³ "수천 년간 세상은 당신을 찬양할 것입니다. 사람들은 당신과 하나님을 더 이상 구분하지 않을 것입니다."⁵⁴

그렇지만 우리는 이런 유의 말만 화려한 찬사에 현혹되어서는 안 된다. 르낭 자신은 이렇게 말한다. "이 숭고한 인물을 신적 존재라고 부를 수도 있을 것이다. 예수가 모든 신적 특징을 흡수 통합했다는 의미에서가 아니라 예수가 동료 인간들로 하여금 신적인 것을 향해 가장 큰 걸음을 내딛도록 한 사람이라는 의미에서 그렇다는 말이다."⁵⁵

하지만 결국 그분은 단지 사람일 뿐이었다. "그렇다면 예수의 인격을 인간적 위대함의 절정으로 높이자."⁵⁶ "획일적으로 평범한" 인류 중에 "하늘을 향해 솟아오른 거목과도 같은 사람들이 있다." "예수는

그 거목들 중에서도 가장 큰 거목이다."⁵⁷

르낭의 결론은 이것이다.

미래에 어떤 예상치 못한 현상들이 일어날지라도, 예수를 능가할 것은 없을 것이다. 그분에 대한 예배는 끊임없이 새로워질 것이며, 그분의 생애에 대한 이야기들은 끊임없이 눈물을 자아낼 것이다. 그분의 고난은 지독한 마음이라도 부드럽게 할 것이며, 모든 시대는 사람의 아들들 중에서 예수님보다 더 위대한 자는 아무도 없다고 선포할 것이다.⁵⁸

계몽주의적 사고를 보여 주는 특별히 인상적인 예는 미국 독립 선언서를 기초한 대표자이며(1776) 미국의 제3대 대통령(1801-1809)이었던 토머스 제퍼슨이다. 그는 재능이 많은 사람으로 발명가, 건축가, 농부, 철학자, 정치가, 외교관, 버지니아 대학 설립자였다. 동시에 그는 자유 사상가이며 이신론자였다. 그는 예수님의 자비와 윤리적 가르침 때문에 그분을 경외하긴 했지만, 기적은 자연 및 이성과 양립할 수 없다고 거부했으며, 삼위일체 같은 모든 신비를 거부했다. 그래서 그는 교리 없는 기독교, 기적 없는 예수님을 재구성하기로 결심했다. 그는 이렇게 썼다.

삼위일체라는 셈, 셋이 하나이며 하나가 셋이라는 이해할 수 없는 말을 없애 버릴 때 요컨대 그분의[예수님] 시대 이래로 가르쳐 온 모든 것을 잊고 그분이 가르쳐 준 순수하고 단순한 교리로 돌아갈 때, 우리는 참으로 가치 있게 그분의 제자가 될 것이다.⁵⁹

그래서 제퍼슨은 가위와 풀을 이용해서 복음서에서 모든 기적과 신비를 제거한 그 자신의 복음서를 두 번 만들었다. 첫 번째 것은 백악관에서 단 2-3일 밤에 걸쳐 만든 것으로 『나사렛 예수의 철학』이었다. 거기에는 예수님의 도덕적 가르침만을 주제별로 분류하여 담아 놓았다. 두 번째의 소위 "제퍼슨 성경"은 1820년에 나왔으며, 『나사렛 예수의 삶과 도덕』이라고 불렸다. 거기에는 예수님의 생애의 개요가 담겨 있는데, 그분이 매장되면서 갑자기 글이 끝난다. 그들은 "무덤 입구에 큰 돌을 굴려 놓고 떠났다." 그것이 마지막 말이다. 부활에 대한 언급은 없다.

제퍼슨은 자신의 저술이 상식의 산물이라고 주장했다. 그의 독립선언문에 나오는 '자명한' 진리들과 마찬가지로, 그는 예수님의 가르침에서 "진정한 예수님의 가르침을 쓰레기 더미에서, 다이아몬드를 거름 더미에서" 추출해 내는 것을 간단한 일이라고 여겼다.[60] 하지만 그는 공인되지 않은 자기 과신에 빠져 있었으며 그의 판단 기준은 대체로 주관적인 것이었다. 제퍼슨이 두 번에 걸쳐 재구성한 것들은 사라져 버렸지만, 복음서 자체는 존속하고 있다.

9. 비극적인 희생자 그리스도: 존 매케이
부활절 없는 수난일

윤리적 모범으로서의 예수는 중세에 속하고, 자비로운 구세주 예수는 종교개혁에 속하며, 인간 교사 예수는 18세기 계몽주의에 속한다. 이 모든 것은 유럽에서 나온 것이었다. 그러므로 이제 예수 그리스도에 대한 교회의 또 다른 묘사, 스페인에서 시작되었지만 라틴 아메리카 전역에 걸쳐 토착 형태로 발전된 묘사를 살펴볼 때다.

이것을 고찰할 때 나는 1932에 출판된 『다른 스페인의 그리스도』라는 유명한 책을 기반으로 할 것이다. 그 책의 저자는 스코틀랜드 사람인 존 매케이로서, 그는 스페인에서 공부하고 이베리아 정신을 발견한 후, 페루의 리마(거기서 그는 개신교도로서는 최초로 페루 국립 대학교의 철학과장을 맡았다), 우루과이의 몬테비데오 그리고 멕시코시티에서 20년간 장로교 선교사로 일했다. 후에 1936년에서 1959년까지, 존 매케이는 프린스턴 신학교의 뛰어난 학장으로 일했다.

매케이의 고전적인 저서 『다른 스페인의 그리스도』는 스페인의 신대륙 정복자들의 끔찍한 이야기를 담고 있다. 그들은 16세기 초에 잔인하게 무력을 사용해서 대륙의 원주민들을 정복하고 그곳을 식민지로 삼았던 이들이다.

스페인 가톨릭이 라틴 아메리카에 소개한 예수님의 모습은 어떤 것이었는가? 매케이의 대답은 라틴 아메리카에 온 그리스도는 비극적인 인물이었다는 것이었다. "그리스도께서는 비극적인 희생자로 우리 앞에 서 있다."[61] 스페인의 종교 미술가들은 그리스도를 "상처 입고, 창백하며, 핏기 없고, 피 흘리는" 모습으로 묘사했으며, "죽음과 싸우느라 뒤틀린 그리스도들, 죽음에 굴복당해 누워 있는 그리스도들…그들은 구제받지 못하는 비극의 진수다."[62]

매케이는 특정한 그림에 대해 이렇게 쓴다. "그는 영원토록 죽어 있다. 그는 죽음 자체의 성육신이 되었다. 이 그리스도는 다시 살아나지 않는다."[63] 그리고 나서 그는 20세기 초의 실존 철학자 미겔 데 우나무노의 말을 인용한다. "이 시체 그리스도는 가로로 누워 있으며 평야와도 같이 펼쳐져 있다. 영혼도 없이 소망도 없이, 감은 눈은 하늘을 향한 채."[64] 매케이는 이렇게 논평한다. "스페인 종교에서 그리스도는 죽음 예찬의 중심이었다."[65] "살아 있을 때는 유아로, 죽었을 때는 시체로 알려진 그리스도, 그분의 무력한 아동기와 비극적인 운명을 동정녀 마리아가 관장했다."[66]

마찬가지로 크리올[creole: 서인도 제도, 남아메리카 등에 이주한 백인(특히 스페인 사람)의 자손—역주]의 그리스도는 "거의 두 가지 극적인 역할—어머니의 팔에 안겨 있는 유아의 역할과 고난받고 피흘리는 희생자의 역할—로만 나타난다. 그것은 탄생했다가 죽은, 하지만 결코 산 적이 없는 그리스도에 대한 묘사"다.[67] 그 그리스도는 결코 다시 산 적이 없는 즉 결코 부활한 적이 없는 그리스도라고 덧붙일 수 있을 것이다.

존 매케이가 페루에 있었던 때로부터 거의 50년 후에 헨리 나우웬이 그곳을 방문했으며, 두 사람—장로교 선교사와 로마가톨릭 사제—이 같은 결론에 도달했다는 것은 정말로 대단히 인상적이다. 헨리 나우웬은 일기에 리마의 도심지 교회들에서는 "고난받는 그리스도에 대한 가지각색의 묘사가 대단히 인상적이다"라고 썼다.[68] 나우웬은 다음과 같이 이어서 말한다.

무엇보다도 마음에서 잊혀지지 않는 것은 6개의 벽감으로 둘러싸인 커다란 제단으로, 벽감마다 고뇌에 찬 예수님의 모습이 묘사되어 있었다. 기둥에 묶인 모습, 땅에 누운 모습, 바위에 앉은 등. 언제나 벌거벗은 모습으로 피로 뒤덮여 있었다. 어느 곳에도 부활의 표시는 보이지 않았으며, 어느 곳에서도 그리스도께서 죄와 사망을 이기시고 무덤에서 승리의 부활을 하셨다는 진리는 상기할 수 없었다. 모든 것은 수난일이었다. 부활절은 없었다. 그리스도의 고문받은 몸만을 거의 전적으로 강조하는 것은, 복된 소식을 왜곡시켜서 사람들을 위협하지만 해방시키지는 못하는 무시무시한 이야기로 만드는 것으로 느껴졌다.[69]

라틴 아메리카에 널리 퍼져 있는 무기력한 그리스도라는 묘사에 주의를 집중한다고 해서, 이것이 라틴 아메리카 그리스도인들이 그리스도를 오로지 그렇게만 알고 있다는 말은 아니다. 매케이의 책에는 의도적으로 『다른 스페인의 그리스도』라는 제목을 붙였는데, 그것은 거의 사라지긴 했어도 그와 다른 전통이 있다는 것을 보여 주기 위함이었다. 그것은 16세기 스페인 신비주의자들의 전통으로서, 그들의 선구자는 귀족 라몬 유이였다.

라몬 유이는 1236년에 마요르카(지중해의 스페인령 발레아렌 군도 중 최대의 섬—편집자 주)에서 태어났으며, 젊은 시절에는 쾌락을 추구하는 궁정 신하이자 군인이었다. 하지만 회심 후 그의 마음속에는 세 가지 인생의 목표가 세워졌다. (1) 기독교가 참되고 이슬람교는 잘못된 것임을 입증하는 결정적인 책을 쓰는 것, (2) 선교지 언어를 배울 수 있는 대학을 설립하는 것, (3) 그리스도를 위해 순교하는 것. 그리고 나서 그는 56세, 70세, 80세 때 북아프리카를 세 번 선교차 방문했다. 매번 그는 시 광장에서 공개적으로 아랍어로 그리스도를 선포하는 용기를 보여 주었다. 처음 두 번은 체포되고 투옥되고 추방당했다. 세 번째 방문 때는 격분한 군중이 그를 바닷가로 끌고 가 돌로 쳐서 죽였다.

여기에 그의 가장 기억할 만한 진술 중 하나가 있다. "십자가에 달리신 그리스도의 형상은 나무로 만든 십자가상에서보다 일상생활 가운데 그분을 본받는 사람들 안에서 훨씬 더 많이 발견된다. 사랑하지 않는 사람은 사는 것이 아니다. 생명이신 주님에 의해 사는 사람은 죽을 수가 없다."[70]

그다음에 16세기의 스페인 신비주의자들이 나타났다. 그중에서 가장 유명한 사람들은 십자가의 성 요한과 아빌라의 성 테레사다. 십자가의 성 요한은 "영혼의 어둔 밤", "영혼의 노래"라는 시로 가장 잘 알려져 있으며, 성 테레사는 『완덕의 길』과 『영혼의 성』으로 기억된다. 둘 다 "위대한 고독한 영혼"이었다.[71] 이 말은 이베리아의 개인주의를 나타내는 표현이다. 둘 다 열정적으로 그리스도께 헌신했으며, 성 테레사는 마리아와 마르다를 결합한 사람이었다. 그녀는 "주님은 냄비와 프라이팬 사이를 걸으신다"고 수녀들에게 즐겨 말했다. 그녀는 보통 그리스도를 "하나님 폐하"라고 썼다. 요한과 테레사는 서로 다른 방식으로 체제에 반발했다. 그들의 전통은 매케이가 "거룩한 그리스도인 반역자"라고 불렀던 20세기의 돈 미구엘 데 우나무노와,[72] 1920년대 부에노스아이레스 대학교 총장이자 『보이지 않는 그리스도』라는 도발적인 책의 저자이며 라틴 아메리카 가톨릭에 대한 급진적인 비판자인 리카르도 로하스에게 이어졌다.

존 매케이가 20세기 전반이 아닌 후반에 라틴 아메리카에 대해 글을 썼더라면, 그는 분명 해방신학의 발생과 오순절 교회의 놀라운 성장 및 주류 교회 내 은사주의 운동의 놀랄 만한 성장에 대해 상당한 지면을 할애했을 것이다. 이러한 발전은 『다른 스페인의 그리스도』의 더 나아간 측면들이다. 오순절 운동에 대해서는 지금 살펴보고 해방신학에 대해서는 나중에 살펴보겠다.

이제는 전 세계적 현상이 된 오순절 운동은 분명 성령의 역사로 돌려야 한다. 동시에 성령의 활동은 보통 직접적으로가 아니라 현재의 사회적 환경을 통해 이루어진다. 가장 훌륭한 분석은 아마도 아직까지는 데이비드 마틴의 책 『불의 혀: 라틴 아메리카의 개신교 폭발』일 것이다. 급속하고 위협적인 사회적 변화를 배경으로, 오순절 운동은 아시엔다(라틴 아메리카의 대목장)의 친밀함과 보호를 재현하는 쉼터 혹은 '대중의 안식처'를 제공한다. 오순절 운동은 네 가지 주요 특징을 지니고 있다. (1) **진정 라틴적임**: 그것은 토착적이며(반면 로마가톨릭 성직자는 주로 외국인들이다), 열성적이고, 감정에 호소한다. (2) **적극적 참여**: 그것은 이전에 말할 기회가 없었던 사람들, 권력 없던 사람들, 주변화되었던 사람들을 포함하는 평신도적이고 평등주의적인 운동이다. (3) **물질적 축복**: 그것은 경제적 개선, 신체적 건강 그리고 염려로부터의 자유를 약속한다. (4) **대리 가정**: 오순절 운동은 "보호 연계망을 만들어 내고, 아시엔다에서 발견할 수 있었던 결속감과 권위 구조를 어느 정도 재현한다."[73]

요약하면, 아시엔다에서 대도시로 이동함으로써 그리고 근대화로 인해 방향 감각이 상실된 상황에서 오순절 운동은 "소망, 치료, 공동체, 네트워크"를 제공한다.[74] 그것은 개인의 가치와 존엄성을 확증해 주고, 그럼으로써 새로운 정체성을 발견하도록 해 준다.

이제까지 우리는 라틴 아메리카 교회에 그리스도에 대한 서너 가지 묘사들이 있으며, 그것들이 서로를 필요로 한다는 것을 보았네. 균형을 잃지 않도록 주의해야 한다. 우리는 아기 예수의 유년 시절 이후에 펼쳐졌던 삶 없이 아기 예수만을 선포할 자유가 없다. 그분의 영광스러운 부활 없이 그분의 삶과 죽음만을 선포할 수 없고, 그분께 개인적으로 헌신하지 않은 채 객관적인 역사적 예수만을 선포할 수 없다. 은사주의적 기쁨이나 자발성 없이 전통적이고 예배 의식적이며 점잖은, 예수님에 대한 예배만을 선포할 자유가 없다. 우리는 또한 해방을 외치는 해방자 예수에 대한 묘사를 간과할 수도 없다. 이제 그것에 대해 살펴보겠다.

10. 사회 해방자 그리스도: 구스타보 구티에레스
가난한 자들을 위한 복된 소식

예수님은 신약에서 세상의 최고의 해방자로 제시된다. 이에 대해서는 의문이 있을 수 없다. 그분 자신이 그렇게 말씀하셨기 때문이다. "너희가 내 말에 거하면 참으로 내 제자가 되고 진리를 알지니 진리가 너희를 자유롭게 하리라"(요 8:31-32). 그리고 바울은 갈라디아인들에게 "그리스도께서 우리를 자유롭게 하려고 자유를 주셨으니"(갈 5:1)라고 썼다. 그러므로 교회사의 전 시대에 걸쳐 '구원'은 모종의 '자유'라는 견지에서 해석되어 왔다.

하지만 사반세기 전인 1970년대에, 소위 '해방신학'이 라틴 아메리카에서 발전했다. 해방신학의 가장 유명한 대표자와 책은 루벰 알베스의 『인간희망의 신학』, 구스타보 구티에레스의 『해방신학』 그리고 우고 아스만 『억압, 해방』 등이었다. 올랜도 코스타스는 "알베스가 그 운동의 예언자이고, 아스만이 변증자라면, 구티에레스는 조직신학자이다"라고 주장하며 그들을 구분했다.[75]

구스타보 구티에레스의 감동적인 책 『해방신학』의 부제는 '역사, 정치, 구원'이며, 그 책의 배경은 라틴 아메리카가 억압받는 대륙이라는 사회적 실상이다. 라틴 아메리카는 19세기 초에 스페인과 포르투갈의 식민 지배에서 해방되었지만, 여전히 정치적·경제적으로 종속되어 있었다. 1974년 『그리스도인과 마르크스주의자』라는 제목으로 최초의 런던 강좌를 했던 호세 미구에스 보니노는, 후에 나온 책 『오늘의 행동 신학』 첫부분에서 간략한 역사적 분석을 시도했다.[76] 그는 그리스도인들이 "스페인 식민지주의"(로마가톨릭)와 북대서양 신식민지주의(개신교)라는 별개의, 하지만 똑같이 억압적인 두 단계에 걸쳐 라틴 아메리카에 들어갔다고 지적한다.[77] 하지만 전적으로 외부 사람들에게만 지배를 받았던 것은 아니다. 북동 브라질에 있는 레시페의 전 로마가톨릭 대주교 돔 헬더 카마라는 "내부적인 식민지주의", 즉 라틴 아메리카 자체의 우익 과두 정치 독재자들과 군사 정권이 계속해서 가하는 정치적·경제적 억압에 끊임없이 저항했다.

구티에레스와 동료 해방신학 운동가들이 억압받는 자들에 대해 진지한 동정을 느꼈다는 것에는 의심의 여지가 있을 수 없다. 그는 교회에게 "더 복음적으로, 더 믿을 만하게, 더 구체적으로, 더 효과적으로 해방에 헌신할 것을"[78] 요구했다. 서너 번에 걸쳐 그는 "철학자들은 세상을 **해석했을** 뿐이지만…중요한 것은 그것을 **변화시키는 것이다**"

라는 마르크스의 유명한 금언을 동의하며 인용한다.[79] 구티에레스는 해방과 변혁의 과정을 "가장 근본적인 인간의 열망―자유, 존엄성, 그리고 모든 것을 향한 개인적 성취의 가능성―에 대한 추구"[80]로 본다.

이렇게 규정하면, 모든 그리스도인들은 분명 똑같이 해방에 관여해야 한다. 실로 우리 개신교도들은, 우리가 해방 운동의 선봉에 서지 않았으며 복음적인 해방신학을 발전시키지 않았다는 점에 대해 마땅히 부끄러움을 느껴야 할 것이다. 우리는 하나님이 자신의 형상으로 남자와 여자를 만드셨다는 것, 인간은 하나님과 같은 존재로서 본질적인 가치를 가지고 있기 때문에 착취를 당하는 것이 아니라 섬김을 받아야 한다는 것, 그리고 우리가 그리스도의 이름으로, 인간성을 말살하는 모든 경향에 대항하고 인간의 자유와 성취를 저해하는 모든 것에 대항해야 한다는 것을 믿기 때문이다.

이렇게 되면 즉시 한 가지 질문이 제기된다. 원래의 해방신학은 사회-정치적·경제적 억압을 다룬 것이었다. 하지만 그 이후 다른 해방신학들이 생겨났다. 인도의 '불가촉천민' 사이에서 카스트 제도 문제를 다루는 달리트신학(1980년대 초 인도에서 발생한 인도판 해방신학으로, 카스트 제도의 희생자인 '불가촉천민'을 뜻하는 '달리트'가 온전하고 해방된 인간으로 변혁되기를 소망하고 애쓴다―역주), 미국과 아프리카에서 인종 문제를 다루는 흑인신학, 성 문제에 대해 다루는 페미니스트 신학, 성적 경향의 문제를 다루는 동성애자 해방신학 등이 있다.[81] 정치적 정확성을 말하는 사람들은 그것들이 모두 똑같이 타당하다고, 또한 계급, 인종, 성별 혹은 성적 지향에 관해 차별을 허용해서는 안 된다고 주장한다.

하지만 기독교적 관점은 다르다. 바울이 썼듯이 "너희는 유대인이나 헬라인이나 종이나 자유인이나 남자나 여자나 다 그리스도 예수 안에서 하나"(갈 3:28)인 것이 사실이다. 이 본문은 기독교 자유 헌장이다. 하지만 주의 깊고 신중하게 해석되어야 한다. 이 본문은, 우리가 믿음으로 그리스도와 관계를 맺는 것에서는 인종적·사회적·성적 구분을 하는 것이 부적절하다고 단언한다. 우리는 그분 앞에서 동등한 가치와 존엄성을 지닌 존재다. 하지만 이러한 구분들이 폐지되지는 않았다. 우리의 인종적 혈통은 여전히 우리의 정체성에서 필수적인 부분이다. 또한 남자는 여전히 남자이며, 여자는 여전히 여자이고, 서로 다른 성적 기능과 역할을 가지고 있다.

따라서 우리는 해방을 재규정할 필요가 있다. 그것은 **인간들이 하나님이 창조와 구속에 의해 의도하신 대로의 존재가 되지 못하도록 막는** 모든 것으로부터의 자유를 확보하려는 것이다. 거기에는 하나님이 제정하시고 예수 그리스도께서 뒷받침하신 바, 이성끼리 일부일처의 배우자가 되어 평생토록 사랑하는 관계를 맺는 결혼도 포함될 것이다.

해방신학의 또 다른 주목할 만한 특징은 그것이 "신학을 하는 새로운 길"[82]로서 '프락시스'(*praxis*, 실천)를 강조한다는 것이다. "신학을 하는" 첫 번째 단계는 성경을 펼치는 것이 아니라 해방을 위한 투쟁에 진지하게 헌신하는 것이라고 구티에레스는 주장한다. 그래서 첫 번째로 연구해야 할 본문은 성경 본문이 아니라 사회적 본문 즉 주변 현실과 그것에 대한 우리의 경험이다. 그럴 때에만 우리는 두 번째 단계 곧 성경 연구를 위한 준비가 된다. 그러므로 신학은 "말씀에 비추어 기독교적 실천을 비판적으로 숙고하는 것"[83]으로 규정된다. 그리고 두 단계 모두의 필수적인 상황은 "기초 교회 공동체" 즉 평범한 그리스도인들의 풀뿌리 집단들이다.

의심할 바 없이, 많은 사람들은 이 과정이 깨달음과 도전을 준다고 생각해 왔다. 그럼에도 불구하고 만약 하나님의 말씀과 세상이 서로 창조적으로 맞물려 있다면, 과연 반드시 같은 순서로 그 두 단계를 밟아야 하는지에 대해서 의문을 제기할 수 있다. 실로 사회적 현실에 대한 진지한 연구부터 시작함으로써, 성경 본문에 대한 진지한 연구를 소홀히 했을 수도 있다. 앤드루 커크는 이에 대해 불만을 털어놓는다. "저자들 중 어느 누구도 (인기 있는) 본문들에 대한 해석 연구를 한 사람이 없다.…그들 대부분은 그들의 방법이나 본문 사용이 정확한지를 해석학적으로 입증하려 하지 않는다."[84]

해방신학자들이 출애굽이라는 주제를 어떻게 이용하는지 생각해 볼 때, 이 점을 특별히 분명하게 알 수 있다. 그들은 출애굽을 모든 억압으로부터의 구조에 대한 패러다임으로 본다. 이스라엘이 애굽의 속박에서 탈출한 것이 특수 상황이었다는 것은 제대로 인식하지 못한다. 그것은 하나님의 권능의 행위(그분의 '강한 오른팔'에 의한)였을 뿐 아니라, 하나님이 아브라함과 이삭과 야곱과 맺으신 언약의 성취로서(출 2:24) 그리고 시내산에서 그 언약을 새롭게 하실 것에 대한 준비로서(출 19:4-6) 일어난 일이었다.

구원이라는 어휘 역시 마찬가지로 해석학적으로 매우 허술하다. 구티에레스는 (죄와 사망으로부터의) 구원과 (가난과 억압으로부터의) 해방의 차이를 인식하긴 한다. 하지만 아마도 충분히 분명하게 인식하지는 못하는 것 같다. 이에 대한 불평 중 하나는 예기치 못한 곳에서 즉 오랫동안 중국 기독교 협의회(China Chritian Council) 회장이었던 상하이의 K. H. 팅 주교의 입에서 나왔다. 그는 1985년에 남경 신학교 학생들에게 해방신학을 소개하면서 이렇게 말했다. "해방신학은 너무 좋은 것이라서 그것을 있는 그대로 전부 지지할 수 없다는 건 마음 아픈 일이다." 하지만 "기독교의 영원한 주제와 신학은 정치적인 것이 되어서는 안 되며…인간과 하나님 사이의 화해가 되어야 한다.…하나님과 인간 사이의 화해는 기독교 신학의 영원한 주제다."[85]

이 문제를 더 명확하게 정리하는 것은 여전히 중대한 일이다. 보니노의 『오늘의 행동 신학』의 서론을 쓴 윌리엄 라자레스는 다음과 같은 질문들을 하는 것이 필요하다고 생각했다.

> 해방신학에서 결정적인 문제는 기독교의 자유와 정치적 자유의 관계이다. 어떠한 사도적 권위로 우리는 죄와 죽음과 마귀의 권세로부터의 해방을 불의와 억압과 빈곤으로부터의 해방과 융합시킬 수 있는가? 더 개인적으로 말한다면, 어떻게 예수와 바울이 1세기 때 했던 활동들을 체 게바라와 카밀로 토레스가 20세기에 한 활동들과 관련시킬 수 있는가? 그 활동들은 비슷한 것인가, 반복되는 것인가, 구분할 수 있는 것인가, 아니면 관련이 없는 것인가?[86]

나 자신은 로잔 언약(1974)이 이 문제에 대해 똑바로 말한 것에 대해 기쁘게 생각한다. 다음은 '그리스도인의 사회적 책임'이라는 제목의 5항이다.

우리는 하나님이 모든 사람의 창조주이시며 심판자이심을 믿는다. 그러므로 우리는 인간 사회 어디서나 정의와 화해를 구현하시고 인간을 모든 압박으로부터 해방시키시려는 하나님의 관심에 동참해야 한다. 사람은 하나님의 형상대로 창조되었기 때문에 인종, 종교, 피부색, 문화, 계급, 성 또는 연령의 구별 없이 모든 사람은 천부적 존엄성을 지니고 있으며, 따라서 사람은 존경받고 섬김을 받아야 하며 누구도 착취당해서는 안 된다. 또한 우리는 우리의 태만에 대하여 뉘우치고 종종 전도와 사회 참여를 배타적인 것으로 잘못 생각한 데 대하여 뉘우친다. 사람과의 화해가 곧 하나님과의 화해는 아니며, 또 사회 참여가 곧 전도일 수 없으며, 정치적 해방이 곧 구원은 아닐지라도, 전도와 사회적·정치적 참여는 우리 그리스도인의 의무의 두 부분임을 인정한다. 이 두 부분은 모두 하나님과 인간에 대한 교리와, 이웃을 위한 사랑과 예수 그리스도에 대한 우리의 순종의 필수적 표현이기 때문이다.[87]

이제 해방자 예수 그리고 그분이 가난한 자들과 억눌린 자들의 옹호자라는 이상주의적인 젊은이들의 확신으로 돌아가 보자. 칠레의 마르크스주의자 대통령인 살바도르 아옌데가 1973년에 실각했을 때, 마르크스주의 학생들을 위한 대규모 미사가 에콰도르의 키토에서 열렸다. 연사는 리오밤바의 주교인 레오니다스 프로아뇨였는데, 그는 '오비스포 로호'(붉은 주교)로 알려져 있긴 했지만 사실은 마르크스주의자가 아니었다. 그는 자신의 사역 동기가 칼 마르크스가 아니라 가난한 자들과 동일화되신 예수 그리스도라고 주장했기 때문이다. 그래서 아옌데를 위한 미사에서 그는 진정한 동정심 많은 예수, 체제 비판자 예수, 복음서에 나오는 급진적인 예수를 선포했다. 그 후에 있었던 질문 시간에 학생들은 이렇게 대답했다. "우리가 **이런** 예수를 알기만 했다면, 결코 마르크스주의자가 되지 않았을 겁니다."

11. 유대의 메시아 그리스도: N. T. 라이트
바빌론 유수와 출애굽

초대교회에서 일어났던 최초의 이단 운동 중 하나는 가현설 곧 예수의 인성, 고난, 죽음은 외견상 그렇게 보인 것이고 ['처럼 보이다'라는 뜻의 '도케인'(dokein)이라는 말에서] 실제는 아니었다는 믿음이었다. 물질은 악하다는 헬라의 견해에 기초한 가현론자들은 예수님의 진정한 인성을 부인했으며, 따라서 성육신과 속죄를 둘 다 부인했다. 사도 요한은 이 가르침이 얼마나 심각한 것인지 깨닫고는 그의 복음서와 서신서들에서 그것을 반박했다. "미혹하는 자가 세상에 많이 나왔나니 이는 예수 그리스도께서 육체로 오심을 부인하는 자라. 이런 자가 미혹하는 자요 적그리스도니"(요이 7절).

오늘날 어떤 사람들도 부지불식중에 동일한 이단의 죄를 범한다. 그들은 오늘날에는 예수님의 인성보다 신성이 더 자주 부인된다는 것을 안다. 그래서 예수님의 신성에 대한 증거를 정리하는 데 시간과 에너지를 쏟은 나머지, 예수님을 진정한 인간이 아닌 분으로 만들어 버릴 지경에 이른다.

하지만 예수님은 인간이셨기 때문에, 또한 특정한 시간에 특정한 장소에서 특정한 문화 안에서 살았던 역사적 인물이셨다. 이러한 특정한 사항들은 모두 그분의 역사적 실체의 일부였다. 그러한 것들을 부인하는 것은 그분의 정체성의 본질적인 측면 몇 가지를 거부하는 셈이다.

1937년에 하버드 대학교 학자인 헨리 캐드베리가 『예수를 현대화하는 위험』이라는 책을 냈다. 그는 위대한 이탈리아와 네덜란드의 대가들이 "팔레스타인의 상황을 똑같이 묘사한다고 주장할 수 없다"는 것을 지적했다. 그들은 심지어 그렇게 하려고 노력조차 하지 않는다. 그 대신 그들은 주인공들을 현대화시킨다. 그래서 아담은 호화로운 플랑드르 정원에 있는 것으로 묘사되고, 들릴라는 무늬가 새겨진 은가위로 삼손의 머리털을 자르며, 막달라 마리아는 플랑드르식 머리 모양을 하고 있다. 한편 처음부터 끝까지 배경은 "이탈리아의 넓은 평원이나 네덜란드의 해안 간척지다."[88] 그와 대조적으로, 자신의 책의 목적은 "예수님의 현대성을 최소화하는 것"이며, 한편 그분의 원형을 인식하는 동시에 반대쪽 극단으로 가지 않음으로써, 그분을 "지나치게 고리타분하게 만들지" 않는 것이었다고 캐드베리는 주장한다.[89] 그의 책 3장에는 '복음서들의 유대성'이라는 제목이 붙어 있다. 거기에서 그는 예수님 자신의 유대성을 강조한다. 우리는 예수님이 1세기 팔레스틴에 사셨다는 것을 잊어버리고, 자신과 닮은 자신이 좋아하는 예수님을 만들어 내는 경향이 있기 때문이다. 우리는, 예수님의 옷을 벗기고 그분에게 자색 군복 겉옷을 입히고 조롱했던 빌라도의 병사들이 했던 것과 같은 일을 한다. "병사들은 자신들이 입고 있는 것과 똑같은 옷을 예수님께 입혔다."[90] 우리도 오늘날 이렇게 하는 경향이 있다. 우리는 "자신의 생각을" 그분께 입힌다.[91]

나는 바로 이러한 예수님의 유대성과 관련하여 현대 신학자인 N. T. 라이트의 저술을 언급하고 싶다.[92] 그는 대단히 재능 있는 신약학자로서, 학문적인 책과 대중적인 책을 모두 썼다. 그는 또한 (예를 들면) "예수 세미나"의 급진적인 환원주의에 맞서 기독교의 정통 교리를 위해 싸우는 용감한 투사다.

라이트가 주로 강조하는 점은 예수님을 1세기 팔레스틴 유대교라는 배경 속에서 보아야 한다는 것이다. 그리고 그의 주된 가설은 이스라엘 백성의 바빌론 유수(주전 587년부터 시작되었다)는 **지리적으로는** 주전 6세기 후반에 끝났지만, **신학적으로는** 주후 1세기에도 계속되고 있었다는 것이다. 이스라엘은 외국의 지배하에 있었다. 하지만 이제 마침내 메시아가 새로운 출애굽으로 그들을 구해 줄 것이며, 그것으로 역사는 절정에 이를 것이다.

그래서 예수님은 하나님 나라가 임했다고 선포하시면서 또한 포로 생활이 끝났다고 알리시는 것이다. 하지만 그분의 메시지는 인기 있던 다른 방법들과는 달랐다. 그 방법들이란 (1) 분리주의와 정적주의라는 쿰란의 방법, (2) 정치적 타협이라는 헤롯왕의 방법, (3) 폭력적 혁명이라는 열심당의 방법이다.

이러한 것들 대신에, 예수님은 마을마다 다니면서 사람들에게 회개하고(즉 다른 방법들을 거부하고), 다른 것들과는 반대되는 그분의 급진적인 주장(무저항, 자비, 원수에 대한 사랑이라는 하나님 나라의 방식)을 받아들일 것을 요구하셨다. 이렇게 이스라엘은 열두 사도를 중심으로 하고 예수님을 축으로 하여 재규정되고 재편성되고 있었다.

예수님이 선물로 주신 죄 사함은 포로 생활(죄에 대한 벌)이 끝났음을 보여 주었다. 예수님의 치유 기적들, 그리고 쿰란 공동체에 들어가지 못하는 원인이 되었을 사람들의 장애(시각 장애, 청각 장애 등)를 제거하신 일은, 하나님 나라 공동체는 기본적으로 모든 사람을 포함하는 특성을 가지고 있음을 보여 주었다. 예수님이 사회적으로 버림받은 사람들을 환영하시고 그들과 함께 식사하신 것은 메시아적 연회가 시작되었음을 보여 주었다. 게다가 그분의 나라 사람들은 자신의 정체성에 몰두하는 것을 포기하고, 그 대신 세상에 빛이 되라는 소명을 받아들여야 한다. 예수님을 통해 이스라엘은 새롭게 될 것이다. 새롭게 된 이스라엘을 통해 세상은 복을 받을 것이다.

그렇다면 예수님은 자신이 메시아라고 믿으셨는가? 여러 본문들에 나타난 메시아적 함축에 대해 대단히 상세히 연구한 라이트에 따르면, 그렇다. 특히 그는 상호 보완되는 상징적 행동 두 가지를 강조하는데, 그것들은 예수님 자신이 의도적으로 행하신 것이며, "그분의 사역과 의제 전체를 요약해 준다."[93]

첫째, 예수님은 성전을 깨끗하게 하셨다. 이는 현재의 부패한 제도에 대한 심판이 무르익었다는 것, 그분이 그것을 다른 것으로 바꾸어 버리시리라는 것, 그래서 미래에는 그분과 그분의 백성이 있는 곳이면 어디에서나 하나님이 친히 임재하시리라는 것을 나타낸다.

둘째, 최후의 만찬은 새로운 유월절 식사, 곧 포로 생활이 끝난 것과 참된 출애굽과 새 언약을 경축하는 하나님 나라 잔치였다.

하지만 사람들은 또한 메시아가 원수에 대항하여 마지막 싸움을 벌일 것이라고 예상했다. 예수님은 이러한 예상 역시 변화시키셨다. 그분은 폭력에 의해서가 아니라 비폭력에 의해서, 다른 쪽 뺨을 돌려

댐으로써 악을 타도하실 것이다. 그분은 십자가를 자신의 소명, 곧 이스라엘과 동일화하고 그 민족을 위협하고 있는 심판을 받는 이스라엘의 대표자로서 이스라엘이 받을 고난을 감당하라는 소명의 절정으로 보았다. 그분은 부활에 의해 메시아로서의 정당성을 입증받았다.

예수님은 또한 자신이 어떤 의미에서 신적인 존재라는 것도 믿으셨는가? 이 질문에 대해 라이트 박사는 상반된 의미의 대답을 한다. 어느 시점에서 그는 "나는 예수님이 '자신이 하나님이라는 것을 알았다'고 생각하지 않는다"[94]고 딱 잘라 말한다. 하지만 이 말은 서로 다른 종류의 "지식"에 대해 말하는 부분의 중간에 나온다. 그는 이어서 예수님은 "자신이 이스라엘과 세상을 위해, 성경에 따르면 여호와 자신만이 하실 수 있고 되실 수 있는 것을 자신이 하고 또 되어야 한다고 믿었다"[95]고 쓴다. 이렇게 예수님은 새로운 출애굽을 통해 사람들을 자유로 이끄는 새로운 모세일 뿐만 아니라 또한 구름기둥과 불기둥이셨다. 그리고 이제 예루살렘으로 가는 그분의 마지막 여정, 승리의 입성에서 절정에 이르는 그 여정은, 언젠가 포로 생활이 끝나고 여호와께서 시온으로 돌아오시리라는 기대에 대한 계획된 성취로 보인다. 예수님은 자신이 새로운 성전이라는 주장을 통해 그분이 실물로 나타난 '쉐키나'(Shekinah),[96] 자기 백성 가운데 있는 여호와의 임재임을 시사하셨다. 예수님은 또한 심지어 토라(율법)보다 우월한 가르침의 권위를 가졌다고 주장하셨는데, 그로 인해 그분은 "새로운 모세가 아니라 어떤 의미에서 새로운 여호와"가 되셨다.[97] 요약하면, 라이트 박사는 이렇게 말한다. "예수님은…언약의 하나님의 다시 오시는 행동과 구속하시는 행동을 자신 안에서 구현할 것이다."[98] 어떻게 이처럼 자신이 신적 권위를 가지고 신적 행동을 한다고 주장하면서 자신이 하나님이 아니라고 믿을 수가 있단 말인가?

몇 권의 책에서 전개되는 논리 정연한 논증을 한두 단락으로 요약하는 것은 분명 어리석은 일이다. 나는 또한 라이트가 그의 논제를 전개하면서 보여 준 포괄성과 신선함과 공손함에 대해 충분히 감사를 표하지 못했음을 인식한다. 하지만 모든 학자가 그의 재구성을 받아들일 수 있다고 생각하는 것은 아니다. 논쟁은 분명 계속될 것이다. 나는 단지 몇 가지만 질문하려 한다.

첫째, 포로 생활-출애굽이라는 주제가 1세기 팔레스타인 유대교와 예수의 이해 둘 다의 중심이라는 것이 확실한가?

둘째, 예수님이 어떻게 자신이 어떤 존재인지 알게 되셨는지에 대해서 우리는 아는 바가 없다. 또한 우리는 그분의 자의식을 샅샅이 살펴볼 수도 없다. 하지만 그분이 진정 인간이셨다고 주장하기 위해, 그분이 자신이 누구인지 아셨다는 사실을 감출 필요가 있는가? 그분은 분명 자신이 죄를 사하고 가르치고 심판할 신적 권세를 가지고 있다고 주장하셨다.

셋째, 이스라엘의 대표로서 십자가에 달리신 메시아에 대해 그리고 사랑의 하나님의 마음 깊은 곳을 가장 정확히 들여다볼 수 있는 창문인 십자가에 대해 라이트 박사는 훌륭한 의견을 개진한다. 그는 또한 왜 예수님이 죽으셨는가에 대한 '역사적' 대답과 '신학적' 대답을 분명하게 구분한다. 그럼에도 불구하고 나는 결정적인 대속물(막 10:45)에 대해 그저 잠깐 언급하는 것만으로는 부족하다고 생각한다.

넷째, 톰 라이트는 역사의 절정과 완성에 대해 여러 번 암시한다.

하지만 그는 그리스도께서 "오시는 것"의 방향을, "구름을 타고 아래로 내려오시는 것"에서 땅에서 하늘로 올라가는 것으로 바꿔 버린다. 거기에는 예수님이 옳다고 입증되는 것도 포함된다.[99] 이것은 예수 그리스도께서 몸소, 눈에 보이게, 영광 가운데 재림하시는 것이 묵시적 이미지로 완전히 용해되어 버렸다는 의미인가?

결론적으로, 나는 학문과 교회 사이의 장벽을 허물기로 한 라이트 박사의 결단과 선교에 대한 그의 열정적 헌신을 감사하게 생각한다. 그는 "포스트모던 이후 사회를 대상으로 하는 진지하고 즐거운 기독교 선교"의 기회에 대해 쓴다.[100]

이제 선교라는 주제에 대해 살펴보고자 한다.

12. 전 세계의 주님 그리스도: 20세기의 선교
1910 에든버러 대회에서 1974 로잔 대회까지

자신이 하늘과 땅의 모든 권세를 받았다는 위대한 주장을 하신 분은 부활하신 그리스도였다(마 28:18). 그 결과 교회는 언제나 그분의 우주적 주권에 대해 증거해 왔다. 하나님이 그리스도를 최고로 높여 모든 이름 위에 뛰어난 이름(즉 모든 다른 등급을 뛰어넘는 등급)을 주사, 모든 무릎으로 그에게 꿇게 하시고 모든 입으로 그를 "주"라고 고백하게 하셨기 때문이다(빌 2:9-11). 20세기에 잘 예증된 바 있듯이, 이것은 교회의 범세계적 선교의 기초를 이룬다.

1910년에 에든버러에서 존 모트의 주재로 세계 선교 대회가 열렸다. 그것은 8개의 국제 위원회들이 18개월 이상 주의 깊게 준비한 대회로서, 1,200명 정도의 대표단은 그 회의의 인쇄된 보고서를 미리 읽은 상태였다. 존 모트 자신은 그 회의는 계획, 인력, 정신, 전도 면에서 "세계 복음화를 위해 일찍이 열렸던 회합 중 가장 중요한 것"이었다고 주장했다.[101]

존 모트의 책 『기독교 선교의 결정적인 순간』에는 그 대회 기간 중 감돌았던 행복감이 물씬 스며 있다. 모트는 동남아시아의 영적 각성, 인도의 대중 운동, 아프리카에서의 복음의 급속한 진보, 다른 종교들의 세력 약화, "비기독교계에서 일어나는 영적 물결"에 비추어,[102] "희망과 확신을 가질 만한 풍성한 근거"가 있다고 썼다.[103] 실로 "여러 나라의 많은 사람들이 기독교를 받아들일 수 있도록 명백히 길이 준비되고 있다."[104] 모트는 이어서 유감스러운 군사적 비유이긴 하지만 이렇게 말한다. "전 세계 기독교 전장에서…승리를 확신할 수 있다."[105]

대표단은 고무되고 격려되어서 에든버러를 떠났다. 그들은 그 과업이 얼마나 엄청난 것인가에 대해 착각하고 있지는 않았다. 그들은 아직도 세상에는 10억 명가량의 비그리스도인들이 있는데, 그들 중 그리스도에 대해 명확히 들어 본 사람은 5분의 1에 불과하다는 것을 알고 있었다. 하지만 그들은 결연했다. 그들은 존 모트와 같이 "이러한 오래된 치욕이 완전히 제거되는 모습을 보는 것이 교회의 의무"[106]라는 말에 동의했다. 또한 "교회가 지금까지는 거의 난공불락이었던 몇몇 요새들을 신중하고 결연하게 공격할 때가 한창 무르익었다."[107] 그들은 다른 종교들이 그리스도의 힘으로 인해 마치 헬라와 로마의 옛 신들처럼 점차 사라져 버릴 것이라고 (다소 순진하게) 믿었다.

그러고 나서 몇 년이 채 지나지 않아 선교에 대한 이러한 강조가 거의 사라져 버리리라고 그 누가 짐작이나 할 수 있었겠는가? 두 가지 주된 이유가 있었다. 첫째는 1914년에 일어난 제1차 세계대전의 참사였다. 전쟁으로 인해 그리스도인들이 분열되었을 뿐 아니라, 거의 모든 국제적 활동이 보류되었다. 그리고 전후의 재건이 시작되었을 때, 세계는 변화하고 계속 전진했다.

둘째, 제1, 2차 세계대전 사이에 널리 퍼진 자유주의 신학은 복음의 내용에 의문을 제기했으며, 복음에 대한 사람들의 확신을 흔들어 놓았다. 이것은 그다음 두 번의 선교 대회—예루살렘(1928)과 마드라스 외곽의 탐바람(1938)—에서 매우 분명하게 나타났다. 에든버러에서는 확신에 찬 분위기가 지배했던 반면, 예루살렘과 탐바람에서는 대체로 자신 없고 주저하는 분위기가 감돌았다.

예루살렘 대회(1928)에서는 비교적 적은 수인 200명이 모였다. 하지만 그중 50명 정도는 당시 '더 젊은' 교회라고 불리던 교회에 속한 사람들이었다는 점은 주목할 만하다. 그래서 그들의 광범위한 의제에는 인종 관계, 도시와 농촌의 문제, 종교 교육 및 세속주의의 위협과 같은 주제들에 덧붙여, 옛 교회들과 새 교회들 간의 관계가 포함되었다. 신학적으로는 상대주의가 널리 성행하고 있었다. 기독교는 더 이상 유일무이한 것이나 최종적인 것으로 간주될 수 없었다. 윌리엄 템플이 "메시지"를 기안함으로써 그 대회를 실패에서 구해 주었는데, 그 메시지는 "전적으로 참된 것이거나 전적으로 참된 것이 아니거나 둘 중 하나다"라는 복음에 대한 경구를 포함하고 있었다.

탐바람에서 열린 세계 선교 대회(1938)에는 모두 500명가량의 대표단이 모였으며, 젊은 교회의 대표들은 옛 교회의 대표들과 수적으로나 자격 면에서나 대등했다. 하지만 탐바람 대회의 가장 주목할 만한 특징은 윌리엄 호킹과 헨드릭 크래머의 충돌이었다. 호킹은 하버드 대학교 철학 교수였다. 그의 책 『선교에 대한 재고』는 1932년에 출간되었으며, 그래서 대회 참석자들은 그 책을 정독할 시간이 있었다. 이전에 존재하던 선교에 대한 확신은 사라졌다. 그리스도에 대한 모든 배타적 주장 역시 마찬가지였다. 사람들을 회심시키려 애쓰는 일은 눈총을 받는 일이었으며, 모든 종교 안에 있는 최선의 것을 추구하는 일로 바뀌어야 했다. 선교의 궁극적 목표는 세계 종교들의 친목이라는 것이었다.

탐바람에서 호킹의 논쟁 상대는 네덜란드 개혁주의 평신도이자 인도네시아의 노련한 언어 선교학자였던 헨드릭 크래머였다. 그는 대회를 위해 책을 써 달라는 부탁을 받았다. 그의 글은 1938년에 『비기독교 세계에서의 기독교적 메시지』라는 제목으로 출판되었다. 그는 칼 바르트(그는 1919년에 로마서 주석에서 자유주의에 공격을 가했다)의 영향을 받아, 자신이 "성경적 현실주의"라고 부른 것을 변호했다. 그는 예수 그리스도 안에 나타난 하나님의 유일무이한 계시와 모든 인간 종교 사이에는 철저한 불연속성이 있다고 주장했다.

이 논쟁은 오늘날에도 계속되고 있으며, 결코 해결되지 않았다. 탐바람 대회가 열린 지 1년 후에 제2차 세계대전이 발발했으며, 다시 한번 에큐메니컬 모임들은 전쟁이 끝날 때까지 대부분 보류되었다. 그러고 나서 1948년에 암스테르담에서 세계 교회 협의회 제1차 회의가 열렸으며, 1961년에 뉴델리에서 열린 제3차 회의에서 세계 교회 협의회와 국제 선교 협의회가 통합되었다. 사람들은 통합으로 인해 선교가 세계 교회 협의회의 가장 우선적인 의제가 되리라고 확신했다. 하지만 그런 일은 일어나지 않았다. 그 대신에 세계 교회 협의회는 성경적 복음에서 떠나 계속 표류했다.

세계 교회 협의회의 모든 지도자들이 그 길을 따랐다는 말은 아니다. 예를 들어, 세계 교회 협의회의 제1대 총무인 비서트 후프트는 그의 책 『다른 이름은 없다』에서 이렇게 썼다. "그리스도인들이 신앙의 핵심은 예수 그리스도께서 인류에게 종교를 하나 더 주시기 위해 오신 것이 아니라는 것과, 그분 안에서 하나님이 세상을 하나님께 화목시키셨다는 것임을 재발견하기에 적합한 때가 왔다."[108]

더욱 인상적인 것은 레슬리 뉴비긴의 다음과 같은 단도직입적인 진술이다.

현대인들이 이전 세기의 선교 운동에 대해 당혹감을 느끼는 것은 우리가 더 겸손해졌다는 증거가 아니다. 우리는 그렇게 생각하고 싶어 하지만 두렵게도 그것은 신앙의 변화가 있었다는 증거임이 명백하다. 그것은 우리가 우주적 주님이요 구세주이시며, 그분을 따름으로써 세상이 참된 목표를 발견할 수 있는 길이시고, 진리에 대한 다른 모든 주장을 시험하는 진리이시며, 그분 안에서만 충만한 생명이 발견되는 생명이신, 예수 그리스도의 유일무이성과 중심성과 확정성을 단언할 준비가 덜 되어 있다는 증거다.[109]

사실 20세기의 마지막 사반세기 동안 선교의 주도권은 세계 교회 협의회에서 빌리 그레이엄 박사가 시작한 로잔 운동으로 넘어갔다.

1974년에 스위스 로잔에서 세계 복음화 국제 대회가 열렸다. 150개국으로부터 약 2,700명(그중 50퍼센트는 개발도상국 출신이었다)이 참석했으며, 9일 동안의 열띤 활동 후에 로잔 언약에 서명했다. 아시아의 한 신학자에 따르면, 그 언약서는 "교회가 만들어 낸 복음 전도에 대한 가장 중대한 에큐메니컬적 고백"임이 입증될 것이다. 그것은 모든 종교가 똑같이 적법하다고 주장하는 '다원주의'를 배경으로 이루어진 것이기에 훨씬 더 중요하다.

로잔 언약은 15조항으로 되어 있는데, 여기에서는 "그리스도의 유일무이성과 보편성"에 대한 제3항을 인용해 보겠다. 교회는 "전 세계적 주님이신 예수 그리스도"를 이렇게 선포한다.

> 우리는…구세주는 오직 한 분이시요, 복음도 오직 하나임을 확인한다. 우리는 자연에 나타난 하나님의 일반 계시를 통해서, 모든 사람이 하나님에 관해 어느 정도의 지식을 가지고 있음은 인정한다. 그러나 우리는 사람이 이것으로 구원받을 수 있다는 주장은 부인한다. 이는 사람이 자신의 불의로써 진리를 억압하고 있기 때문이다. 우리는 또한 어떠한 형태의 혼합주의든 거부하며, 그리스도께서 어떤 종교나 어떤 이데올로기를 통해서든 동일한 말씀을 하신다는 식의 논의는 그리스도와 복음을 손상시키므로 이를 거부한다. 예수 그리스도는 유일하신 신인(神人)으로 죄인을 위한 유일한 대속물로 자신을 주셨고, 하나님과 사람 사이에 유일한 중보자이시다. 예수님의 이름 외에 우리가 구원받을 다른 이름은 없다.…예수 그리스도는 다른 모든 이름 위에 높임을 받으셨다. 우리는 모든 사람이 그분 앞에 무릎을 꿇고 모든 입이 그분

을 주로 고백하는 날이 오기를 고대한다.[110]

결론: 진정성 vs. 적응

지금까지 교회사의 10여 가지 영향력 있는 운동들과 그 지도자들을 살펴보면서 속성으로—그리고 불가피하게 선택적으로—교회사를 개관해 보았다. 교회가 엄청난 다재다능함으로 예수님의 모습을 묘사하고 또다시 묘사하는 것은 참으로 놀랍지 않은가?

교회가 그렇게 한 동기는 갖가지다. 예수님을 세상에 추천하기 위해 가능한 한 가장 멋진 모습으로 제시하는 것은 좋은 일이다. 하지만 그렇게 하기 위해 예수님에 대한 묘사에서, 십자가의 거치는 것을 포함하여 걸림돌이 될 만한 것을 모두 제거하는 것은 좋지 않다. 이것은 슐라이어마허가 칭한 바 "기독교를 멸시하는 교양인"에게 영합하는 것이다. 이같이 유약하게 세상에 적응하면 언제나 대가를 치르게 된다. 예수님은 본래의 맥락에서 벗어나 왜곡된다. 그분은 조작되고 교화된다. 그렇게 되면 세상에 제시되는 것은 시대착오적 인물, 심지어 풍자 만화 같은 인물이다.

어떻게 하면 우리 자신이 이러한 실수를 피할 수 있을까? 어떻게 하면 예수님을 진정한 모습으로, 그러면서도 동시에 적실성 있는 방식으로 제시할 수 있을까? 두 가지 훈련이 필요할 것이다. 하나는 소극적인 것이고 하나는 적극적인 것이다. 소극적인 것은 우리 마음속에서 모든 선입견과 편견을 제거하고, 예수님을 우리가 미리 정한 틀에 억지로 끼워 맞추려는 모든 시도를 단호히 거부하는 것이다. 다시 말해 우리는 기독교적 '프로크루스테스주의'를 회개해야 한다. 프로크루스테스는 그리스 신화에 나오는 인물로, 사람들을 잡아다가 자기가 만든 철 침대의 크기에 억지로 맞추었던 잔인한 강도였다. 잡혀 온 사람이 너무 키가 작으면 잡아 늘였고, 너무 키가 크면 발을 잘라 버렸다. 기독교적 '프로크루스테스'는 이와 비슷한 경직성을 보이며, 무자비한 방법으로 예수님을 틀에 맞춘다. 선한 주님이시여, 프로크루스테스와 그의 모든 제자들로부터 우리를 구하소서!

적극적인 방법은 다음과 같다. 우리는 성경 본문이 전해 주는 바에 대해 지성과 감성을 열어야 하며 제1부에서 시도했던 것처럼 그리스도에 대한 신약 전체의 증거에 귀를 기울여야 한다. 진정한 예수님은 원래의 예수님이기 때문이다. 우리는 예수님을 여러 가지 모습으로 제시한 교회의 다재다능함에 존경을 보내는 만큼이나, 교회가 그린 예수님의 초상을 판단할 수 있는 기준이 되는 신약의 묘사를 끊임없이 돌아보아야 한다.

C. S. 루이스는 이것이 예술 작품을 감상하는 것과 유사한 점이 있다고 보았다. 그는 이렇게 썼다. "우리는 정확하게 무엇이 거기 있는지를 확실히 볼 때까지 보고 또 보아야 한다. 우리는 그림을 가지고 무엇을 하기 위해서가 아니라 그림이 우리에게 무엇인가를 하도록 하기 위해 그림 앞에 앉는다. 어떤 예술 작품이건 첫 번째로 우리에게 요구하는 것은 내맡기라는 것이다. 보라. 들으라. 받으라. 당신 자신은 비키라."[11]

이러한 이중의 훈련이 복음 전도보다 더 필요한 곳은 없다. 종종 사람들은 그리스도를 거부하는 것이 아니라 가짜 그리스도를 거부하는 것이기 때문이다. 유고슬라비아 오시예크의 복음주의 신학교 총장 피터 쿠즈믹은 그것을 이런 식으로 표현했다.

우리는 **기독교 선교의 신빙성을 새롭게** 해야 한다. 선교와 복음 전도는 일차적으로 방법론, 돈, 경영, 숫자의 문제가 아니라, 오히려 진정성, 신빙성, 영적 권세의 문제다.…유고슬라비아에서 복음을 전하러 나갈 때, 나는 신학교 학생들에게 우리가 할 일은 그저 "예수님의 얼굴을 씻는 것"이라고 말하곤 한다. 그 얼굴은 오랜 세월 제도적 기독교가 타협하고, 최근 수십 년 동안 무신론적 공산주의가 적대적인 비난 선전을 가함으로써 더럽혀지고 왜곡되었기 때문이다.[112]

그러므로 신약의 증거에 면밀히 주의를 기울임으로써 그리고 진정한 복음 전도에 대한 관심 가운데 그리스도에 대한 우리의 시각이 계속해서 명료해졌으면 한다. 지금 우리가 가지고 있는 그분의 이미지가 아무리 흐리고 왜곡되어 있다 할지라도, 우리는 그리스도께서 영광 중에 오실 때 진정한, 비교할 수 없는 그리스도를 "그의 참모습 그대로 볼 것"(요일 3:2)이라고 성경에 약속되어 있다.

3부

영향력 있는 예수

예수는 사람들에게
어떻게 영향을 끼치셨는가?

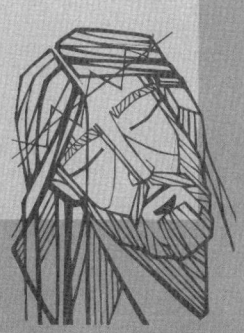

서론: 예수 이야기

2부에서는 수십 세기 동안 교회가 그리스도를 어떻게 다양하게 제시해 왔는지 살펴보았다. 제3부에서는 순서를 바꾸어, 그리스도께서 교회에 그리고 실로 세상에 미친 영향을 살펴보겠다. 우리가 던지는 질문은 예일 대학교의 K. S. 라토레트가 『기독교 확장사』라는 제목의 7권짜리 방대한 책 첫머리에서 잘 표현하고 있다. 그것은 "예수님이 사셨다는 것이 세상에 정확하게 어떤 차이를 가져왔는가?"다.[1]

그 질문에 대한 대답은 겉보기와 달리 그렇게 간단하지만은 않다. 첫째, 우리는 세상에 대한 그리스도의 영향과, 문명 혹은 문화의 영향을 구분해야 한다. 문명 혹은 문화에는 (기독교적인 영향력뿐 아니라) 많은 영향력이 혼합되어 있다. 둘째, 라토레트의 말을 다시 인용하면, "우리는 또한 기독교가 (사회적) 환경에 미친 영향과 환경이 기독교에 미친 영향 간의 긴밀한 연관도 인지해야 한다."[2] 셋째, 우리는 (그리스도께서 개인적으로 그러신 것은 아니지만) 기독교가 **좋은** 영향뿐 아니라 **나쁜** 영향도 끼쳤다는 것을 겸손하게 인정해야 한다. 나는 십자군 전쟁, 종교 재판, 그리스도께서 오신 지 1,800년이 지날 때까지도 노예 제도를 폐지하지 않은 것, 지난 두 세기 동안 존재했던 일부 기독교의 제국주의 선교 같은 교회의 몇 가지 맹점을 생각하고 있다. 이와 같은 것들을 곰곰이 생각해 볼 때, 우리는 부끄러움으로 고개를 숙일 수밖에 없다.

그럼에도 불구하고 예수 그리스도가 예술과 건축, 음악과 그림, 과학, 민주주의, 법 제도뿐 아니라, 특히 도덕적 기준과 인간의 존엄성

같은 가치관에 대해 엄청난 선한 영향을 끼치셨다는 것은 조심스러우나 자신 있게 지금도 단언할 수 있다.³ 실로 "지금까지 행군했던 모든 군대, 지금까지 항해했던 모든 해군, 지금까지 개정되었던 모든 국회, 그리고 지금까지 다스렸던 모든 왕을 전부 합한다 해도, 예수 그리스도 단 한 분의 삶만큼 세상에서의 우리 삶에 많은 영향을 미치지는 못했다"고 주장한다 해도 과언이 아니다.⁴

내가 매혹을 느끼는 것은 여러 다른 그리스도인들이 그리스도의 여러 다른 측면에 영향을 받아 여러 다른 과업을 시행했다는 점이다. 제3부에서 우리는 이제 교회(그리고 교회가 소개한 그리스도의 모습)의 이야기가 아니라 예수님(그리고 그분이 교회에 도전하신 바)에게 초점을 맞춘다. 분명 그 두 이야기는 서로 중복된다. 예를 들어, 아시시의 프란체스코가 교회가 그리스도를 소개하는 방식에 영향을 미쳤다면(그는 실제로 영향을 미쳤다), 그리스도는 또한 프란체스코가 프란체스코 운동을 발전시키는 방식에 영향을 미치셨다. 그럼에도 불구하고 그 두 영향력은 서로 별개이다. 우리는 이제 예수님의 초림에서 시작하여 앞으로 있을 재림에 이르기까지 그분의 전 생애를 살펴볼 것이며, 각 단계(그것이 어떤 한 사건이건 복음서에 나오는 가르침이건)가 어떻게 누군가의 상상력을 사로잡아 그 사람의 행동에 영향을 미쳤는지 볼 것이다.

1. 베들레헴 마구간: 아시시의 프란체스코
가난한 왕의 탄생

1926년 성 프란체스코의 사망 700주기에 200만 명 정도의 순례자들이 중앙 이탈리아에 있는 그의 출생지 아시시를 방문했다. 당시 교황 피우스 11세는 프란체스코의 비공식적 호칭 '알테르 크리스투스'(Alter Christus) 즉 '제2의 그리스도'를 공식적으로 승인했다. 그가 그리스도를 무척이나 닮았기 때문이다.

프란체스코로 하여금 철저히 가난하고 검소한 삶을 살도록 영향을 미친 것은 무엇이었는가? 부분적으로는 예수님의 가르침, 곧 자기를 부인하라는 예수님의 부르심과, 예수님이 열두 제자에게 명하셨던 선교 사명 때문이었다. 하지만 가장 큰 이유는 프란체스코가 그리스도의 본을 엄밀하게 문자 그대로 따르기를 갈망했기 때문이다. 특히 프란체스코는 그리스도께서 마구간에서 태어나신 것을 하나님의 아들이 스스로 가난하게 되신 것의 최고 표현이라고 보았다.

그리스도께서 태어나신 지 3, 4세기가 지나서야 크리스마스는 서양의 교회 달력에서 확고히 자리잡았으며, 그리스도인들은 정기적으로 그날을 경축했던 것 같다. 이것은 부분적으로는 혼동 때문에 생긴 결과이다. 사람들은 그리스도께서 태양신처럼 수레를 타고 하늘을 가로질러 간다고 말했다. 사실상, 그리스도인들은 일요일에 예배를 드렸고 종종 예배를 드리면서 동쪽으로 향했기 때문에, 많은 이교도들은 그리스도인들을 태양신 숭배자라고 생각했다. 4세기가 되어서야 서구 교회는 12월 25일(태양신의 생일이며, 낮이 가장 짧은 날인 동지)을 그리스도의 탄생 축일로 기념하기 시작했다.

프란체스코는 예수님 탄생을 둘러싼 여러 환경으로부터 엄청난 영감을 받았다. "그는 가난한 왕의 탄생과 베들레헴이라는 작은 마을에 관해 매혹적인 말을 했다."[5] 그는 종종 예수님을 "베들레헴의 아이"라고 불렀으며, 어떤 사람은 그에 대해서 이렇게 말했다. "아이 예수는 많은 사람들의 마음속에서 잊혀졌다. 하지만 은혜의 역사로 그분은 자신의 종 성 프란체스코를 통해 소생하셨다."[6] 그래서 "프란체스코는 아기 예수의 탄생일을 다른 모든 축일보다 더 대단한 열심을 가지고 지켰다. 그러면서 그날이 축일 중의 축일로서 그날에 하나님이 작은 어린 아기가 되사 인간의 가슴에 안겼다고 말했다."[7]

프란체스코의 믿음과 삶에서는 분명 십자가가 중심이었으나, 마음과 생각 속에서는 성육신과 십자가 처형, 구유 속의 그리스도와 십자가에 달린 그리스도를 결합시켰다. 그는 그 두 가지 모두 자신이 따르기로 결심한 신적 겸손과 가난함의 표현이라고 보았기 때문이다. 그는 자신이 하나님 나라를 선포하고, 궁핍한 자를 섬기고, 돈을 버리고, 심지어 여분의 옷도 없이 지내도록 부르심 받았다고 믿었다.

이것은 그가 물질 세계 혹은 선한 창조주의 선한 선물을 거부했다는 의미가 아니며 심지어 과소평가했다는 의미도 아니다. 이와 반대로, 그는 하나님의 피조물을 그의 '형제' 혹은 '자매'라고 부르며 환영하고 이러한 관계에서 기쁨을 발견했던 것으로 유명하다. 그가 쓴 "태양의 기도 성가"는 여전히 아름다운 찬양의 표현이다. 물론 자연에 대한 찬양이 아니라, 자연을 만드신 하나님에 대한 찬양이다. 그는 물질 세계를 하나님이 주신 것으로 인정하는 것과 물질적 소유를 부인하는 것이 이분법적이라고 보지 않았던 듯하다.

하지만 다른 사람들은 여기에 해결되지 않은 갈등이 있다고 느껴왔다. 예를 들어, G. K. 체스터턴은 프란체스코에 대한 유명한 저서에서 첫 장의 제목을 "성 프란체스코의 문제점"이라고 붙였다.[8] 그 문제란 무엇이었는가? 보통 역설의 대가로 여겨지는 체스터턴은 프란체스코에게서 엄청나게 많은 불일치, 심지어 모순까지 발견했다. 그는 자연에 대한 프란체스코의 기쁨과 그의 엄격한 금욕주의를 어떻게 조화시킬 수 있는지 묻는다. 그의 "흥겨움과 내핍 생활", "그가 황금과 제왕의 자줏빛을 찬미하는 것과 별나게 누더기를 입고 다니는 것",[10] 그가 "행복한 삶을 열망하는 것"과 "영웅적인 죽음에 목말라하는 것"[11]을 어떻게 조화시킬 수 있는가?

프란체스코는 "살면서 세상을 변화시켜 왔다"는 체스터턴의 결론을 완전히 그대로 받아들이지 않는다 해도, 프란체스코 이야기를 읽으면서 깊이 감동을 받지 않을 수 없다.[12] 더 나아가 나는 과감히 묻고 싶다. 모든 것에서 그리스도를 본받으려는 프란체스코의 결심은 너무 융통성이 없지 않았는가? 그는 예수님이 종종 사용하셨던 생생하고 극적인 비유적 표현을 깨닫지 못한 것은 아니었는가? 예를 들어, 누가복음 14:25-33에서 예수님은 세 가지 조건을 규정하셨는데 그 조건을 갖추지 못하면 "능히 내 제자가 되지 못[한다]"고 말씀하셨다. 먼저, 자기 부모와 처자와 형제와 자매를 "미워해야" 한다. 둘째, "자기 십자가를 지고" 그리스도를 따라야 한다. 셋째, "자기의 모든 소유를 버려야" 한다. 이제 우리는 이 강력한 복음 명령을 희석시킬 자유가 분명 없다. 그럼에도 불구하고 "십자가를 지고"라는 말은 명백히 문자적인 것이 아니다. 예수님은 모든 제자에게 십자가에 못 박힐 것을 요구하지는 않으셨다. 또한 가까운 친척들을 미워하라는 명령도 문자적으로 받아들일 수는 없다. 원수까지도 사랑하라고 말씀하신 예수님이 우리 자신의 가족을 미워하라고 말씀하실 것 같지는 않다.

그러므로 세 번째 명령(우리 재산을 버리라는)도 분명 문자적으로 받아들여서는 안 된다. 이것은 예수님의 가르침을 비겁하게 회피하는 것이 아니라, 그분이 의미하신 바를 발견하고자 하는 정직한 요구이다. 제자도의 대가에는 모든 것보다, 심지어 우리 친척, 야심, 소유물보다도 그리스도를 최우선에 놓는 것이 포함된다.

2. 목수의 작업대: 조지 랜스베리
육체 노동의 존엄성

우리는 예수님이 공생애를 시작하시기 전의 소위 '숨겨진 시절'에 대해 아주 조금밖에는 모른다. 당시 이야기 중 유일하게 남아 있는 것은 그분이 열두 살 때 예루살렘을 방문하셨고, 성전에서 길을 잃으셨다는 누가의 이야기이다(눅 2:41-51). 이 바로 직전의 구절은 그분의 탄생부터 예루살렘 방문까지의 12년을 다루며, 반면 직후의 구절은 예루살렘 방문과 그분의 세례 사이의 18년을 다룬다. 그러므로 두 구절(40절과 52절) 모두 다리 역할을 한다. 그 구절들은 예수님이 키뿐 아니라 지혜가 자라고 있었다는 것과, 하나님과 사람에게 날이 갈수록 사랑받으셨다는 것 그리고 하나님의 은혜가 그에게 임하여 있었다는 것을 말해 준다. 아마도 예수님의 지상에서의 삶의 처음 30년간에 대해 우리는 이것만 알도록 되어 있고 또 이것만 알아야 할 것이다.

사복음서 전체에 걸쳐 "목수"라는 말은 겨우 두 번 나온다. 마태는 "목수의 아들"(13:55)을 언급하는 반면, 마가는 나사렛 마을 사람의 "목수가 아니냐?"(6:3)는 질문을 기록한다. 이로부터 우리는 요셉이 목수로 일했으며, 예수가 요셉의 도제였고 요셉의 일을 이어받았으리라고—아마도 요셉이 죽었을 때—추정할 수 있다.

'테크톤'(tektōn)이라는 단어는 모든 기능공과 장인에게 사용할 수 있었지만, 보통은 나무를 다루는 사람, 곧 목수, 가구장이, 건축가를 나타냈다. 윌리엄 바클레이가 말하듯이, '테크톤'은 "닭장에서부터 집까지 무엇이든 건축할"[13] 수 있었다. 다시 말해서 그는 손재주 있는 사람이었다. 동시에 마르틴 헹겔은 "예수님 자신은 일용 노동자와 땅을 가지지 못한 소작인처럼 프롤레타리아 계급 출신이 아니라, 갈릴리의 중산층인 숙련 노동자 출신이셨다"는 것을 강조한다. 그는 '테크톤'이 "석공, 제작자, 달구지 목수, 가구장이를 모두 아우르는" 의미를 가지고 있었다고 덧붙인다.[14] 순교자 유스티누스는 2세기 중반 무렵 『유대인 트리포와의 대화』에서 예수님이 "쟁기와 멍에를 만들곤 하셨다"고 주장했다.[15] 그분은 농기구뿐 아니라 아마도 식탁, 의자, 침대, 찬장 같은 가재도구를 만들고 수리하는 법을 배우셨을 것이다.

로마인들과 헬라인들이 손으로 하는 일을 멸시했다는 사실을 기억하는 것이 중요하다. 하지만 알프레드 에더스하임이 쓴 글을 보면, "유대인들에게는 이교의 괴로운 특징 중 하나였던 육체 노동에 대한 경멸은 없었다. 그와 반대로 손으로 하는 일을 배우는 것은 종교적 의무라는—그것이 사치를 위한 것이 아니고 개인적으로 율법을 준수하지 못하도록 오도하지 않는 경우 그렇다는 말이다—주장이 자주 강하게 나타나곤 했다"[16]고 썼다. 그래서 탈무드에는 주후 2세기 랍비 유다의 금언이 기록되어 있다. "자기 아들에게 손으로 하는 일을 가르치지 않는 사람은 도둑질을 가르치는 것이다."[17] 유대인들은 노동이 타락의 결과가 아니라 창조의 결과로서 하나님이 명하신 것임을 알고 있었다.

사도 바울은 그의 서신서에서 자신의 손으로 하는 일에 대해 여러 번 언급했다. 사도행전 18:3에서 누가는 그를 '스케노포이오스'(*skē-nopoios*)라고 부른다. '스케네'(*skēnē*) 혹은 '스케노스'(*skeēnos*)는 장막이므로, 보통 그 말은 '장막 만드는 사람'이라고 번역된다. 고대 사회에서는 장막을 보통 가죽으로 만들었기 때문에 어떤 주석가들은 '가죽 세공업자' 혹은 '마구 제조인'이라는 해석을 선호하지만 말이다. 확실한 것은 바울은 자신의 손으로 일했으며, 노동을 자랑스럽게 여겼다는 것이다.[18]

이러한 배경을 간단히 살펴보았으니, 이제 예수님이 목수의 작업대에서 일하셨다는 사실이 어떤 사람에게 영향을 미쳤는지 물어볼 준비가 되었다.

먼저 라파엘 이전 학파를 들 수 있다. 이들은 자연을 실물 그대로 미술로 재생하기로 한 19세기 중반의 화가들이다. 1850년에 그들 중 한 명인 J. E. 밀레이는 "부모 집에 있는 그리스도" 혹은 "목수의 작업장"이라는 그림을 완성했다. 어린 예수가 그림의 중앙부에 있다. 그는 분명 못에 찔려 상처를 입었다. 요셉이 상처를 살펴보려고 그를 향해 몸을 굽히고 있다. 마리아는 입을 맞추면서 예수를 위로하려 하고 있다. 그리고 어린 세례 요한이 상처를 씻도록 물을 한 사발 가져오고 있다. 예수는 작업대에 기대어 있는데 그것은 제단을 상징하는 듯하며, 열린 문을 통해 우리 안에 있는 양을 볼 수 있다.[19]

그로부터 22년 후에 밀레이의 친구인 홀먼 헌트는 "죽음의 그림자"라는 그림을 완성했다. 다시 한번 목수의 작업장이 나온다. 하지만 이번에는 예수가 성인이 되어, 웃통을 벗고 나무로 된 받침 옆에 서 있다. 그는 일을 하다가 잠시 숨을 돌리고는 몸을 쭉 펴면서 머리 위로 팔을 올리고 있는데, 마치 하늘에 호소를 하는 듯하다. 그렇게 할 때 십자가 형태의 어두운 그림자가 그의 뒤쪽 벽에 드리우는데, 벽에 있는 도구 선반은 마치 가로대처럼 보이며, 십자가 처형에 쓰이는 망치와 못을 생각나게 한다.[20]

두 그림 모두 의도적으로 무엇인가를 상징하는 것이다. 그 그림들은 십자가에 대해 강력하게 말하지만, 육체 노동의 존엄성에 대해서는 아무 말도 하지 않는다. 그래서 나는 연구 과정에서 그다음으로 초기 영국 노동 운동을 이끈 그리스도인 지도자들을 살펴보았다. 먼저 스코틀랜드 노동 운동을 개척한 제임스 케일 하디를 살펴보았다. 그는 작업모를 쓰고 작업복을 입고 하원에 등원해서 큰 물의를 일으켰다. 그는 자신이 그리스도께 헌신했다고 거리낌없이 말했으며, 그리스도를 종종 "나사렛 목수"라고 불렀다. 하지만 그의 일에 대한 영감의 주된 원천은 예수 그리스도의 모범이 아니라 그분의 가르침, 특히 그가 다소 순진하게 사회주의자 헌장이라고 해석했던 산상수훈이었다.

하지만 다른 후대의 노동자 지도자들은 예수님이 노동자 계층에 속해 있었다는 사실로 인해 격려를 받았다. 1921년에 익명의 노동 조합원은 『목수 예수와 그의 가르침』이라는 짧은 책을 썼다. 그는 이렇게 썼다.

어쨌든 예수의 삶은 노동자의 삶이다. 그의 삶은 그 이상의 것, 그보다 위대한 것이라고 말할 수 있다. 그래도 좋다! 하지만 육체를 입고 있던 시절 그는 목수였다. 우리 노동자들 가운데는 시인, 영웅, 순교자가 그리 많지 않다. 하지만 나사렛 목수 예수는 우리와 비슷한 사람이었다. 그렇기 때문에 너무나 많은 것들이 노동자들의 마음을 선동하는 요즘 같은 시기에는, 우리 모두 나사렛 목수의 삶과 가르침을 연구하는 것이 좋을 것이다.[21]

마찬가지로, 아이라 보슬리는 "경건한 목수회"에 헌정한 자신의 책 『목수 그리스도, 그의 일과 가르침』에서, 예수를 "유일하게 완벽한 노동자"로 묘사하려 했다고 말한다.[22]

하지만 내가 발견한, 목수 예수에게서 영향을 받은 지도자의 가장 좋은 예는 20세기 전반부의 상당 기간 영국의 노동 운동을 이끌었던 조지 랜스베리다.

조지 랜스베리는 1859년 시골 서포크에서 태어났다. 하지만 그는 그곳에 머물러 있지 않고 계속 이사를 다녔다. 아버지가 철도 노동자였기 때문이다. 그리고 그는 삶의 대부분을 런던시 이스트 엔드(런던 동부에 있는 하층 노동자들이 많이 사는 지역―역주)에서 보냈다. 열네 살에 학교를 그만두었으며, 짐배와 철도에서 석탄을 내리는 하역 인부 일자리를 잡았다. 그 어린 나이에 그는 육체 노동이 주는 어려움과 빈곤과 굶주림 때문에 인간성이 말살되는 것을 체험했다.

하지만 조지 랜스베리는 정치에 마음이 있었다. 그래서 지역 정부와 국가 정부에서 반세기 이상을 보냈다. 그는 잠시 자유당과 관련을 맺고 국회에 등원하려고 몇 번 시도했다가 실패한 후, 마침내 1910년 바우 앤드 브로믈리(동부 런던에 있는, 영국 전체에서 가장 가난한 지역 중 하나―역주)의 노동당 의원으로 당선되었다. 하지만 2년 후에 사임했다. 그다음 10년 동안 그는 하원에 의석을 갖지 못했으나, 그럼에도 불구하고 노동 운동을 위해 지칠 줄 모르고 활발하게 활동했다. 그는 『데일리 헤럴드』를 편집했으며, 전국 방방곡곡을 다니며 집회에서 연설했다.

1922년에 그는 하원으로 돌아왔다. 그러나 1929년이 되어서야 비로소 런던의 왕립 공원들을 전문적으로 책임지는 제1노동청장으로 내각에 입각했다. 그는 그 공원들을 노동자 계층이 휴양을 위해 이용할 수 있도록 하는 데 성공했다. 그는 1931년에 국회 노동당 당수가 되었으며, 그럼으로써 야당 지도자가 되었다.

이 모든 기간 동안 조지 랜스베리는 엄청난 인기를 누렸다. 당당한 체격, 원기왕성한 성격, 불그스레한 혈색, 긴 구레나룻, 우렁찬 목소리, 런던 토박이 억양, 소년처럼 천진난만한 미소, 솔직한 진실함으로 모든 사람에게서 사랑을 받았다. 저명한 A. J. P. 테일러는 책의 각주에서 그를 "현대 정치에서 가장 사랑스러운 인물"이라고 묘사했다.[23] 그가 널리 인기를 얻었음을 더 잘 보여 주는 것은, 그가 런던의 이스트 엔드 어린이들에게 잘 알려져 있었다는 사실이다. 그가 그 아이들의 학교를 방문하면 아이들은 "맘씨 좋은 조지 아저씨"라고 외치면서 그를 환호하며 맞이했다.[24]

지칠 줄 모르고 정치 활동을 할 때 랜스베리가 지니고 있던 동기는, 분명 그의 사회주의와 기독교를 결합시키는 것이었다. 그렇다고 그가 그 둘을 명백하게 구분할 필요성을 느꼈다는 것은 아니다. 그는 이렇게 썼다. "인간사의 모든 부문에서 사랑과 협력과 형제 우애를 의미하는 사회주의는 기독교 신앙의 외적인 표현일 뿐이다."[25] 또한 "기독교와 사회주의가 랜스베리의 존재 자체를 지배하고 있었다. 전자에서 그는 삶의 원리와 권능을 발견했다. 후자에서는 그런 원리들이 표현될 수 있는 제도를 발견했다."[26] 그는 빈곤과 실업과 굶주림과 집 없음이 사라지는 정의로운 사회를 이루는 데 정열을 쏟았다.

가르치고 본을 보임으로써 조지 랜스베리를 개인적으로 그리스도께 헌신하도록 인도한 사람은 화이트 채플의 교구 목사였던 펜위크 키토였던 듯하다. 랜스베리는 키토가 "우리 삶으로 들어왔다"고 말했다. 조지는 그 교구 교회에서 견진 성사를 받은 후 주일학교 교사가 되었으며, 후에는 여러 교회에서 설교했다.

밥 홀먼은 이렇게 썼다. "랜스베리가 기독교를 사회주의보다 먼저 접했다는 점을 주목하는 것이 중요하다. 후자는 대체로 전자에 대한 그의 이해에서 생겨났기 때문이다."[27] 이스트 엔드의 로마가톨릭 잡지에 익명의 기고가는 이렇게 썼다. "우리 젊은이들은 조지 랜스베리가 일관된 자기 희생적인 삶에 대해, 예수 그리스도를 지속적으로 두려움 없이 증거하는 것에 대해 보여 준 모범으로부터 얼마나 많은 은혜를 입었는지 도저히 말로 표현할 수 없을 것이다."[28]

조지 랜스베리는 소위 '노동자 계층'의 용기와 불굴의 인내와 상호 결속과 유머 감각을 흠모했으며, '사회적 지위를 높이려는' 시도들을 단호히 거절했다. 그는 자기가 자란 런던 이스트 엔드의 문화를 그대로 가지고 있기로 했다. 그의 전기 작가인 밥 홀먼은 이렇게 썼다. "랜스베리는 근로자 계층의 보통 사람 출신이며, 그들에게 속해 있었고, 그들과 함께 그들을 위해 일했으며, 계속해서 그들과 같은 생활 방식을 영위했다."[29]

밥 홀먼은 이러한 결심이 랜스베리의 신학에서 나온 것이라고 본다. "그리스도인으로서 그는, 평범한 목수로 세상에 오시고 다른 사람들을 위해 비참한 죽음을 당하실 정도로 사랑의 원리를 몸소 실천하신 그리스도께 사로잡혔다."[30]

신학적으로 말해서, "하나님이 자신의 아들을 사람들 가운데 거하게 하셨을 때, 그 많은 지위 중에 노동자로 살도록 하신 사실이 얼마나 중요한지를 속속들이 다 말하기는 어려울 것이다. 그것은 인간의 평범한 수고를 영원히 영광스러운 것으로 만들어 주었다."[31]

패터슨 스미스는 똑같은 사실을 노동자 계층의 언어와 문장을 이용해서, 이렇게 썼다.

> 그분의 작업장이 정확히 어디에 있었는지는 모르겠다.
> 하지만 종종 대패로 나무를 밀 때
> 나와 똑같은 일을 하고 있던
> 그분을 생각하면서 모자를 벗어 경의를 표했다.[32]

3. 긍휼의 사역: 다미앵 신부와 웰즐리 베일리
만질 수 없는 사람을 만짐

우리는 복음서에서 예수님이 지도자 없는 무리들, 굶주린 사람들, 가족과 사별한 사람들, 눈먼 자들, 특히 병든 자들에게 연민을 느끼셨다는 것을 여러 번 읽게 된다.[33] 사실상 병을 고치는 일이 그분의 공생애의 필수적인 부분이었음은 매우 분명하다. 그분은 "그들의 회당에서 가르치시며 천국 복음을 전파하시며…모든 병과 모든 약한 것을 고치[셨다]"(마 4:23; 9:35). 즉 그분은 하나님 나라가 왔다는 것을 알렸을 뿐 아니라, 긍휼과 권능의 역사를 행하심으로써 그 나라가 임했음을 입증해 주셨다.

그 결과, 그리스도인들은 질병이나 고통으로 고생하는 사람들을 위한 긍휼의 사역을 앞장서 수행했다. 미네소타주 로체스터에 있는 마요 클리닉에 들어서면, 스테인드글라스 창문이 정면에 보인다. 그 중앙에 있는 그림에는 "때로는 치료해 주기 위해, 자주 아픔을 덜어 주기 위해, 언제나 위로해 주기 위해"라는 글씨가 새겨져 있다.

이는 그리스도께서 오시기 전에 힌두교도와 불교도 그리고 또한 유대인들이 초기 형태의 병원을 발전시켰음을 부인하는 것이 아니다. 이는 오히려 나사렛 예수가 세상에 새로운 삼중적 동기를 소개해 주었다고 선언하는 것이다. 그 삼중적 동기란 선한 사마리아인의 비유, 황금률, 그분의 개인적 모범으로서, 이 모든 것은 그분이 하나님의 형상으로 지음 받은 인간을 존중하신다는 것을 보여 준다.

프랭크 데이비는 이렇게 썼다.

예수님은 가난한 자들, 지체 장애인, 버림받은 자들, 혜택받지 못한 자들에게 특별히 관심을 보이시고 또 관심을 보이라고 가르치심으로써 당시의 사회적 우선순위를 뒤집어 놓았다. 그런 사람들은 예수님이 그들의 투사가 되시기 전까지는 사람들의 주의를 끌지 못했다.…히포크라테스가 곤경에 빠진 창녀나 눈먼 거지, 점령국 군인의 노예, 돈이 없는 것이 분명한 외국인 정신병자, 만성 척추병 환자에게 많은 관심을 보이는 모습은 상상할 수 없다. 예수님은 그렇게 하셨을 뿐만 아니라 자신의 제자들도 그와 같이 할 것을 기대하셨다.[34]

예수님이 세상이 멸시하는 사람들을 존중하시는 모습은 공생애가 시작된 지 얼마 안 되어 나병 환자와 만난 일에서 가장 잘 볼 수 있다.

한 나병환자가 예수께 와서 꿇어 엎드려 간구하여 이르되 원하시면 저를 깨끗하게 하실 수 있나이다. 예수께서 불쌍히 여기사 손을 내밀어 그에게 대시며 이르시되 내가 원하노니 깨끗함을 받으라 하시니 곧 나병이 그 사람에게서 떠나가고 깨끗하여진지라. (막 1:40-42)

긍휼로 인해 그분은 만질 수 없는 사람을 만지셨으며, 그분의 행동은 그 후 계속해서 사람들에게 영향을 끼쳤다. 주후 369년에 최초의 대규모 기독교 병원을 설립한 사람은 유명한 갑바도기아 교부 가이사랴의 바실인 것 같다. 그는 여러 개의 건물을 건립했는데, 300개의 병상이 있는 병원 외에도, "여행객들을 위한 숙박소, 가난한 사람들을 위한 숙박소, 노인들을 위한 수용소, 격리 병동, 격리되어 치료받는 나병 환자들을 위한 집이 있다."[35]

그다음 몇 세기 동안 나병 환자들을 돌보기 위한 병원들이 유럽 전역에 세워졌다. 그것들은 '나병원' 혹은 '라자레토'로 알려졌는데,

이는 나병 환자들의 후원 성인으로 여겨지게 된 나사로에서 파생된 단어들이다.

하지만 중세에 아시시의 프란체스코처럼 예수님의 모범에 의해 영향을 받고 다른 사람들에게 영향을 미친 사람은 없을 것이다. 이 이야기는 오랜 세월에 걸쳐 미화되었을지 모르지만, 프란체스코는 유언을 하면서 그가 나병 환자 거지와 맞닥뜨렸을 때 '영혼의 사랑스러움'이 처음으로 그에게 임했다고 고백했다. 처음에 프란체스코는 그 거지에게서 벗어나기 위해 말에게 박차를 가했다. 그리고 나자 갑자기 "형제의 필요를 외면함으로써, 모든 사람의 고난 속에서 고난받으신 하나님으로부터 급히 달아나고 있다는" 후회가 밀려왔다. 그래서 그는 말을 돌리고는 말에서 내려 그 나병에 걸린 거지의 손에 입을 맞추었다.[36] 그가 보인 모범은 전염성이 있었다. 사람들은 그를 통해 전염된 것은 병이 아니라 병자들에 대한 그의 보살핌이라고 말하곤 한다. 그는 나병 환자들을 위한 병원과, 그들을 돌보기 위한 "형제단"을 설립했다.

이제 19세기 중반으로 건너뛰어 나병 환자들을 돌보는 일에 삶을 바친 두 명의 비범한 사람을 만나 보자. 한 명은 1840년에 태어나 하와이에서 일했던 벨기에 로마가톨릭의 요제프 다미앵 신부였고, 다른 한 명은 1846년에 태어나 인도에서 일했으며 나병 선교회를 설립한 아일랜드 개신교도 웰즐리 베일리다.

1863년 다미앵 신부는 배를 타고 하와이 선교사로 갔는데, 나병 환자들이 처한 곤경을 보고 소름이 끼쳤다. 그 나병 환자들은 몰로카이섬에 영구히 추방되어 있었다. 거기에서 그들은 질병과 더러움과 빈곤함 가운데, 부양해 주는 가족이나 교회도 없이 비참한 삶을 근근이 이어 가고 있었다. 다미앵 신부는 자발적으로 그들에게 가서 그들과 함께 살았다. 그는 죽은 자들을 장사 지내 주었고, 그들이 위생적으로 살도록 해 주었다. 그는 교회와 예배당을 지었고, 상수도를 깨끗하게 했으며, 집과 병원을 개량했고, 고아원을 세우고, 성가대를 훈련시켰다. 그들의 선생이요, 목수요 석공이요 사제요 친구로 섬겼던 것이다. 이러한 사심 없는 사역은 16년간 계속되었다. 1885년 어느 일요일 아침 교회에서 예배를 드리는 도중 그가 "우리 나병 환자들은…"이라는 말로 설교를 시작하자 회중은 아연실색했다. 이는 그 자신이 그 병에 걸렸음을 나타내는 말이었다. 그는 1889년에 몰로카이에서 죽었다.[37]

웰즐리 베일리는 다미앵보다 겨우 6년 늦게 태어났다. 하지만 그들은 지구의 반대편에서 일했다. 웰즐리는 인도 북서부의 한 선교 단체가 경영하는 학교에서 가르치고 있을 때 인근의 작은 '나병 환자 수용소'를 방문해서 그 참상을 보고는 질겁을 했다. 후에 그는 다음과 같이 썼다.

[병자들은] 단계별로 다 있었으며, 쳐다보기에도 매우 끔찍했다. 그들은 철저한 무력함을 나타내는 수심에 가득 찬 표정을 짓고 있었다. 나는 거의 진저리를 칠 뻔했으나, 그와 동시에 매혹되었으며, 이 세상에 그리스도를 닮은 사역이 있다면 그것은 바로 이 가난한 환자들 사이를 다니면서 그들에게 위로의 복음을 전해 주는 것이라고 생각했다.[38]

베일리의 말은 옳았다. 수용소를 정기적으로 방문하기 시작했을 때, 그는 복음이 그곳에 수용된 사람들의 삶과 관점을 완전히 변화시키는 것을 보았다. 동시에 그는 그들이 처한 물리적 환경을 개선하기로 했다. 그래서 1872년에 "인도 나환자 선교회"(The Mission to Lepers in India)를 설립했는데, 그것은 후에 "나환자 선교회"(The Mission to Lepers)가 되었으며, 그 후 오늘날의 "나병 선교회"(The Leprosy Mission)가 되었다.

그에게 영향을 준 것은 무엇이었는가? 그는 이렇게 말한다.

나는 이제 [나환자들] 사이에서 내가 경험한 것을 조금 말하고, 이 땅에 계실 때 나병 환자를 싫다 하지 않으시고, "불쌍히 여기사" 손을 내밀어 그를 만지고는 "내가 원하노니 깨끗함을 받으라"고 말씀하셨던 그분에게 공감하는 이들에게 도움이 될 만한 계획을 제시하고 싶다.[39]

나병 환자를 돌보는 이 훌륭한 기독교 전통은 20세기에 들어서는 스탠리 브라운(나이지리아와 자이레), 프랭크 데이비(나이지리아와 인도), 그리고 예수님의 본을 인용하면서 "널리 퍼져 있는 사회적 오명에 반대하는 캠페인을 이끌었던"[40] 로버트 코크레인 같은 뛰어난 그리스도인 나병 학자들에게로 이어졌다. 그다음 주자는 폴 브랜드로서, 그는 나병 환자들의 갈고리손, 손가락과 발가락을 잃게 되는 것, 설명할 수 없는 상처와 멍은 질병 자체의 불가사이한 측면 때문에 생기는 것이 아니라, 그들이 감각을 잃어버렸기 때문에 고통을 느낄 수가 없어서 생겨나는 것임을 발견했다.[41]

오늘날에는 에이즈가 "현대의 나병"이라고 묘사되는 경우가 있다. 비슷한 오명을 지니고 있고 비슷한 금기에 의해 사회에서 추방되었다는 점에서 그렇다. 하지만 예수님은 "손을 내밀어 만짐-당시로서는 상상할 수 없는 용기 있는 행동-으로써"⁴² 긍휼의 본을 보이셨다.

4. 산상수훈: 레오 톨스토이, 마하트마 간디, 마틴 루터 킹
무저항의 도전

기독교에 대해 조금이라도 아는 사람이라면 누구든 예수님의 산상수훈-그것은 아마도 장시간에 걸쳐 베푸신 가르침이었을 것이다-에 대해 어느 정도는 익숙하다. 대부분의 사람은 또한 거기에 "악한 자를 대적하지 말라"는 금령과 "너희 원수를 사랑하[라]"는 명령이 포함되어 있다는 것을 안다(마 5:39, 44). 그뿐 아니라 예수님은 자신이 가르치신 대로 실천하셨다. 사도 베드로가 썼듯이, "욕을 받으시되 맞대어 욕하지 아니하시고 고난을 당하시되 위협하지 아니하셨다"(벧전 2:23). 그 대신에 그분은 자신을 십자가에 못 박고 있는 사람들을 용서해 달라고 하나님께 기도하셨다(눅 23:34).

고금의 사람들은 그리스도인이건 비그리스도인이건 예수님의 설교와 모범 그리고 말과 행동이 결합된 모습을 통해-그분의 인내와 절제, 원수에 대한 그분의 사랑 그리고 그분이 복수의 정신에서 완전히 자유로운 것에 의해-도전을 받고 고무되어 왔다. 16세기의 급진적 개혁자들(여러 재세례파 집단들)과 오늘날의 평화주의자 교회들(예를 들면, 메노나이트, 퀘이커, 모라비아교)은 전적인 평화주의에 헌신하고 있으며, 그들에게 명령하고 동기를 부여하는 것은 예수님의 행동에서 예시된 그분의 산상수훈이다.

이 장에서는 19세기 말 혹은 20세기 초의 세 지도자를 살펴보려 한다. 그들은 모두 예수님의 설교와 고난으로부터 영감을 받았다고 주장하는 사람들로, 러시아의 소설가 레오 톨스토이, 인도의 사회 개혁가 마하트마 간디, 미국의 인권 운동가 마틴 루터 킹이다.

톨스토이는 귀족 집안에서 태어나 방탕한 젊은 시절을 보낸 뒤에 진지한 저술에 착수했다. 그의 가장 유명한 소설은 『전쟁과 평화』와 『안나 카레니나』지만, 이 책의 목적상 그의 단편 『나는 무엇을 믿는가』를 살펴볼 필요가 있다. 그 책에서 톨스토이는 그가 개인적으로 위기에 처했을 때 산상수훈을 읽고 또 읽었으며, 갑자기 교회 전체가 1,800년 동안 오해해 온 것(이라고 그가 주장하는 바)을 이해하게 된 일을 서술한다.

그것은 예수님이 제자들에게 무저항을 명하셨을 때 진심으로 그렇게 말씀하셨다는 것이다.[43] 그는 이어서, 그리스도를 믿으면서 동시에 "유신 체제, 법정, 정부, 군대…를 위해 일하는 것"은 불가능하다고 말했다.[44] 경찰, 법정, 군대는 모두 악에 저항하기 위해 폭력을 사용하며, 따라서 사랑의 율법과 양립할 수 없기 때문이다. 그리스도의 명령을 문자적으로 따르기만 한다면 "모든 사람은 형제가 될 것이며 누구나 다른 사람과 평화롭게 지낼 것이다."[45] 그리고 나서 마지막 장에서 자신이 순진하다는 말에 대해 변호하면서, 그는 인간이 모두 기본적으로 선하며 이성적이며 온화하다는 천진난만한 인간관을 드러낸다.

마하트마 간디, 또는 '간디지'—인도인들이 존경하는 마음으로 그를 부르는 이름―는 물론 현대 인도의 아버지이다. 그는 런던에서 법학을 공부하고 남아프리카에서 변호사로 개업했는데, 피부색 때문에 모욕을 당했다. 1914년에는 인도로 돌아와 시민 불복종 운동을 이끌었다. 그는 인도가 식민지주의, 카스트주의, 물질주의에서 해방되기를 간절히 바랐다.

간디는 어린 시절에 이미 '아힘사'(ahimsa), 곧 "다른 사람에게 해를 끼치는 일을 삼가는 것"에 대해 배웠다. 하지만 그러고 나서 젊은 시절에 런던에서 힌두교의 고전인 『바가바드 기타』와 산상수훈을 읽었다. 그는 "내가 예수님을 사랑하게 된 것은 그 설교 때문이었다"고 말했다. 그리고 그는 끊임없이 그것을 묵상했는데, 특히 톨스토이의 관점을 통해서 그렇게 했다고 한다. 그는 남아프리카에서 톨스토이의 『하나님 나라는 너희 안에 있다』를 읽고 깊은 영향을 받아, 인도에 돌아갔을 때 자신의 이상을 행동으로 옮기기로 결심했기 때문이다. 그는 자신의 정책을 '사티아그라하'(satyagraha)라고 말했다. 그것은 '진리-힘'이라고 번역하는 것이 가장 좋은 말로, 진리의 능력으로 그리고 "자진하여 고난을 참는 본보기로" 적수들을 이기려는 시도였다. 그는 "국가는 집중적이고 조직적인 형태의 폭력을 나타낸다"고 말했다. 그러므로 그가 상상하던 완전한 국가에서는 경찰은 여전히 존재하나 폭력을 거의 사용하지 않을 것이다. 처벌은 더 이상 없을 것이다. 감옥은 학교로 바뀔 것이다. 소송은 중재로 대체될 것이다."⁴ 이 모든 것에서 간디는 예수님의 영향을 받았다. "비록 나는 종파적 의미에서는 그리스도인이라고 주장할 수 없지만, 예수님의 고난의 본은 내 모든 행동을 지배하는 비폭력에 대한 다함없는 믿음을 형성해 주

는 요소다."⁴⁷

간디의 겸손함과 진지함은 흠모하지 않을 수 없다. 그럼에도 그의 정책은 분명 비현실적이라는 비판을 받아야 한다. 그는 일본인들이 침략할 경우 "평화의 여단"으로 저항할 것이라고 말했다. 그는 유대인들에게 히틀러에게 비폭력 저항을 하라고 촉구했다. 그리고 영국에게 적대 행위를 그만두라고 호소했다. 하지만 자크 엘륄이 말했듯이, 간디는 그 상황을 염두에 두지 않았다. "간디가 1925년의 러시아 혹은 1933년의 독일에 있었다고 생각해 보라. 해답은 간단할 것이다. 며칠 후 그는 체포될 것이고, 온데간데없이 사라지고 말 것이다."⁴⁸

하지만 톨스토이 및 간디와 우리의 주된 견해 차이는, 그들의 입장이 비현실적이라는 것이 아니라 비성경적이라는 것이다. 악에 저항하지 말라는 예수님의 명령을 폭력 사용(경찰을 포함하여)을 무조건 금지하는 것으로 해석할 수는 없다. 성경이 모순된 말을 하며 사도들이 예수님을 오해했다고 말하려는 것이 아니라면 말이다. 신약에서는 (예를 들면 롬 13장에서) 국가가 악행자에게 강제로 벌을 가함으로써 그를 처벌할 즉 '악한 자에게 저항할' 신적 권위를 가지고 있다고 말한다. 하지만 이 진리가 억압적 체제의 제도화된 폭력을 정당화하기 위해 왜곡되어서는 안 된다. 그것은 악행자를 저지하고 법에 비추어 처단하기 위한 '최소한의 필요한 힘'만을 정당화한다.

그렇다면 국가의 의무는 개인의 의무와는 상당히 다른 것이 분명하다. 로마서 12:17에 보면 개인에게는 "아무에게도 악으로 악을 갚지 말고"(이것은 분명 "악한 자를 대적지 말라"는 말을 반영한다) 친히 원수를 갚지 말고 진노하심에 맡기라고 명령한다. "기록되었으되 원수 갚는 것이 내게 있으니 내가 갚으리라고 주께서 말씀하시[기]" 때문이다. 다시 말해 벌을 주는 것은 하나님의 특전이며, 바울이 로마서 13:4에서 쓰듯이, 하나님은 법정을 통해 그것을 시행하신다. 즉 그(정당한 권한을 가진 국가의 대표)는 "하나님의 사역자가 되어 악을 행하는 자에게 진노하심을 따라 보응하는 자"다. 이것은 예수님의 가르침 및 행동과 양립 불가능한 것이 아니다. 예수님은 단연코 보복하지 않으셨다. 하지만 그 대신 "공의로 심판하시는 이에게 [자신과 자신의 대의를] 부탁하[셨다]"(벧전 2:23). 이 대조를 요약하면, 예수님은 정의를 시행하는 것은 금하지 않으셨으나 법률의 힘을 빌리지 않고 임의로 제재를 가하는 것을 금하시며, 그 대신 원수를 사랑하고 원한과 복수를 완전히 떠날 것을 명하신 것이다. 종종 말하듯이, 사탄의 방법은 선을 악으로 갚는 것이고, 세상의 방법은 악을 악으로 선을 선으로 갚는 것이다. 그리스도의 길은 선으로 악을 이기는 것이다(롬 12:21).

이러한 구분을 이해했던 사람이 바로 마틴 루터 킹이다. 간디가 톨스토이에게 배운 만큼 킹은 간디에게서 배웠다. 하지만 나는 그가 예수님의 가르침을 앞의 두 사람보다 더 잘 이해했다고 생각한다. 그는 남부 그리스도인 지도자 협의회의 설립자로서, 비폭력에 헌신했으며 1963년에는 워싱턴까지 유명한 행진을 이끌었다. 그로 인해 1964년과 1965년에 시민권법이 탄생했다. 그래서 그는 한편으로는 자신이 산상수훈의 영향을 받았다는 것을 종종 인정한다. 그러나 다른 한편으로는 인종 차별을 금하려면 법령, 실로 강제로 시행할 수 있는 법이 필요하다는 것을 알았다.

킹의 가장 감동적인 설교 중 하나인 "당신의 원수를 사랑하기"는 조지아 감옥에서 만들어졌다. 그는 어떻게 "증오가…파멸의 하강 나선으로 증오를 증가시키며", 희생자에게 "그런 것처럼 증오하는 사람에게도 해를 끼치는지" 말했다. 하지만 사랑은 "원수를 친구로 변화시킬 수 있는 유일한 힘이다." 그는 계속해서 그 주제를 미국의 인종적 위기에 적용시켰다. 3세기 이상 미국 내 흑인들은 억압과 좌절, 차별을 당했기 때문이다. 하지만 킹과 그의 친구들은 "미움에 사랑으로 대처하기로" 결심했다. 그렇게 되면 그들은 자유와 그들을 억압하는 사람들을 모두 얻게 될 것이며, "우리의 승리는 이중의 승리가 될 것이다."[49]

5. 어린이들에 대한 사랑: 토머스 바나도
"언제나 열려 있는 문"

아이들에 대한 사랑과 그들의 복지에 대한 관심은 기독교 문화에서 너무나 본질적인 요소이기 때문에, 우리는 그것을 당연하게 여기는 경향이 있다. 하지만 그런 관심이 언제나 당연한 것으로 여겨진 것은 아니다. 예를 들어 아이를 제물로 바치는 일은 여러 이교에서 시행되었으며, 암몬 사람들이 그들의 신 밀곰 혹은 몰렉을 달래기 위해 아이를 제물로 바치는 것을 보고 구약 선지자들은 격분하고 혐오했다.

고대 사회에서는 낙태나 유아 살해를 금하는 법도, 그것에 대해 윤리적으로 반대하는 경우도 없었던 것 같다. 부모들은 자기 자녀의 생사 여탈권을 쥐고 있었다.[50] 예를 들어, 주전 1세기 옥시린쿠스 파피루스 문서들을 보면 힐라리안이라는 남자가 임신한 아내 알리스에게 보낸 편지가 나온다. 거기에는 "남자아이면 살려 두고, 여자아이면 버리시오"[51]라고 되어 있다.

의사들이 하는 히포크라테스 선서에 "여자들에게 낙태를 유발하는 페서리(피임용 기구—역주)를 주지 않겠다"는 약속이 포함되어 있는 것은 사실이다. 그 맹세 중 많은 부분은 '의학의 아버지'인 히포크라테스(주전 460-377)가 아니라 그의 제자들이 썼을 것이다. 그럼에도 불구하고, W. H. S. 존스가 썼듯이, "그 맹세의 (적어도) 핵심 부분은 '위대한' 히포크라테스 자신의 생각이 아니었다고는 믿기가 어렵다."[52] 하지만 맹세의 이 부분은 통상 잘 지켜지지 않았다. 그리스와 로마같이 (성이나 도덕성의 규제가—편집자 주) 관대한 사회에서는 원치 않는 아이를 죽이거나 버리는 일이 통례였기 때문이다. 한편으로 그리스도인들은 신학적·도덕적 근거로 그것을 반대했다. 예를 들어, 테르툴리아누스는 그의 『변증』에서 로마인들이 유아 살해를 저지르고 있다고 비난하면서 다음과 같이 말한다.

> 우리의 경우, 살인은 단호히 금지되어 있으므로, 심지어 자궁 속에 있는 태아라도 아직은 몸의 다른 부분으로부터 피를 끌어다가 생명을 유지하고 있으므로 죽일 수 없다. 출산을 방해하는 것이란 사람을 더 빠른 시기에 죽이는 것일 뿐이다. 태어난 생명을 제거하든 태어나고 있는 생명을 죽이든 차이가 없다. 태아는 온전한 사람이 될 사람이다. 씨 안에 이미 열매가 들어 있다.[53]

주후 312년에 콘스탄티누스가 회심한 후 낙태는 범죄로 간주되었으며, 로마와 아테네 및 그 밖의 지역에 원치 않게 태어난 어린아이들을 위한 고아원이 설립되었다. 어린아이들의 고결함과 존엄성에 대한 이러한 세상의 인식은 대체로 예수 그리스도로부터 비롯된 것이다. 공관복음서들을 보면, 예수님이 아이들을 환영하고 아이들처럼 되라고 명령하신 경우가 두 번 서술되어 있다. 첫 번째 경우는 어린아이(눅 18:15에 따르면 "어린 아기")들을 그분께 데리고 와서 그분이 그들에게 안수하고 축복하신 때였다. 하지만 제자들이 그들을 데려온 사람들을 꾸짖었을 때 예수님은 화를 내시며 말씀하셨다.

> 어린아이들이 내게 오는 것을 용납하고 금하지 말라. 하나님의 나라가 이런 자의 것이니라. 내가 진실로 너희에게 이르노니 누구든지 하나님의 나라를 어린아이와 같이 받들지 않는 자는 결단코 그곳에 들어가지 못하리라 하시고 그 어린아이들을 안고 그들 위에 안수하시고 축복하시니라. (막 10:13 이하; 참고. 마 19:13 이하; 눅 18:15 이하)

두 번째 경우는 하나님 나라에서 누가 크냐는 질문으로 인한 것이었다. 이번에는 예수님이 주도적으로 나서서 어린아이를 부르사 그들 가운데 세우셨다. 그리고 나서 어른들에게, 돌이켜 어린아이들과 같이 되지 않으면 결코 천국에 들어가지 못할 것이라고 역설하셨다. 그러므로 하늘나라에서 가장 큰 자는 어린아이처럼 자신을 낮추는 자이다(마 18:1 이하; 막 9:35 이하; 눅 9:46 이하).

예수님이 어린아이들을 존중하신 것에 영향을 받은 모든 이 가운데 가장 주목할 만한 사람은 토머스 바나도다. 그는 열일곱 살에 그리스도께 회심하고는 4년 후 의대생으로 런던 병원에 들어갔다. 의료 선교사로 중국으로 갈 생각이었다. 하지만 몇 달 안 되어 그의 삶의 방향을 바꾸어 놓은 사건이 일어났다. 그는 런던 이스트 엔드의 가난한 어린이들의 비참한 삶을 보게 되었으며, 1870년에 스물다섯의 나이로 스테프니에 그들을 위한 최초의 집을 열었다. 그는 런던에 남아 "하나님의 피조물 가운데 가장 무력하고 궁핍한 존재인 가난한 어린아이들"을 구조하는 데 삶을 바치기로 결심했다.[54] 그는 40년 동안 325만 파운드를 모금하여, 집 없고 궁핍하고 고생하는 아이들을 받아들이고 돌보고 훈련하는 집을 여러 채 세웠으며 6만 명의 남녀 어린이들을 빈곤에서 구해 냈다.[55] 오늘날 우리는 그를 거리 아이들의 수호 성인이라고 부를 수 있을 것이다.

어린아이들에 대한 토머스 바나도의 헌신적인 사역은 극적으로 시작되었다. 그가 아는 거리의 아이들 중 존 소머즈란 아이가 있었다. 그는 타는 듯한 붉은 머리색 때문에 '당근'이라고 불리는 열한 살짜리 아이였다. 그는 종종 런던 중심지의 코번트 가든과 어시장이 있는 빌링스게이트 사이 어딘가에서 노숙을 했다. 밤마다 그 아이들이 자는 곳에 가서 아이들을 몇 명씩 데려와 자기 집에 재우던 바나도는 어느 날 집 없는 사내아이 다섯을 골라서 데려가려 했다. '당근'은 자기도 끼워 달라고 사정했지만, 자리가 없었다. 그래서 바나도는 다음에 자리가 나면 끼워 주겠다고 약속했다.

며칠 후 아침, 한 짐꾼이 입구가 벽을 향한 채 놓여 있는 커다란 설탕 통을 옮기다가 잠자고 있는 한 아이를 깨우게 되었다. 그의 옆에는 역시 자는 것처럼 보이는 또 한 사내아이가 누워 있었다. 그 둘 중 한 명은 미꾸라지처럼 도망가 버렸다. 하지만 다른 아이는 건드려 보아도 아무런 반응이나 움직임이 없었다.…그 아이는 죽었던 것이다. 그는 '당근'이었다. 검시 결과 "피로와 빈번한 거리 생활과 영양 부족으로 인한 사망"이라는 판정이 나왔다.

  이 비극은 바나도의 민감한 영혼을 북받치게 만들었다. 점차 한 가지 결심이 그의 마음속에 자리잡았다. "절대로 다시는 이런 일이 있으면 안 돼!"라고 그는 말했다. "절대로 다시는!"…그는 스테프니 집 밖에 잘 보이는 간판을 달았다. 거기에는 90센티미터 길이의 글자로 "가난한 어린아이는 누구나 들어올 수 있음"[56]이라고 쓰여 있었다.

나중에 그는 여기에다가 "언제나 열려 있는 문"이라는 말도 덧붙였다. 거기서는 쉼터, 음식, 옷, 필요할 경우 의료 조치를 낮이나 밤이나 어느 때든 즉시 제공받을 수 있었다.[57]

  훨씬 후에 바나도 박사는 이렇게 주장할 수 있었다. "우리는 어떤 자선 기관도 접촉하려 하지 않는 아이들…오랫동안 병으로 고생하다가 죽음이 가까운 아이, 신체 장애 및 시각 장애가 있는 아이, 오랫동안 방치되고 고통을 받았기 때문에 그 집에 들어와도 죽음만 기다릴 수밖에 없는 아이들을 받아들였다. 단 한 가지 자격 조건은 빈곤해야 한다는 것이었다."[58]

  하지만 무엇 때문에 이같이 엄청나게 포괄적인 헌장을 만들게 되었는가? 바나도 사후에 그의 아내는 그의 은밀한 동기를 분명하게 밝혔다.『바나도 박사 회고록』에서 그녀는 이렇게 썼다.

바나도는 어디에서나 아이들을 찾아내었다.…아이들을 사랑했기 때문이다.…그는 아이들 모두를 사랑했다.…젊은이의 헌신적인 열정으로 그는 최악의 상황에 있는 아이들을 최고로 사랑했다. 헌신적인 봉사에서 기쁨을 찾는 그 열정으로 말이다.…"어린아이들이 내게 오는 것을 용납하고…"라고 말씀하신 그분을 따르겠다고 고백하는 사람은 부지기수였지만, 아이들은 빈민굴에서 굶주렸으며, 돌보아 주는 사람도 거의 없었다.[59]

바나도가 죽은 직후 「펀치」에 추도시가 실렸다. 편집자 오웬 시먼 경이 쓴 것으로 모두 8연으로 되어 있는데, 처음 두 연은 다음과 같다.

"어린아이들이 내게 오는 것을 용납하라.
   그 어린아이들" 그리스도의 음성이 말씀하셨다.
그리고 주님의 그 음성은
   지금은 말이 없는 그분의 법이 되었다.
"어린아이들을 용납하라—" 그분은 그렇게 말씀하셨다.
   그리고 그 참된 제자는 그분의 발자취를 따라갔다.
오로지 사랑으로, 무력한 어린아이들을
   하나님의 품에 올려 드리면서.[60]

6. 발을 씻어 줌: 새뮤얼 로건 브렝글
겸손에 대한 꼭 필요한 교훈

고대 사회의 여러 지역에서는 자기 스스로 발을 씻거나 다른 사람이 발을 씻어 주는 풍습이 널리 시행되었다. 성경에 나오는 것은 대부분 손님들에게 물을 주어 발을 씻게 해 주는 것이었다.[61] 다른 사람의 발을 씻는 것은 대단한 겸양과 겸손의 행위로서, 사실상 종의 일로 여겨졌다.[62]

예수님이 제자들과 마지막 밤을 보내시는 동안 그들의 발을 씻어 주신 것은 풍성한 상징과 의미를 지니고 있었다. 실제로 예수님 자신이 "내가 하는 것을 네가 지금은 알지 못하나 이 후에는 알리라"(요 13:7)고 말씀하심으로 여기에는 눈에 보이는 것 이상의 신비가 있음을 나타내셨다.

첫째, 그것은 하나의 극(drama)으로서, 때가 이르렀다는 것과, 그분이 하나님께로서 오셨으며 하나님께로 돌아가실 것임을 보여 주었다 (요 13:1-3). 따라서 그분은 자신의 보좌에서 일어나셨듯이 "저녁 잡수시던 자리에서 일어나[셨다]"(4절 상). 그리고 자신의 영광을 따로 벗어 놓으셨듯이 "겉옷을 벗으[셨다]"(4절 중). 종의 형체를 취하셨듯이 "수건을 가져다가 허리에 두르[셨다]"(4절 하). 자신을 낮추사 죽기까지 복종하고 심지어 십자가에서 죽으셨듯이, "대야에 물을 떠서 제자들의 발을 씻으시[기]"(5절) 시작했다. 그리고 나서 그분은 이제 하나님 아버지께로 돌아가시듯이 "그들의 발을 씻으신 후에 옷을 입으시고 다시 앉[으셨다]"(12절). 이것은 바울이 빌립보서 2장에서 인용한 찬송가에 나와 있는 예수님의 생애의 대여섯 단계를 의도적으로 극화한 듯하다.

둘째, 그것은 **표적**이었다. 예수님은 자신이 그들의 '주'와 '선생'이라고 주장하셨다(13-14절). 하지만 그분은 대부분의 주인들처럼 권위주의적인 태도를 취하는 대신, 자신을 낮추사 그들을 섬기셨다. 그들의 주인이 그들의 종이 되셨다. 그분의 신성을 보여 주는 증거가 더 필요하단 말인가?

셋째, 그것은 누구나 죄로부터 깨끗하게 될 필요가 있음을 보여 주는 **비유**이다. 실제로 예수님은 베드로에게 이렇게 말씀하셨다. "내가 너를 씻어 주지 아니하면(나의 나라에서) 네가 나와 상관이 없느니라"(8절). 베드로의 항변에는 곧 십자가가 불필요하다는 단언이 함축되어 있었다.

넷째, 그것은 **본**이었다. 예수님이 그렇게 말씀하셨다. "내가 너희에게 행한 것같이 너희도 행하게 하려 하여 본을 보였노라"(15절). 즉 예수님의 가르침을 우리 문화에 맞게 고쳐 본다면, 사랑으로 행하는 일에는 너무 굴욕적이거나 천해서 할 수 없는 일은 없다는 것이다.

하지만 교회는 지금까지 예수님의 가르침을 너무 문자적으로 해석하는 경향이 있었다. 소위 '페딜라비움'(*pedilavium*) 즉 세족식은 동양에서나 서양에서나 교회에서, 특히 세례와 관련하여 오랜 세월 시행되어 왔다. 톨레도 제17차 종교회의(주후 694)의 법규 3은 세족식을 행하지 않는 것을 책망했으며, 세족례 목요일(성 금요일 하루 전날)에 "스페인과 갈리아 전역의 교회"에서 그것을 의무적으로 시행하도록 명했다. 그리고 오늘날에도 여전히 메노나이트 신도들은 세례 및 성찬에 덧붙여 세족식을 행하라고 가르친다. 제칠일 안식교인들은 그것을 "겸손의 의식"으로 연 4회씩 시행하며, 일부 침례교도 모임에서도 그렇게 한다.[63]

특히 교회와 국가의 지도자들이 가끔씩 세족 의식을 수행하는 것은 겸손의 상징으로 여겨졌다. 그래서 1530년에 (꼭 겸양의 귀감은 아닌) 울시 추기경만은 "피터보로우의 가난한 사람 59명의 발을 씻고, 닦아 주고, 입을 맞추었다."[64] 오늘날에도 예루살렘의 성묘 교회에서는 세족례 목요일에 그리스 정교회 총대주교가 사도들을 나타내는 열두 고위 성직자들의 오른발을 씻으며, 반면 로마에서는 교황이 그와 같이 한다. 그 관행은 약 90년 동안 폐지되었다가 요한 23세 때 다시 시행되었다.

그리스도의 명령을 문자적으로 해석한 가장 흥미로운 예 중 하나는 1213년의 존왕 때부터 시작되어 영국의 왕들과 여왕들이 시행하는 풍습에서 찾아볼 수 있다. 존왕은 발을 씻기는 것 외에도 열세 명의 남자에게 13펜스를 주었는데, 그것은 왕의 세족례 돈으로 알려지게 되었다. 오늘날까지도 왕의 세족례 돈은 계속 나누어 준다. 받는 사람들은 평생 동안 자발적으로 봉사했던 재정적으로 어려운 노인들이다. 그들의 숫자는 왕비의 나이와 같다. 초록색, 흰색, 붉은색 지갑을 나누어 주는데, 그 안에는 음식과 의복 대신에 특별하게 주조된 은전이 들어 있다. 발을 씻는 의식은 없지만, 관리들은 여전히 흰 리넨 수건을 앞치마처럼 두르고, 모든 주요 참석자들(국왕을 포함해서)은 여전히 향긋한 허브와 꽃으로 만든 꽃다발을 들고 있다. 전염병이 돌던 시절 감염의 위험을 막기 위해 그랬던 것처럼 말이다.[65]

하지만 이 모든 것은 매우 문자적인 것이다. 나는 "그리스도께서는 여기에서 연례 의식을 거행할 것을 명하고 계신 것이 아니라, 우리 삶 전체를 통해 형제들의 발을 씻길 준비를 하라고 말씀하시는 것이다"라는 칼뱅의 말이 옳다고 생각한다. 문자적으로 발을 씻기는 것이 아니라 사랑의 삶, 겸손하고 희생적인 섬김의 삶을 살라는 것이다.[66]

이에 대한 인상적인 예는 미국 태생으로 최초의 구세군 최고 책임자가 된 새뮤얼 로건 브렝글이다. 윌리엄 부스를 처음 만났을 때 그는 젊은 감리교 목사였다. 성공하고 유명하게 되어 감독이 되려는 은밀한 야심을 가졌던 것으로 보이기는 하지만 말이다. 1887년에 그는 구세군에 들어가기 위해 대서양을 건넜다. 하지만 처음에 부스는 그를 수상쩍게 생각했다. 부스는 그에게 말했다. "브렝글, 자네는 '위험한 계층'(그 말은 성직자라는 의미였다)에 속해 있네." "자네는 너무나 오랫동안 자네 자신의 보스가 되어 왔기 때문에, 구세군의 훈련에 복종할 것 같지가 않네."

하지만 이러한 염려에도 불구하고, 브렝글을 시험 삼아 써 보기로 합의가 되었다. 그에게 필요한 겸손이 몸에 배도록 하기 위해, 그는 리밍턴으로 보내져 사관 후보생으로 훈련을 받았다. 그에게 처음 주어진 임무는 동료 사관 후보생들의 장화를 닦는 일이었다. 그는 어둡고 조그만 지하실에서 "진흙투성이 구두 열여덟 켤레와 구두약 한 통을 놓고, 심한 갈등"을 느끼고 있는 자신을 발견했다. 브렝글은 낙심했고, 심지어 반항심마저 들었다. "내가 겨우 구두나 닦으려고 5천 킬로미터나 되는 거리를 왔단 말인가?"라고 자문했다. 그때였다.

상상 속에서 그는 하나의 그림을 보았다. 예수님이 주인공이셨고, 그분은 제자들의 발을 씻어 주고 계셨다! 하늘의 영광과 천군 천사의 숭배를 받으셨던 그 주님이…투박하고 배우지 못한 어부들의 발 앞에 몸을 굽혀 발을 씻기시고 자신을 낮추사 종의 형체를 지니고 계셨다! 브렝글의 마음은 낮아졌다. "주여." 그는 속삭였다. "주님은 그들의 발을 씻기셨군요. 저는 그들의 구두를 닦으렵니다." 그리고 지금까지의 어떤 구두닦이보다도 열심히 자기 일에 매달렸으며, 입술에는 노래가, 마음에는 평화가 있었다.[67]

브렝글은 이렇게 자신의 교만이 꺾였던 것을 한 번도 잊은 적이 없다. "그는…그리스도와 같은 삶을 살았다"고 그의 전기 작가는 썼다. "그리고 그리스도를 닮는 것은…그가 가르친 신성 경험의 진수였다.…그의 이름은 구세군들에게 친숙한 단어다.…그는 구세군 성도들 사이에서 높은 지위에 올랐으며, 지금도 구세군 내에서 거의 경외심을 불러일으키는 존재이다."[68] 그리고 그 모든 것은 예수님이 발을 씻기시는 환상 때문에 일어난 일이었다!

최근 기록을 본다면, 워터게이트 사건에 연루되어 수감되었던 찰스 콜슨은 후에 맥스웰 공군 기지에 있는 연방 죄수 노동자 수용소로 이송되었는데, 거기에서 그에게 주어진 임무는 세탁실에서 일하는 것이었다. 그곳은 "여름에는 지독하게 더웠다"고 그는 썼다. 그의 일에는 "땀에 찌든 내의와 갈색 작업복을 끝없이 분류하는 일"이 포함되었다. "나에게 할당된 세탁 일은 또한 나의 자아를 부수는 또 하나의 단계였다고 확신한다. 다른 사람의 옷을 빠는 것은 그들의 발을 씻는 것과 별반 다르지 않게 겸손에 대해 가르쳐 주었다."[69]

7. 십자가: 가가와 도요히코
하나님의 사랑의 계시

그리스도의 십자가는 수많은 사람들에게 감화를 주었다. 사실상 그리스도의 모든 사역과 말씀 중에서 십자가만큼 우리를 격려해 주는 것은 없다. 모든 그리스도인이 바울처럼 "그리스도의 사랑이 우리를 강권하시는도다"(고후 5:14), 또는 "우리에게 다른 선택권을 남겨 놓지 않는다"(NEB), 심지어 "우리를 붙잡은 손을 꽉 쥐신다"고 말할 수 있어야 한다. 그러면 우리는 더 이상 우리 자신을 위해 살지 않고 우리를 위해 죽으신 그분을 위해 살기로 결심하게 된다.

십자가가 어떻게 사람들에게 동기를 부여하는가에 대한 예로서, 나는 아시아의 기독교 지도자인 가가와 도요히코(1880-1960)를 택했다. 그는 일본 고베에서 태어났다. 그의 아버지는 귀족이며 부유한 사업가이자 내각 대신이었으며 천황의 자문역이었던 반면, 그를 낳은 어머니는 게이샤 곧 일본인 기생이었다. 그가 겨우 네 살이었을 때 양친이 모두 죽었으며, 그는 가족 농장으로 보내져 거기서 계모와 함께 살게 된다. 여기에서 그는 신체적으로 학대를 당했고, 쓸모 없게 여겨지고 사랑받지 못하는 아이였으며, 남은 생애 동안 외로움의 상처를 지고 살게 되었다.

도쿠시마의 학교에 다닐 때 그는 미국 장로교 선교사 몇 명을 소개받게 되었는데, 그중에는 특히 그의 멘토가 된 해리 메이어스 박사가 있었다. 가가와는 예수님의 가르침과 모범에 이루 헤아릴 수 없는 감명을 받아 산상수훈을 암기하고 날마다 기도하기 시작했다. "오 하나님, 저를 그리스도와 같이 만들어 주옵소서." 그리고 열다섯 살에 세례를 받았다. 이것만으로도 그의 친척들은 그가 못할 짓을 했다고 생각했다. 그의 삼촌은 그와 의절하고 그의 상속권을 박탈했다.

1909년 크리스마스 때 스물한 살이던 그는 끔찍한 신카와 빈민가에서 가난한 사람들과 함께 살기 위해, 모든 재산을 손수레에 싣고 고베 신학교에서 나왔다. 창문 하나 없는 그의 오두막집은 겨우 가로 세로 1.8미터씩이었으나, 그는 누구든 보살핌과 쉼터가 필요한 사람과 함께 그 집에서 살았으며, 때로는 한 번에 서너 명씩 그런 사람들을 데리고 살았다. 그는 하루에 죽 두 그릇만 먹고 살았으며, 몇 년 동안 똑같은 누더기 옷을 입었다. 그가 종종 병이 든 것은 놀라운 일이 아니다. 그는 또한 오해를 받고 헐뜯음과 공격을 당했다. 하지만 그는 결코 보복하지도 않았고, 굴복하지도 않았다. 그의 전기 작가 중 한 명인 윌리엄 액슬링은 당시의 그에 대해 다음과 같이 썼다.

> 그는 병자들을 방문했다. 슬픔을 위로해 주었다. 주린 자를 먹였다. 집 없는 자를 묵게 해 주었다. 창녀들이 아플 때마다 그들을 방문하고 그들에게 약을 갖다 주면서 그들의 오빠가 되어 주었다. 부모들이 그에게 와서 조언을 구했다. 젊은이들은 얽히고 설킨 인생 문제를 그에게 가지고 왔다. 범죄자들은 그를 고해 신부로 삼았다.…아이들은 그의 주위에 들끓었다.[70]

이러한 경험과 신학교에서의 계속된 공부를 통해, 그는 자선 행위를 넘어서 사회적 활동을 해야 할 필요가 있다고 확신하게 되었다. 그래서 고베의 부두 노동자들이 동맹 파업을 했을 때, 그들은 그에게 와서 지도자가 되어 달라고 부탁했으며, 그는 그들을 조직하여 일본 최초의 노동 조합으로 만들어 주었다. 그는 또한 소작농들을 위해 일했으며 그들이 최초의 전국적인 소작농 협동 조합을 조직하도록 도와주었다. 가가와는 노동자들의 편이 된 결과 선동가라는 이름을 얻었으며, 경찰은 그를 블랙리스트에 올렸고, 형사들이 그를 늘 따라다녔다. 오래지 않아 그는 체포되고, 경찰서에 끌려가고, 13일간 교도소에 감금되었다. 하지만 그의 글에 자극받아 정부는 일본 6대 도시의 빈민가를 없애려는 의지를 표명했다.

요코하마와 도쿄의 3분의 2를 파괴하고 약 10만 명의 사망자를 낸 끔찍한 지진이 일어난 후, 가가와는 재건에 활발하게 나섰다. 하지만 그는 복음 전도에 대한 열심을 결코 잃지 않았다. 1928년에 그는 100만 명의 일본인이 그리스도께로 돌아오는 환상을 보았으며, "그의 설교의 중심 주제는 하나님 사랑의 계시인 그리스도의 십자가였다."[71]

제2차 세계대전 전에 가가와는 평화를 파괴하는 선전 활동을 한다는 이유로 세 번 체포되었다. 하지만 전쟁(그것은 그에게는 4년간의 격심한 고뇌를 의미했다) 후에 수상은 이러한 말로 그에게 호소했다. "오직 예수 그리스도만이 원수를 사랑할 수 있었소.…내가 우리 백성의 마음속에 예수 그리스도의 사랑을 집어넣도록 도와주시오."[72] 그리고 그는 반 시간 동안 황제를 개인적으로 알현할 기회를 얻었는데, 그때 황제에게 십자가의 의미를 설명했다.

가가와의 책들은 엄청나게 인기가 있었으며, 새로운 책이 발간되면 서점 바깥에 사람들이 길게 줄지어 기다리곤 했다. 그의 모든 저술은 어떤 식으로든 십자가를 시사했다.

첫째, 가가와는 속죄와 구속에 대한 그의 믿음을 분명하게 공식적으로 말하지는 않았지만, 그리스도께서 "다른 사람들의 죄를 위해 자신을 드렸다"[73]고 힘주어 말했다. "자기의 죄에 대해 우는 죄인만이 이 사랑의 놀라움을 이해할 수 있다."[74] "죄의 자녀로 태어난 나에게, 이 구속의 사랑은 나의 존재 전체를 가득 채우고 감격시킨다. 그것은 내 안에 사무치는 감사의 마음을 불러일으킨다."[75]

둘째, "십자가는 사랑의 결정체이다."[76] 즉 그것은 우리를 위한 하나님의 사랑과 우리가 다른 사람에게 보여야 하는 사랑의 척도를 모두 보여 준다. "한마디로, 그리스도의 사랑의 행동은 십자가에서 요약된다. 십자가는 그리스도의 모든 것이며, 사랑의 모든 것이다."[77]

셋째, 가가와는 십자가에서 어떤 것들과도 비할 바 없는 무엇인가를 보았다. 그는 "그리스도께서 인류의 죄를 위해 자신을 희생하시고 구속의 피를 흘리셨다는, 전 세계에서 유일무이한 사실은 사랑 자체의 계시 바로 그것이다"라고 썼다.[78] 마지막으로, 다음은 아마도 가장 감동적인 그의 개인적 진술일 것이다.

나는 신도, 불교, 유교에 대해 감사한다. 나는 이 신앙들의 덕을 많이 보았다. 내가 공경하는 정신을 가지고 태어났으며, 이 세상의 삶을 초월하는 가치들을 지칠 줄 모르고 갈망하고, 중용의 길을 걸으려고 애쓴다는 사실은 전적으로 이러한 일본 고유 종교의 영향 때문이다. 하지만 이 세 종교는 내 마음의 가장 깊은 필요를 충족시키는 데는 완전히 실패했다. 나는 반환점이 없는 길고 긴 길을 여행하는 순례자였다. 나는 지쳐 있었다. 발도 아팠다. 나는 비극이 짙게 깔려 있는 어둡고 우울한 세상을 방황하며 다녔다. 낮이나 밤이나 눈물이 나의 식량이었다.…불교는 대자대비를 가르쳐 주었다.…하지만 태초 이래 "이것은 죄 사함을 얻게 하려고 많은 사람을 위하여 흘리는 바 나의 피 곧 언약의 피니라"고 단언한 사람이 누가 있던가?[79]

그 대답되지 않은 질문을 남겨 두고 우리는 가가와를 떠난다. 그의 신조는 "십자가는 기독교의 중심이다"였으며,[80] 그가 즐겨 부르던 찬송은 "십자가로 가까이 나를 이끄시고"(새찬송가 439장)였다.

8. 부활: 조니 에릭슨 타다
"나의 발로 춤을 추리라"

1967년 6월 30일 열일곱 살의 어린 운동 선수 조니 에릭슨 타다는 체사피크만에서 다이빙을 하다 사고를 당했다. 그로 인해 그녀는 목 아래부터 마비되어 전신마비가 되었다.

병원에서 처음에 그녀는 다시 걷겠노라고 굳게 결심하고 자신의 처지와 용감하게 싸웠다. 하지만 점차 자신의 부상이 영구적인 것이며, 다시는 손이나 발을 사용할 수 없으리라는 것을 깨닫게 되었다. 그녀는 첫 번째 책에서 자신의 이야기를 매우 솔직하게 말한다.[81] 그녀는 쓰라림, 좌절, 원망, 분노, 심지어 자살하고 싶은 침체까지 인간이 겪을 수 있는 모든 감정에 휩싸였다. 또한 자신이 "하나님에 대한 반항적인 분노와 짜증"이라고 부른 것을 경험했다.

하지만 재활 훈련 및 치료 기간을 통해 그리고 부모님, 자매들, 남자 친구, 다른 친구들의 열렬한 후원을 통해 점차 깊은 블랙홀에서 빠져나왔다. 그녀는 하나님을 신뢰하고 현실주의에 입각하여 미래에 직면하기 시작했다. 그녀는 입으로 그림을 그리는 법을 배웠다. 그녀는 인기 있는 대중 연설자와 저술가가 되었다. 그리고 그녀는 장애를 가진 사람들을 후원하기 위해 조니와친구들선교단을 일구어 냈다.

그 변화의 중심에는 성경을 재발견한 일이 있었다. 그녀는 성경의 위대한 교리를 다시 배웠다. 그녀는 자기처럼 "움직이지 못하고 무력하며 마비된 채" 십자가에 달리신 예수님에 대한 환상을 보면서 도움을 받았다. 하지만 그녀에게 가장 큰 도움을 준 것은 부활이었다. "나는 이제 미래에 대한 소망이 있다"고 그녀는 썼다. "성경은 우리의 몸이 하늘에서 '영화롭게' 된다고 말한다.…나는 이제 '영화롭게 된다'는 말이 무슨 의미인지 안다. 그때는 내가 여기에서 죽은 후 내 발로 춤을 출 때다."[82]

조니를 견디게 해 준 것이 **육체의** 부활이라는 기독교적 소망임을 주목하는 것이 매우 중요하다. 그저 죽음을 이기고 살아남는다는 확신만으로는 큰 위로가 되지 않았을 것이다. 소생된다는 믿음 곧 이 세상의 삶으로 회복된다는 믿음은 휠체어에 더 오래 감금된다는 두려움을 주었을 것이다. "정말 믿기 어려운 일이다." 그녀는 이렇게 썼다.

손가락은 오그라들어 구부러지고, 근육은 쇠약해지고, 무릎은 비틀리고, 어깨 아래로는 아무런 감각이 없는 내가, 언젠가는 가볍고 밝으며 강력하고 눈부신 의로 옷 입은 새로운 몸을 가지게 될 것이다. 이것이 나처럼 척추를 다친 사람에게 어떤 소망을 주는지 상상할 수 있는가? 혹은 대뇌가 마비되거나, 뇌 손상을 입었거나, 다발성 경화증을 가지고 있는 사람에게? 이것이 조울증 환자에게 주는 소망을 상상해 보라. 다른 어떤 종교도, 다른 어떤 철학도 새로운 몸과 마음, 정신을 약속하지 않는다. 오직 그리스도의 복음 안에서만, 상처 입은 사람이 이처럼 놀라운 소망을 발견한다.[83]

알고 그랬든 모르고 그랬든, 조니는 윌리엄 템플 대주교의 탁월한 말을 어느 정도 되풀이하고 있었다.

기독교가 참된 믿음이라는 기독교의 주장을 입증할 만한 기독교적 소망의 근거는 그것이 모든 위대한 종교 중 가장 명백하게 물질주의적이라는 사실이라고 말해도 무방할 것이다. 기독교는 물질을 주관할 수 있다는 기대를 제공한다. 왜냐하면 기독교는 물질을 무시하거나 부인하지 않고, 물질의 실재와 종속됨을 똑같이 단호하게 주장하기 때문이다. 기독교의 가장 독특한 중심 말씀은 "말씀이 육신이 되었다"는 말이다. 여기서 육신이라는 말은 분명 그것이 특별히 물질주의적 연상을 지니고 있기 때문에 선택된 것이다. 기독교는 중심 교리의 본질 자체에 의해, 역사적 과정의 궁극적 의의를 믿으며 물질의 실재와 하나님의 계획에서 그것이 차지하는 위치를 확고하게 믿는다.[84]

윌리엄 템플 대주교는 세 가지 위대한 물질적 진리, 즉 창조, 성육신, 부활에 대해 암시하고 있는 것이다.

그리스도인들이 사도신경 혹은 니케아 신경을 암송할 때마다, 우리는 두 부활—예수 그리스도의 부활(과거에 일어난)과 우리 몸의 부활(미래에 일어날)—에 대한 우리 믿음을 단언한다. 그리고 이 둘은 서로 연관되어 있다. 예수님은 "우리의 낮은 몸을 자기 영광의 몸의 형체와 같이 변하게 하[실]"(빌 3:21) 것이기 때문이다. 또한 "우리가 흙에 속한 자[아담]의 형상을 입은 것같이 또한 하늘에 속한 이[그리스도]의 형상을 입으리라"(고전 15:49). 하지만 우리의 현재의 몸과 미래의 몸 사이에는 연속성도 있고 불연속성도 있다. 그것은 예수님의 경우와 마찬가지다. 그분의 부활한 몸은 알아볼 수 있을 만큼 전과 동일했지만, 또한 놀라운 새 권능도 가지고 있었다. 이러한 같음과 다름의 역설은 바울의 식물학적 비유에서 잘 설명되어 있다. 씨는 꽃의 정체성을 결정한다. 엉겅퀴는 무화과가 아니라 엉겅퀴를 낸다고 예수님은 말씀하셨다(마 7:16). 하지만 그 꽃의 아름다움은 씨를 훨씬 능가한다. 마찬가지로, 우리의 현재 몸은 약하고 썩기 쉬운 반면, 우리의 부활한 몸은 강하고 썩지 않을 것이다(고전 15:35-44). 요약하자면 그리스도인의 소망은 영혼의 불멸이 아니라 몸의 부활과 변화이다.

조니 에릭슨에게 감화를 준 것은 부활의 육체적 특성이었다. 그녀는 "하늘나라가 얼마나 지브롤터 지형 같을지" 흥분이 된다고 썼다. "우리는 만지고 맛보고, 지배하고 다스리고, 움직이고 뛰고, 웃으며 결코 울 필요가 없게 될 것이다."[85]

조니는 한 기독교 집회에 대해 말한다. 강사는 설교를 마치면서 청중에게 기도하기 위해 무릎을 꿇으라고 했다. 그녀는 사람들이 무릎 꿇는 것을 지켜보았다. 하지만 그녀 자신은 무릎 꿇을 수 없었다. 그래서 그녀는 눈물을 멈출 수 없었다. 그것은 그녀에게는 특별히 힘든 일이었다. 개혁 성공회에서 자라난 그녀는 무릎을 꿇고 기도하는 데 익숙했기 때문이다. 그때 그녀는 부활을 기억했다.

거기에 앉아 있으면서 나는 하늘나라에서는 자유롭게 벌떡 일어서고, 춤추고, 발로 차고, 에어로빅도 할 수 있으리라는 것을 기억했다. 그리고 예수님은 분명 내가 발 끝으로 일어서는 것을 보시고 기뻐하시겠지만, 나는 그분을 더욱 기쁘시게 하기 위해 무언가를 할 계획이다. 가능하다면 잔치가 시작되기 전에, 손님들이 어린양의 혼인 잔치에서 잔칫상으로 불려가기 전에, 어딘가에서 내가 부활한 다리로 맨 처음 하려는 일은 감사하고 영광을 돌리며 무릎을 꿇는 일이다. 나는 예수님의 발 앞에 조용히 무릎을 꿇을 것이다.[86]

조니는 그녀의 책에서 "그때까지 도저히 기다릴 수가 없다"고 반복해서 쓴다.

9. 높여지심: 헨리 마틴
그리스도의 이름이 영광을 받는 것에 대한 열심

신약의 몇몇 본문을 보면 예수님의 부활과 높여지심은 하나의 사건으로 집약되는 듯하다. 하지만 그분의 부활과 승천 사이에는 40일이라는 간격이 있으며, 더욱이 그 두 가지는 서로 다른 의미를 지닌다. 부활은 예수님이 죽음을 정복하신 것을 축하하는 것이고, 승천은 그분이 하나님 아버지 우편에 최고의 영광과 권위의 자리에 오르신 것을 축하하는 것이다. 이것을 집약해 놓은 좋은 예는, 그리스도께서 십자가에서 죽기까지 자신을 낮추셨기 때문에, 따라서 그분이 높은 곳으로 올려지셨으며 모든 이름 위에 뛰어난 이름(즉 모든 위엄 위에 뛰어난 위엄)을 받으사 모든 무릎이 그분께 꿇게 되고 모든 입이 그분을 주로 고백하게 되었다는 바울의 진술이다(빌 2:9-11).

여기에 최고의 선교적 동기가 나와 있다. 그것은 대위임령에 대한 순종도, 잃어버린 자들에 대한 긍휼도, 복음에 대한 흥분도 아니고, 그리스도의 이름이 영광을 받는 것에 대한 열심(심지어 '질투')이다. 그래서 바울은 자신이 "그의 이름을 위하여"(롬 1:5) 이방인들에게 복음을 전파하도록 부르심 받았다고 쓰며, 요한은 몇몇 초기 선교사들이 "주의 이름을 위하여"(요삼 7절) 나갔다고 말한다. 그는 심지어 그 이름이 누구의 이름인지 밝히지도 않으나, 우리는 안다. 그것은 모든 이름 위에 뛰어난 이름이다. 그리스도께서 자기 이름에 합당한 영광을 받으시기를 갈망하는 것보다 더 강한 동기는 없다.

내가 보기에 이러한 열심에 대해 헨리 마틴보다 더 인상적인 예는 없다. 그는 1781년에 트루노에서 태어난 콘월 사람이었다. 그는 열네 살의 어린 나이에 케임브리지의 성 요한 대학에 들어갔다. 그는 많은 것에 관심이 있었다. 시골에서 산책과 승마를 즐겼으며, 음악과 미술과 시에 예술적 재능이 있었다. 그러다가 아버지의 갑작스러운 죽음과, 여동생 샐리의 증거로 그는 그리스도 안에서 자비를 추구했으며 그것을 발견했다.

그는 졸업하면서 수학에서 가장 높은 성적을 올린 학생에게 주는 '수석 1급 합격자'로 선정되었다. 1802년에는 모교의 특별 연구원이 되었다. 그다음 해에는 케임브리지의 성 삼위 교회에서 찰스 시므온의 부목사로 안수를 받았다. 하지만 그는 겨우 2년만 그 교회에서 일했다. 그전에 해외 선교사로 가겠다는 의향을 밝힌 바 있었기 때문이다.

그래서 1805년 7월에 스물네 살의 나이로 그는 화려한 학문적 경력과 또한 사랑하는 여인 리디아 그렌펠에게서 떠나(어떻든 잠시만이라고 그는 생각했다) 인도 콜카타로 배를 타고 갔다. "가장 소중한 우상과 떨어지면서 내 마음은 때때로 고뇌로 터질 것만 같았다"[87]고 그는 썼다. 약 8년간 헨리와 리디아는 계속 서신 왕래를 했으나, 그녀는 그의 청혼을 거절했고, 그들은 결국 결혼하지 않았다.[88]

헨리 마틴은 굉장한 재능을 가진 언어학자임이 입증되었다. 그는 이슬람권의 세 가지 주요 언어인 우르두어(힌디어와 밀접한 관련이 있는), 페르시아어, 아랍어에 능통했으며, 그가 만든 우르두어 신약성경은 그 후에 나온 모든 번역본의 기초가 되었다. 그러고 나서 그는 이란의 쉬라즈로 배를 타고 가서는, 강렬한 더위에도 불구하고 1년 안에 페르시아어 신약성경을 완성했다. 그는 미르자 사이드 알리라는 이슬람 학자의 도움을 받았다. 그런데 그 학자는 어느 날 헨리 마틴에게 최근 이란이 러시아를 이기고 승리한 것에 대해 이야기해 주면서, 샤의 아들인 아바스 미르자 왕세자가 자기 군대를 데리고 가서 너무나 많은 러시아 그리스도인을 죽여서, "그리스도가 넷째 하늘에서 와서 마호메트의 옷자락을 붙잡고는 그만둬 달라고 간청했다"고 말했다.[89]

그 장면을 상상해 보라. 그리스도께서 마호메트에게 무릎을 꿇고 계시다. 헨리 마틴은 어떻게 반응했는가? "이러한 신성모독에 영혼 속까지 끊어지는 듯했다"고 그는 말했다. 미르자 사이드 알리는 깜짝 놀라서 무엇이 그렇게 귀에 거슬렸냐고 물어보았다. 그는 대답했다. "예수님이 영광을 받지 않으면 나는 삶을 지속할 수가 없을 거요. 예수님이 언제나 그처럼 모욕을 당하셔야 한다면 나의 삶은 지옥일 것입니다." 학자 친구는 깜짝 놀랐으며 다시 한번 왜 그러느냐고 물었다. "누군가가 당신 눈을 빼 버린다면, 당신이 왜 고통을 느끼는지는 물어볼 것도 없습니다. 그건 느낌이지요. 내 감정이 이렇게 지독하게 상하는 건 내가 그리스도와 하나이기 때문입니다."[90] 그의 전기 작가 중 한 명은 헨리 마틴이 "너무 과민"[91]하다고 비난한다. 하지만 그렇지 않다. 그것은 높임 받으신 그리스도의 명예를 위한 그의 열심이었다.

1811년 10월 21일에 헨리 마틴은 리디아에게 마지막 편지를 써서 자신이 끊임없이 그녀를 생각하고 있다고 말했다. 넉 달 후 페르시아어 신약성경이 완성되었다. 그는 샤와 왕세자에게 증정하기 위해 화려하게 장식한 페르시아어 신약성경을 두 권 준비했으나, 책은 그들의 손에 들어가지 못했다. 헨리 마틴은 말을 타고 쉬라즈를 떠났으며, 두 달 후 타브리즈에 도착했다. 그는 이미 결핵으로 인한 고열에 시달리고 있었으나, 다시 두 달이 채 안 되어 약 2천 킬로미터 떨어진 콘스탄티노플까지 가기 위해 출발했다. 그리고 10월 초에 상당한 고통 속에서 마지막 일기를 썼다. 그는 열흘 더 말을 타고 갔으나, 1812년 10월 16일 겨우 서른한 살에 아르메니아 토카트에서 죽었다.

헨리 마틴으로 하여금 선교사로서 인도와 페르시아를 방문하도록, 광신적인 이슬람교도들에게 해를 당할 위험을 감수하도록, 세 개의 언어를 배우도록, 계속 건강이 좋지 않았음에도 불구하고 끈기 있게 번역 사역을 하도록, 리디아에 대한 사랑보다 그의 소명을 더 우선으로 여기도록 한 것은 무엇이었는가? 그것은 높임 받으신 그리스도께서 합당한 영예를 받으시게 하려는 그의 결심이었다. 헨리 마틴은 "그들을 전혀 쉬지 못하게 만들고 하나님 나라를 확장하기 위해 더욱 박차를 가하도록 몰아치는 불타는 열심에 삼킨 바 된 선교적 성도의 무리에 속해 있었다."[92] 또 다른 전기 작가는 그가 즐겨 부르던 찬송은 시편 72편을 풀어 쓴 아이작 와츠의 찬송이라고 전한다.

> 햇빛을 받는 곳마다
> 주 예수 왕이 되시고
> 이 세상 끝날 때까지
> 그 나라 왕성하리라.[93]

10. 성령을 주심: 롤런드 앨런
성령은 선교의 영이시다

"하나님이 오른손으로 예수를 높이시매 그가 약속하신 성령을 아버지께 받아서 너희가 보고 듣는 이것을 부어 주셨느니라"(행 2:33).

베드로는 오순절 설교의 절정부에서 이렇게 말했다. 예수님이 부활하시고 높여지신 이후, 그분의 마지막 구원 사역은 기다리며 기대하는 그분의 교회에 성령을 선물로 주신 것이었다.

성령의 여러 사역 가운데 신약에서는 (종종 간과되기는 하지만) 선교를 강조한다. 오순절은 본질적으로 선교적 사건이었다. 실로 하나님의 목적 안에서 그리스도의 초림과 재림 사이, 승천(그리스도께서 사라지신)과 재림(그분이 다시 나타나실) 사이의 공백기 동안 교회는 전 세계를 대상으로 선교를 해야 한다. 레슬리 뉴비긴 주교가 말했듯이, "교회는 하나님의 순례자 백성이다. 그것은 움직이고 있다. 모든 사람이 하나님과 화목되도록 간청하기 위해 서둘러 땅끝을 향해 그리고 모든 사람을 하나로 모으실 주님을 맞이하기 위해 서둘러 시간의 끝을 향해."94 실로 그 두 끝에 동시에 이르게 될 것이다. 예수님이 말씀하셨듯이, "이 천국 복음이 모든 민족에게 증언되기 위하여 온 세상에 전파되리니 그제야 끝이 오[기]"(마 24:14) 때문이다.

그리스도께서 성령을 주신 것과 교회의 선교 사이의 이러한 연관성에 크게 감화를 받은 사람 중 하나는 롤런드 앨런이다. 그는 1868년에 영국 브리스틀에서 태어났으며, 어린 시절에 선교사가 되라는 부르심을 느꼈다. "아주 어린 시절부터 나는 나의 존재에 대해서와 마찬가지로 나의 소명에 대해서도 굳게 확신했다"95고 그는 썼다. 그는 1892년에 목사 안수를 받았으며, 3년 후 중국 북부로 배를 타고 떠났다. 그는 거기에서 겨우 8년밖에 섬기지 않았지만(그는 1903년에 병약해져서 고국으로 돌아왔다), 교회의 토착적 특성에 대해 다소 급진적인 확신을 가졌으며, 그다음 40년간은 그것에 대해 글을 쓰면서 보냈다. 그는 또한 동아프리카, 인도, 캐나다를 방문했으며, 케냐에서 잠시 생활하기도 했다.

그가 처음으로 쓴, 가장 많이 알려져 있으며 가장 영향력 있는 책은 『바울의 선교 vs. 우리의 선교』이다.[96] 그는 다음과 같은 도발적인 말로 시작한다.

10년 남짓한 기간 동안 성 바울은 로마 제국의 네 지방—갈라디아, 마게도냐, 아가야, 아시아—에 교회를 설립했다. 주후 47년 이전에는 이 지방들에 교회가 없었다. 주후 57년에 바울은 거기에서의 자신의 일이 완수된 것처럼 말했으며, 자신이 세운 교회들이 자신이 없으면 인도와 후원이 부족하여 사라져 버리지 않을까 염려하지 않고도 저 멀리 서쪽으로 선교 여행을 가려고 계획할 수 있었다.[97]

"바울이 첫 방문 때 완전한 교회들을 남겨 두고 떠났다는 사실을 변경시키거나 감출 수 있는 것은 아무것도 없다."[98] 실로 "그의 행동과 우리의 행동 간의 첫 번째이자 가장 두드러진 차이는, 우리는 '선교회'를 설립하는 반면 그는 '교회'를 설립했다는 것이다."[99]

그와 대조적으로, 롤런드 앨런이 당시 "선교지"로 알려진 곳을 살펴보았을 때, "그를 매우 불안하게 하는 징후 세 가지"를 보게 되었다. 첫째, 어디에서나 기독교는 여전히 이국적인 외래 식물이었다. 둘째, 어디에서나 기독교 선교는 외국의 재정과 지도력에 의지하고 있었다. 셋째, 어디에서나 똑같이 이국적 형태의 그리스도인의 삶이 나타났다. 그 삶들은 문화적 독창성이라곤 없이 "서로 대단히 놀랄 만큼 닮아 있었다." 이렇게 기독교 선교회는 "이국적이고 의존적이며 획일적"이었으며 이는 토착적인 것과 정반대였다.[100] 그 대신 "우리는 기독교가 외국의[즉 토착적인] 옷을 입고 새로운 형태의 영광과 아름다

움을 개발시키면서 외국 풍토에서 자리를 잡는 것을 보고 싶다."¹⁰¹

바울의 선교 방법은 교회를 세우고 물러나는 것이었다. 그리스도께 자리를 내어 드리기 위해서다. 하지만 그는 재앙을 피했던 것은 아닐까? 모든 선교사가 철수해야 한다면, 교회가 거짓 가르침과 도덕적 실패에 노출되는 것이 아닐까? 앨런은 이러한 질문들을 믿음의 위기라고 보았다. 하나님이 그분 자신의 교회를 돌보시도록 맡겨 드릴 수 없단 말인가? 바울의 예방책은 그가 떠날 때 구약성경과 지역 목사와 자신의 사도적 가르침을 남겨 두고 가는 것뿐이었다.¹⁰² 하지만 무엇보다도 바울은 "회심자들에게 내주하시는⋯성령을 믿었다. 그는 그들의 타고난 미덕이나 지적인 능력을 믿어서 그들을 신뢰한 것이 아니었다. 그는 그들 안에 계시는 성령을 믿었다"고 앨런은 썼다.¹⁰³ 그는 성령께서 그들을 자리잡게 하시고 강하게 하시며 안정시키실 것이라고 확신했다.

롤런드 앨런의 원리는 여전히 논란이 되고 있다. 바울의 상황과 우리의 상황은 현저하게 다르기 때문이다. 앨런은 아마도 그것을 충분히 참작하지 않았을 것이다. 더구나 알렉산더 맥레이시가 그의 『회고록』에서 썼듯이, 롤런드 앨런은 "언제나 반항적인 정신을 가지고 있었다."¹⁰⁴

그럼에도 불구하고 그가 선교에서 성령의 필수 불가결한 역할을 강조한 것은 나무랄 수 없다. "그의 주된 관심사는 범상치 않은 의미에서 성령의 위치에 대한 것이었다."¹⁰⁵ 그것이 그의 사고를 지배했다. 그에게 사도행전은 선교에 대한 책이었으며, 성령은 선교의 영이었다.¹⁰⁶ 토착 교회에 대한 그의 환상은 그리스도께서 주시는 성령에 의

지하는 교회에 대한 환상이었다.

11. 재림: 앤서니 애슐리 쿠퍼(샤프츠베리 경)
사회 개혁을 위한 프로그램

1662년 기도서를 보면 주후 2199년까지 500년간의 부활절 날짜를 찾는 법에 대해 알려 주고 있다. 그리고 1732년 법령에 따라, 미국 성공회 기도서는 독자들이 주후 8500년까지의 교회력을 계산할 수 있게 해 주었다. 이 성공회 교회들은 교인들에게 꼭 주님의 재림을 열렬히 기다리면서 살라고 권면하지는 않는다! 하지만 이에 대한 주목할 만한 예외는 앤서니 애슐리 쿠퍼였다. 그는 아버지가 죽자 제7대 새프츠베리 백작이 된 사람이었다.

그는 1801년에 태어나, 자기 부모로부터 방치되고 학대받는 불운한 어린 시절을 보냈다. 그의 유일한 위안은 가정부 애나 마리아 밀스였다. 애나는 그에게 성경 이야기를 해 주고, 기도하는 법을 가르쳐 주었으며, 그가 주 예수 그리스도를 인격적으로 믿도록 인도해 주었던 듯하다.

16세에 해로우 학교에 있을 때 그는 몇몇 술 취한 사람들이 욕설을 하고 웃어 가면서 가난한 남자의 관을 길가에 턱 내려놓는 것을 보았다. 그는 이 사건으로 인해 구역질이 나고 마음이 혼란스러워졌다. 그는 그것을 "나의 공적 생애의 시초"라고 불렀다. 바로 그 자리에서 그는 가난하고 약한 자들을 위해 삶을 바치기로 결심했기 때문이다.[107]

그는 1826년에 약관 25세의 나이로 국회 의원이 되었으며, 산업혁

명으로 인한 최악의 결과를 일부 치유하려는 인도주의적인 개혁 프로그램을 시작했다. 그의 끊임없는 수고는 거의 60년간 계속되었으며, 그가 주로 책임을 지고 만든 법령들은 놀라운 업적을 이루었다.

1842년에 탄광법은 여자와 어린아이들이 광산과 탄갱 지하에서 일하는 것을 금했으며, 남자아이들의 근로 시간을 단축시켰다. 1845년에 정신이상법은 정신이상자들을 인도적으로 치료하도록 했으며, 15명의 "정신이상 담당위원"을 임명했는데, 그는 40년간 그 위원 중 한 명이었다. 1847, 1850, 1859년에 그는 국회를 통해 10시간 공장 법을 추진했는데, 그것은 여성들과 어린이들의 근로 시간을 규제하는 것이었다. 그는 이 모든 공장 개혁의 정평 있는 지도자였다. 1851년에 공공 숙박소법은 숙박소들의 비위생적이고 혼잡한 상태를 종식시키고, 허용 기준을 규정했으며, 지방 관계 당국이 그들을 검사하고 감독하도록 했다. 그의 공로를 모두 나열하려면 아직 멀었다. 애슐리 쿠퍼는 빈민 학교 연맹을 설립했으며 소년 굴뚝 청소부, 꽃 파는 소녀, 고아, 창녀, 감옥에 갇힌 사람, 장애인, 신체 장애 아동 등을 위해 바쁘게 일했다. 그가 제출한 국회 법안은 여러 번 기각되었지만, 그는 포기하려 들지 않았다. 그의 일기에 보면 "포기하지 말고 견뎌야 한다"고 적혀 있다.

무엇이 그를 자극했을까? 우선 그는 복음을 믿고 사랑했다. 그는 "나는 본질적으로 그리고 뿌리 깊은 확신을 가진…복음주의자 중의 복음주의자이다"라고 일기에 썼다.[108] 이는 특히 그가 "그리스도의 신성, 그분의 속죄의 희생, 앞으로 임할 그분의 나라"[109]를 강조했다는 의미이다. 그리고 사랑과 정의에서 나온 선행은 그의 신앙의 자연스러운 발로였다.

하지만 1830년대에 그는 그리스도의 재림을 확고히 참으로 확신하게 되었다. "그것은 그의 모든 생각과 감정을 지배했다"고 에드윈 호더는 쓴다. "그것은 그로 하여금 온갖 수고를 하도록 자극했고, 미래에 대한 그의 모든 소망을 좀더 생생하게 만들었다."[110] "이 대규모의 불행 모두에 대한 진정한 구제책은 우리 주 예수 그리스도께서 재림하시는 것 외에는 없다고 그는 종종 말했다. 왜 시계가 시간을 알릴 때마다 재림을 위해 간구하지 않는가?"[111]

애슐리 쿠퍼는 그의 공인 전기 작가인 에드윈 호더에게 이렇게 말한 적이 있다. "이 주제가 처음에 어떻게 나를 사로잡았는지는 말할 수가 없습니다. 내가 기억하는 한 언제나 나는 그 주제를 끈질기게 붙잡고 있었습니다. 그것에 대한 믿음은 나의 삶을 움직이는 원리가 되어 왔습니다. 나는 세상에서 진행되고 있는 모든 일이 이 하나의 위대한 사건에 종속되어 있는 것을 보기 때문입니다."[112]

그러므로 애슐리 쿠퍼가 좋아하는 본문이 성경의 마지막에서 두 번째 구절인 "내가 진실로 속히 오리라 하시거늘 아멘 주 예수여 오시옵소서"(계 22:20)라는 것은 놀라운 일이 아니다. 그가 평생 동안 자신의 개인적인 생각을 쏟아 놓은 일기에는 이러한 외침이 여기저기 나타나 있다. 그것은 그가 날마다 이용하던 편지 봉투 덮개 부분에 헬라어로 새겨 놓은 좌우명이었다.[113] 그는 죽기 몇 년 전에 이 본문(계 22:20)을 다른 두 개의 본문과 함께 그의 묘비에 새기도록 지시했다. 그리고 임종의 자리에서 "주 예수여, 오시옵소서"라고 중얼거렸다.

제7대 섀프츠베리 백작인 앤서니 애슐리 쿠퍼는 1885년에 죽었다. 그는 "가난한 사람들의 백작"이라는 별명에 너무나 걸맞은 사람이었기에, 그의 시신을 그로스베노 광장에 있는 그의 집으로부터 웨스트민스터 사원까지 운구하여 가던 길에는 온갖 직업을 가진 수만 명의 사람이 도열해 있었다. 대중은 슬픔과 사랑과 존경의 감정을 엄청나게 쏟아냈다. 그가 설립한 집과 보호 시설과 학교와 단체의 대표들은 깃발을 들고 있었는데, 거기에는 마태복음에서 나온 구절들이 아름답게 장식되어 있었다. "내가 주릴 때에 너희가 먹을 것을 주었고", "목마를 때에 마시게 하였고", "나그네 되었을 때에 영접하였고", "헐벗었을 때에 옷을 입혔고", "병들었을 때에 돌보았고", "옥에 갇혔을 때에 와서 보았느니라"(25:35-36). 퍼붓는 비마저도 그들의 마음을 꺾을 수 없었다.

아르길 공작은 그 직후의 정치 연설에서 "각하, 지난 세기의 사회 개혁은 어떤 정당으로 인한 것이 아니었습니다. 그것은 한 사람의 영향력과 성품과 끈기로 인한 것이었습니다. 물론 저는 섀프츠베리 경을 말씀드리는 것이지요"라고 외쳤다. 「타임」지 역시 그를 "영국의 사회 상태 전체를 변화시킨" 사람으로 인정했다.[114]

그런데 왜 그랬는가? 그의 동기는 무엇이었는가? 그는 우리에게 말해 준다. 생애의 마지막이 되어 갈 즈음 그는 이렇게 말했다. "지난 40년간 나는 의식이 있는 순간마다 우리 주님이 재림하신다는 생각에 영향을 받지 않았던 적은 없는 것 같습니다."[115]

12. 최후의 심판: 윌리엄 윌버포스
노예 제도 및 노예 무역 폐지

예수 그리스도에게서 깊은 영향을 받은 사람에 대한 마지막 예는 윌리엄 윌버포스다. 그는 언젠가는 자신이 그리스도의 심판석 앞에 서야 하리라는 것을 끊임없이 기억했다.

윌버포스는 생의 포부를 다음과 같은 말로 요약한 바 있다. "전능하신 하나님이 내게 두 가지 목표를 주셨는데, 그것은 노예 무역을 막고 관습을 개혁하는 것이다."[116]

나는 그의 두 가지 목표를 역순으로 살펴보고자 한다. 윌버포스가 영국의 가치관과 도덕적 규범에 영향을 미친 것은, 주로 너무할 정도로 긴 제목을 가진 그의 유명한 책 덕분이라고 볼 수 있다. 그것은 『진짜 기독교와 대조해 본, 이 나라 상류층 및 중류층의 자칭 그리스도인들에게 널리 보급된 종교 제도에 대한 실제적 견해』라는 책이다. 이 책은 1797년에 발간되었는데, 같은 해에 5쇄를 거듭했으며, 5개의 유럽 언어로 번역되었다. 『진정한 기독교』로 널리 알려진 이 책은 선풍적인 영향을 미쳤다.

그 책의 대부분의 장 제목에는 "…의 부적절한 개념"이라는 말이 들어간다. 그의 목적은 광범한 성경 지식을 통해 "명목상의" 혹은 "외양적" 기독교의 부적절성을 폭로하고 "진짜", "참된", "극히 중대한", "실제적인" 기독교의 본질적 요소를 명료하게 설명하려는 것이었기 때문이다. 그의 주장에 따르면 그 둘 사이의 차이는 "복음에 서로 다른 위치를 부여한 것이다."[117] 복음의 기본 교리는 "인간 본성의 타락, 구세주의 속죄, 성령의 성화시키는 영향력"이다.[118] 이러한 진리를 믿고 체험할 때, 하나님을 향한 감사에 의해 고취되는, 사랑과 거룩함과 겸손함이라는 특징을 지니는, 또 우리 삶의 공적·사적 부분을 모두 변화시키는 철저하게 새로운 삶이 나오게 된다.

윌버포스는 글을 쓰면서 당시 영국에서 종교와 도덕이 심각하게 쇠퇴하고 있음을 고통스럽게 인식하고 있었다. 그는 "성경은 펼쳐 보지 않은 채 책장에 놓여 있다"고 불만을 토로했다.[119] 특히 "기독교의 도덕을 기독교 교리와 별개의 것이라고 생각하는 치명적인 습관이 보이지 않게 힘을 얻어 왔다.…심지어 오늘날 대부분의 설교에서도 성경 교리의 흔적은 거의 발견할 수가 없다."[120]

특히 윌버포스는 영국이 노예 무역에 관여하는 것에 대해 격노했다. 그 소름끼치는 참상이 다음과 같이 묘사되어 있다.

> 평화로운 원주민 마을(즉 서아프리카의)을 밤에 갑작스럽게 습격. 남자와 여자와 아이들을 사슬로 묶어 바닷가로 끌고 감. 대서양을 건너는 오래고 더딘 항해. 노예들이 층마다 꽉 찬 악취 나는 수용 시설의 쓰레기 더미와 불쾌한 냄새. 그리고 감독관의 채찍 아래 사탕수수 밭에서의 작업.[121]

윌버포스는 1780년에 스물한 살의 나이로 요크셔 의원으로 국회에 진출했으며, 7년 후에 노예 무역에 대한 법안을 제출했다. 그의 외모는 그리 호감이 가는 편이 아니었다. 키는 작고 시력은 좋지 않았으며, 코는 위로 향해 있었다. 보스웰은 그가 연설하는 것을 들었을 때, 그를 "잔챙이 새우"라고 단정했다. 하지만 후에는 "지금은 그 새우가 부풀어 올라 고래로 변했다"[122]고 인정했다. 윌버포스는 또한 기득권자들에게 결정적인 반대를 받았다. 하지만 모든 문제에도 불구하고 그는 굴하지 않았다. 1789년에 그는 하원에서 노예 무역에 관해 다음과 같이 말했다. "그 사악함은 너무나 엄청나고, 너무나 무시무시하고, 너무나 돌이킬 수 없는 것이어서, 나의 마음은 노예 무역 폐지로 꽉 차 있습니다.…마땅히 이루어져야 할 결과가 일어나도록 하기 위해서, 나는 이 순간에 노예 무역이 폐지되는 날까지 결코 쉬지 않을 것을 다짐합니다."[123]

그래서 폐지 법안(노예 무역과 관련하여)과 외국 노예 법안(영국 배들의 관여를 금하는)이 1789, 1791, 1792, 1794, 1798, 1799년에 하원에서 논의되었다. 하지만 그 법안들은 모두 채택되지 않았으며, 1807년에 가서야 마침내 노예 무역 폐지 법안이 통과되었다. 나폴레옹 전쟁 후에 윌버포스는 노예 제도 자체를 폐지하는 일에 에너지를 쏟았다. 하지만 1825년에 그는 건강상 문제로 하원에서 사임할 수밖에 없었으며, 토머스 포웰 벅스턴이 그의 뒤를 이어 그 운동의 지도자가 되었다. 1833년에 양원 모두에서 노예 제도 폐지 법안이 압도적 다수의 찬성으로 통과되었다. 사흘 후 윌버포스는 죽었다. 그는 아프리카 노예들을 위한 45년간의 줄기찬 노력을 인정받아 웨스트민스터 사원에 묻혔다.

윌버포스가 홀로 싸웠던 것은 아니다. 그는 분명 그 운동의 인정받는 지도자였으나, 고향으로부터, 특히 남부 런던에 있는 친한 친구들로부터 열화와 같은 성원을 받지 못하였다면 그 일을 이루지 못했을 것이다. 「에든버러 리뷰」의 설립자 중 한 명인 재치꾼 시드니 스미스는 그 친구들을 '클래팸 섹트'라는 애칭으로 불렀다. 그러나 하원에서는 그들에게 '성자들'이란 이름을 붙여 주었다.

클래팸 섹트가 관심을 가진 일의 규모는 대단한 것이었다. 실로 캐슬린 히스먼은 "빅토리아 시대 복음주의 자선 활동의 가장 두드러진 특징은 그것이 엄청난 규모로 이루어졌다는 것이다"[124]라고 썼다. 그러면 그들의 동기는 무엇이었는가? 급진적인 저널리스트이자 역사가 R. C. K. 엔솔은 이렇게 답한다. "고도로 문명화된…나라들 중 영국이 세계에서 가장 종교적인 나라 중 하나라는 것을 인식하지 못하는 사람은 누구도 빅토리아 영국을 결코 이해하지 못할 것이다." 엔솔은 복음주의 종교를 말하고 있는 것이다. 그의 생각으로는 그 종교의 두 번째 본질적 요소는 다음과 같은 것이었다.

내세에 상과 벌을 받는 것에 대해 확신하는 것이었다. 19세기 영국의 상인들이 어떻게 세계에서 가장 정직하다는 평판을 얻게 되었는지 묻는다면…그 대답은, 그들에게는 천국과 지옥이 내일 해가 뜨는 것만큼이나 확실해 보였으며, 마지막 심판이 매주의 대차대조표 만큼이나 현실적인 것으로 보였기 때문이라는 것이다.[125]

클래팸 교구 목사였던 존 벤(1792-1813)은 설교에서 하나님에 대한 우리의 도덕적 책임을 매우 강조했다. 마이클 헤넬은 이러한 책임에 대해 다음과 같이 썼다.

클래팸 섹트에게 하원에서 소금과 누룩의 역할을 하도록 완전한 고결함을 부여한 것은 바로 이것이었다. 노예 무역 반대 모임이 중대한 유럽 전쟁 동안 그리고 25년간의 패배와 실망과 환멸에 직면해서도 굴하지 않고, 그들의 운동을 지속시켜 나갈 수 있게 해 준 것은 바로 하나님에 대한 이러한 책임감이었다.[126]

마이클 헤넬의 말로는 또한 젊은 수상 윌리엄 피트가 헨리 손튼(클래팸 섹트의 은행가 회원)에게 왜 자기에게 반대표를 던졌느냐고 물어 본 적이 있다고 한다. 손튼은 "나는 오늘 그 순간 주님이 재림하신다면 나의 청지기직에 책임을 질 수 있게끔 투표를 했습니다"라고 대답했다.[127]

윌버포스 역시 똑같이 말했을 것이다. 이웃에 대한 그의 강한 의무감은, 그의 구세주이시며 주님이시며 심판자이신 그리스도에 대한 책임감에서 생겨난 것이었다.

결론: 그리스도의 영향력이 지닌 급진성

예수님이 인간사가 발전하는 데 강한 영향력을 행사하셨다는 것은 역사가들도 인정하는 사실이다. 케네스 스코트 라토레트는 7권짜리 책의 끝 부분에서 다음과 같이 요약한다.

열망과 분투로 가득 찬 이 인간 세상에…여자에게서 나신 이가 나타났다.…당시 대부분의…사람들에게 그는 실패자처럼 보였다.…하지만 이 지구상에서 살았던 어떤 이의 삶도 사람들의 일에 그렇게 영향을 미친 적은 없었다. 그것으로부터 사람들이 알고 있는 거의 전 세계적인 공동체인 기독교 교회가 자라났다….

그 짧은 생애와 좌절처럼 보이는 겉모습 속에서, 인류가 알았던 다른 어떤 전쟁보다 긴, 승리의 전쟁을 치를 수 있는 강력한 힘이 나왔다. 그것을 통해 무수한 사람들의 내적 투쟁이 좀더 천박한 충동을 이기고 점진적인 승리로 귀결되었다. 그것에 의해 무수한 사람들이 인생의 가장 큰 비극을 겪고도 견뎌 내고 결국에는 찬란히 빛나게 되었다. 그것을 통해 무수한 사람들이 문맹과 무지에서 벗어났으며, 그들의 지적 자유를 증가시키고 물리적 환경을 통제할 수 있게 되었다. 그것은 질병과 기근이라는 육체적 불행을 완화하는 데 다른 어떤 충동보다 더 큰 몫을 했다. 그것은 수많은 사람들을 물질에 대한 종노릇에서 해방시켜 주었으며, 다른 수많은 사람들을 악의 속박에서 벗어나게 해 주었다. 그것은 무수한 사람들을, 동료들에게 착취당하지 않도록 보호했다. 그것은 전쟁의 공포를 줄이고, 사람들과 국가들의 관계가 정의와 평화에 기초하여 이루어지도록 하는 데 가장 효과적인 원천이었다.[128]

모든 발전이 오로지 예수 그리스도의 영향 때문이었다고 주장하는 것은 아니다. 다른 많은 사람들도 사회에 유익한 영향을 미쳤기 때문이다. 또한 그것은 기독교의 기록에 전혀 오점이 없었던 척하는 것도 아니다. 기독교는 맹점들과 큰 실책들로 심각한 손상을 입었으며 그에 대해 우리는 부끄러워하기 때문이다. 그럼에도 불구하고, 예수님의 이름과 이야기가 알려진 모든 곳 모든 세대에서는 예수님의 영향이 매우 급진적인 것이었음을 발견할 수 있다.

엄청난 과학적 기획 전체의 배후에는 창조주께서 새겨 놓으신 합리적이고 한결같은 창조 질서에 대한 믿음이 있다.

민주적 과정의 배후에는 예수님이 가르치신 우리 인간됨의 역설—우리는 존엄성을 가지고 창조되었기 때문에 동의에 의해서만 우리를 지배할 수 있다는 것과, 우리가 불순종에 의해 부패되었기 때문에 정치 권력이 분산되어 있어야 한다는 것—이 있다.

모든 사람에게 교육의 기회를 주려 애쓰는 배후에는 하나님이 주신 아이들의 잠재력을 개발시킬 것을 요구하는, 아이들에 대한 예수님의 존중이 있다.

정의와 인권, 공장과 광산과 감옥의 상태 개선, 몸과 마음과 영혼과 공동체 차원에서 사람들의 건강을 추구하는 것의 배후에는, 예수님이 위하여 사셨고 죽으셨던 모든 사람이 가치 있는 존재라는 믿음이 있다.

오늘날 자연 환경에 대한 관심의 배후에는 자연에 대한 책임 있는 청지기가 되라는 부르심이 있다. 그러한 부르심은 예수님이 창세기의 처음 몇 장에서 계승하신 것이다. 비록 예수님의 제자들은 지금까지 그들의 의무를 분별하는 데 더디긴 했지만 말이다.

조화로운 인종 관계를 추구하는 배후에는, 모든 인간이 하나님의 형상으로 지음 받았으며, 피부색이나 문화나 종교와 상관없이 모두 근본적으로 평등하다는 확신이 놓여 있다. 이것은 예수님이 선한 사마리아인에 대한 비유에서 가르치신 것이다.

인간 사회의 토대인 인간 가정의 배후에는, 예수님이 인정하신, 남녀 사이의 일부일처 결혼이라는 하나님의 제도 및 그것이 전제로 하는 건강한 성적 절제가 결합되어 있다.

이 모든 근본적인 사회적 원리는 직접적으로든 간접적으로든 예수 그리스도의 말과 행동, 태도와 본보기에 의해 교육되고 확증된 것이었다.

하지만 토머스 칼라일이 유명한 책 『영웅의 역사』에서 썼듯이, (사상의) 발전은 그냥 생겨나지는 않는다. 그것은 혁신적인 인물을 전제로 한다. 바로 이 때문에 나는 그런 지도자 열두 명을 이야기했다. 예수님에 의해—베들레헴 마구간이나 목수의 작업장에 의해, 그분의 긍휼 어린 사역이나 산상수훈에 의해, 아이들에 대한 그분의 사랑이나 그분이 발을 씻어 주신 것에 의해, 그분의 십자가, 부활, 높여지심, 성령을 주신 것에 의해, 그분의 재림이나 마지막 심판에 의해—그들의 상상력이 자극되고 긍휼이 생겨나고 행동이 고취되었다.

한 가지 질문을 더 하고 넘어가야겠다. 그것은 교회의 오랜 역사에 의해 유발된 것으로, 스티븐 닐 주교가 던졌던 질문이다. "도대체 어떤 종류의 돌이길래 인간의 실존이라는 연못에 한번 던져 넣기만 하면, 세상이 이제까지 이르렀던 맨 끝 가장자리에까지 퍼져 나갈 파문이 일어나게 할 수 있을까?"[129]

나의 대답은 "오직 비교할 수 없는 그리스도"라는 것이다. 그리고 우리가 그분의 이야기를 잘 알고, 우리 자신을 그분의 인격과 본보기와 가르침 앞에 드러낼 위험을 감수할 준비가 되어 있다면, 결코 아무런 영향도 받지 않고 그대로 있을 수는 없을 것이다. 오히려 우리 역시 그분의 영향력을 느끼고, 바울처럼 그리스도의 사랑이 우리를 강권하사 그분을 위해 살고 죽는 것 외에는 다른 어떤 것도 생각하지 않게 하신다고 말하게 될 것이다(고후 5:14).

4부
영원하신 예수

예수는 오늘날 우리에게
어떻게 도전하시는가?

서론: '예수 그리스도의 계시'

2부와 3부에서 우리는 교회사를 통해, 어떻게 교회가 그리스도를 소개했고 어떻게 그리스도께서 교회에 영감을 주셨는가를 살펴보았다. 이제 신약, 특히 내가 원래의 개관에서 의도적으로 빼놓았던 요한계시록으로 돌아가겠다.

1부에서 3부까지 세 번에 걸쳐 광범위한 개관을 한 후에, 초점을 좁혀 신약의 단 한 권의 책을 살펴보기 위해 4부 전체를 요한계시록에 할애하는 것이 이상하게 보일지도 모르겠다. 내가 그렇게 하는 이유는 다음과 같다.

첫째로, 요한계시록은 묵시, 사실상 유일한 기독교 묵시이기 때문에, 특별한 문학 장르에 속하며 따라서 특별 취급을 받아야 한다.

둘째로, 요한계시록에는 예수 그리스도에 대한 온갖 종류의 묘사가 들어 있다. 신약의 다른 모든 책에서는 그 책의 독특한 강조점을 구별해 내는 것이 가능한 듯이 보인다. 각 복음서와 서신서들은 나름의 특별한 주제를 가지고 있다. 하지만 요한계시록의 경우는 그렇지 않다. 거기에는 그리스도에 대한 다양한 묘사가 담겨 있다. 그 책은 그리스도를 처음과 나중, 어린양과 사자, 밤의 도둑과 왕 중의 왕, 신적 심판자와 하늘의 신랑으로 제시한다. 이러저러한 비유들은 요한의 풍성한 상상력에서 나온다. 우리는 이 초상화 전시실을 제대로 다루어야 한다.

셋째로, 요한계시록은 신약의 절정이다. 교회가 신약 문서들이 기록된 연대와 상관없이, 예수님에 대한 이야기(사복음서)와 초대교회의 이야기(사도행전)를 정경의 앞부분에 놓은 것은 지혜로웠다. 그것은 그리스도인의 믿음과 삶과 소망에 대한 사도의 교훈을 담은 22개의 서신서로 이어지며, 영원이 눈앞에 다가오게 만드는 요한계시록으로 마무리된다.

이러한 이유들로 인해 요한계시록은 특별하게 개별적으로 살펴볼 만하다.

요한계시록에 대한 독자들의 반응은 대단히 다양하다.

어떤 그리스도인들은 요한계시록에 사로잡혀 있다. 그들은 구약 다니엘서의 묵시적 장들과 함께, 요한계시록에 세계, 특히 현대의 사건과 인물에 대한 비밀의 역사가 담겨 있으며, 그들이 그것을 해독할 수 있는 열쇠를 가지고 있다고 생각한다. 그래서 그들은 세계에서 전개되는 일을 종종 대단히 자신만만하게 예측하며, 우리에게 아마겟돈의 마지막 전투를 무시무시하게 묘사해 준다.

예를 들어, 1832년에 가톨릭 사도 교회를 세우는 데 도움을 준 에드워드 어빙은 다니엘서의 히브리어 본문에 대한 박식한 주석을 썼는데, 그는 다니엘서에서 나폴레옹 보나파르트, '세금 징수자' 루이 16세 그리고 하나님의 '충실한 증인' 영국에 대한 언급이 나온 것을 발견했다. 그는 또한 1867년에는 천년왕국이 시작되리라고 예언했다.

그 후 당대에 들어와서는 할 린지가 엄청나게 인기를 끈 책 『대유성 지구의 종말』에서 다니엘서와 요한계시록에 나오는 짐승의 열 뿔을 유럽 연맹 회원국과 동일시하는 잘못을 저질렀다. 그가 글을 썼을 때는 회원국이 6개국이었다. 그런데 1981년에 그리스가 추가됨으로써 10개국이 되었다. 하지만 지금은 회원국이 15개국이다! 이 일이 일어났을 때 당연히 할 린지는 당황했다. 그는 한 문장으로 된 삽입 어구로 "어떤 시점에서는 10개국 **이상**이 가입할 수는 있지만, 마지막 단계에 가면 그 숫자가 10이 될 것이다"라고 설명한다.¹ 할 린지가 1980년이 역사의 절정이 되리라고 예언한 것 역시 잘못되었음이 입증되었다.²

이러한 자칭 선지자들의 예언은 틀린 것으로 입증되는 경우가 너무 많아서, 아마 그들의 후임자들은 훨씬 더 겸손해지리라.

또 어떤 그리스도인들은 요한계시록에 사로잡히기는커녕, 완전히 반대 극단으로 가서 그 책을 무시해 버린다. 그들은 그 책에 기이한 이미지들이 많이 담겨 있다는 것을 안다. 그 책을 읽을 때 우리는 어린양, 사자, 거대한 붉은 용, 게다가 하나는 바다에서 나오고 하나는 땅에서 나타나는 두 마리의 무시무시한 괴물들을 만나게 된다. 두루마리의 인을 떼고, 나팔을 불고, 대접을 쏟고, 지진과 우박을 동반한 폭풍이 자주 오고, 번개가 치고 천둥이 울린다. 독자들이 이러한 생소한 현상에 대해 얼떨떨해지고 심지어 위협을 느끼기까지 하는 것은 이해할 만한 일이다. 그래서 그들은 그 책을 피하며, 설사 읽기 시작한다 해도 이내 절망에 빠져 포기하고 만다. 그래서 그 책은 신약의 신데렐라가 된다.

세 번째로 긍정적인 반응의 예는 요한계시록의 학문적 전문가인 리처드 보컴에게서 볼 수 있다. 그는 『예언의 절정』이라는 책을 다음과 같은 말로 시작한다. "요한의 묵시는 엄청난 학식, 놀라울 만큼 꼼꼼한 문학적 기교, 놀라운 창조적 상상력, 급진적인 정치적 비판, 심오한 신학이 어우러진 저술이다."³ 전문가의 이러한 평가는 우리로 굴하지 않고 그 책을 계속 읽어 나가도록 격려해 준다. 요한계시록 1:3

에서 공적 모임에서 그 책을 읽는 사람과 그 읽는 것을 듣고 자기들이 들은 것을 지키는 사람들에게 특별한 복이 약속되어 있는 것도 우리에게 격려가 된다(참고. 22:18-19).

네 가지 해석 원리

이제 네 가지 해석 원리를 살펴보자.

첫째로, **요한계시록은 상징으로 가득 차 있다**. 실제로 많은 사람들은 왜 요한이 그렇게 많은 이상한 상징에 의지하는지 성급하게 묻는다. 그로 인해 그의 책이 이해하기 어려워졌기 때문이다. 아마도 두 가지 설명이 가능할 것이다. 먼저 요한은 단도직입적인 산문체로 표현할 수 없는 초월적 진리를 다루고 있었다. 둘째로, 단도직입적인 산문체로 표현하는 것은 불가능할 뿐 아니라 경솔한 일이었을 것이다. 요한은 그리스도인들의 황제 숭배 거부와 로마 제국의 멸망에 대해 쓰고 있었는데, 당국에서는 그 내용을 선동적인 것으로 간주했을 것이다. 게다가 요한계시록에 나오는 상징은 시각적으로 상상할 것이 아니라 이해해야 하는 것이다. 그것을 시각화하려 하면 종종 괴기스러운 결과를 낳을 것이다. 예를 들어, 하나님의 구속받은 백성들은 "어린양의 피에…씻어 희게"(7:14) 한 옷을 입고 있다고 되어 있다. 나는 더러운 아마포를 어린양의 피로 세탁하려 해 본 적은 한 번도 없음을 고백한다. 하지만 그런 생각을 하면 다소 메스꺼우며, 그 결과 그 옷이 희게 되지도 않을 것이다. 하지만 그 해석은 아름답다. 즉 우리가 하나님의 임재 앞에 설 수 있도록 해 주는 유일한 의는, 우리가 믿는 예수 그리스도의 속죄의 죽음으로 인한 의뿐이라는 것이다.

둘째로, **요한계시록은 과거와 현재와 미래를 다룬다.** 실제로 이것은 세 가지 전형적인 해석 이론이다. '과거주의자'의 견해는 이 책의 거의 전부가 과거, 사실상 주후 1, 2세기의 사건들, 특히 로마 제국의 멸망을 말하는 것으로 간주한다. 그다음에 '역사주의자'의 견해는 그 책이 우리 세대를 포함하여 그리스도의 초림과 재림 사이의 전 기간의 교회의 이야기를 단계별로 말하고 있다고 본다. 하지만 이것은 서구적 시야를 전제하며, 세부 사항에 대해서는 의견이 일치하지 않는 부분이 매우 많다. 세 번째 혹은 '미래주의자'의 견해는 이 책에 나온 내용의 대부분이 재림 직전에 이루어질 것이라고 예상한다. 하지만 이 경우 그것은 지나간 1,900년가량의 세월과는 아무 관계가 없다. 분명 이 셋 중에 하나를 반드시 선택할 필요는 없다. 하나님의 말씀은 모든 시대의 교회에게 주어지기 때문이다. 그러므로 '평행주의자'의 견해, 즉 이 책의 각 부분이 그리스도의 초림과 재림 사이의 전체 기간의 요점을 되풀이하며 각 부분은 심판과 구원으로 끝난다고 보는 것이 더 나은 듯하다. 요한은 환상들을 연속적으로 보고 있지만, 그 환상들이 상징하는 현실들은 연속해서 일어나지 않는다.

셋째로, **요한계시록은 하나님의 승리를 축하한다.** 그것은 하나님과 사탄, 어린양과 용, 교회와 세상, 거룩한 성 예루살렘과 큰 성 바빌론, 신부와 음녀, 이마에 그리스도의 표를 받은 자들(7:2 이하; 14:1; 22:4)과 짐승의 이름을 받은 자들(13:17; 14:9, 11; 16:2; 19:20) 사이의 싸움을 묘사한다. 요한계시록은 싸움 이상의 것도 묘사한다. 곧 정복을 축하한다. 그 책의 관점은 이미 그리스도께서 "이겼[다]"(5:5; 참고. 12:9-10)는 것이며 그분의 백성이 그분의 승리를 함께 나누게 되어 있다는 것이다. "이기는 그에게는 내가 내 보좌에 함께 앉게 하여 주기를 내가 이기고 아버지 보좌에 함께 앉은 것과 같이 하리라"(3:21). 그래서 스웨트가 20세기 초에 썼듯이, "책 전체가 '수르숨 코르다' (Sursum corda)", 곧 그리스도인들에게 전하는 권고로서 "기운을 내고" 그들이 당하는 환난을 승리하시고 다스리시며 다시 오시는 그리스도의 관점에서 생각해 보라는 권고다.'

넷째로, **요한계시록은 예수 그리스도께 초점을 맞춘다.** 이 책의 헬라어 본문의 처음 세 단어는 "'아포칼룹시스 예수 크리스투' (apokalupsis Iesou Christou), 즉 예수 그리스도의 묵시 혹은 계시"라고 되어 있다. 많은 주석가들이 그것을 주격 속격이라고 생각하는 것은 사실이다. 이 책의 내용을 계시하시는 분이 예수 그리스도라는 것이다. 하지만 내가 보기에는 그 속격을 목적격으로 보아 이 책이 다른 무엇보다도 예수 그리스도의 위대함과 영광을 드러내 보인다고 보는 편이 훨씬 더 적절한 듯하다. 포위 공격을 당하고 핍박받는 교회가 가장 필요로 하는 것은 과거나 미래에 대한 일련의 예언이나 심지어 교회사의 암호화된 파노라마가 아니다. 그것은 한때 십자가에 못 박히셨으나 지금은 부활하셔서 다스리시는, 그리고 언젠가 능력과 큰 영광으로 다시 오실 무엇과도 비할 수 없는 그리스도를 나타내는 것이다.

이제 이 책의 배경을 살펴보아야 한다. 요한은 하나님의 말씀을 신실하게 전파한 것 때문에, 그리고 예수님을 증거한 것 때문에 에게해의 밧모섬에 유배되었다(1:2, 9). 그는 자신을 그의 아시아 독자들과 "동참하는 자"라고 묘사한다. 그는 그들이 "예수" 안에서 겪는 "환난과 나라와 참음"에 동참하고 있기 때문이다(1:9). 이제 그는 자신이 본 모든 것을 나누라는(1:11), 특히 그리스도에 대해 본 환상을 나누라는 지시를 받는다. 그는 무슨 말을 할까?

모든 주석가는 요한계시록에 대해 나름대로의 구조적 분석을 제공한다. 그래서 갖가지 주장들로 인해 G. K. 빌이 말한 바 "해석적 혼란의 미로"[5]가 생겨난다. 나의 계획은 그 혼란에 또 하나의 분석을 더 하려는 것이 아니고, 이 책에 나오는 10개의 가장 두드러진 기독론적 환상에 집중하려는 것이다. 각 환상은 요한계시록에 나오는 복합적인 "예수 그리스도의 계시"―그 인격과 사역을 충만하게 드러내는―에 새롭게 기여한다.

1. 처음이요 나중이며 산 자라고 주장하시는 그리스도(제1장)
부활하셨으며 영원하신 그리스도에 대한 환상

그렇다면 첫째로, 1장(17-18절)에서 우리는 **처음이요 나중이며 산 자라고 주장하시는 그리스도**를 본다. 실로 이 말이 나오기 전에도 이미 그 앞의 절들에서 풍성한 기독론이 나왔다. 심지어 대부분의 편지에서 그저 판에 박힌 상투적 문구만 나오는 서두의 인사말(4-5절 상)에서까지도, 요한은 삼위일체로부터의 인사를 포함시킨다. 그는 독자들에게 "이제도 계시고 전에도 계셨고 장차 오실 이"(영원하신 성부 하나님), "그의 보좌 앞에 있는 일곱 영"(아마도 10절에서처럼 한 분 성령, 하지만 일곱 교회 안에서 그 교회들을 통해 일하시는 그분의 사역을 나타내기 위해 일곱이라고 말했을 것이다) 그리고 "충성된 증인으로 죽은 자들 가운데서 먼저 나시고 땅의 임금들의 머리가 되신"이라는 삼중의 존칭을 받은 "예수 그리스도로 말미암아" 은혜와 평강을 빌어 준다. "땅의 임금들의 머리"라는 말은 특별히 대담한 것인데, 로마 제국의 황제가 자신에 대해 바로 그런 칭호를 주장했기 때문이다.

이 인사말 다음에는 그리스도에 대한 개인적인 송영이 나온다(5절 하-6절). 거기에서는 그리스도께서 우리를 위해 하신 일, 즉 우리를 사랑하시고, 희생적인 죽음으로 우리를 죄에서 해방하시며, 하나님 아버지를 위하여 우리를 "나라와 제사장"으로 삼으신 것을 경축한다. 그리고 이 송영 바로 다음에서는 그리스도께서 다시 오신다고 선포하면서 환호한다(7절). 그분이 오시는 것은 영광스러운(구름은 하나님의 임재의 영광을 상징한다) 동시에 눈에 보이며(우리의 눈으로 그분을 볼 것이다) 보편적인(회개하는 자나 회개하지 않는 자나 "각 사람의 눈이 그를 보겠고") 역사적 사건이 될 것이다.

서론은, 하나님이 "이제도 있고 전에도 있었고 장차 올 자"라고 반복하시며(8절) 자신이 "알파와 오메가"이며 "전능한 자"라고 덧붙이시는 신적 진술로 끝난다.

이 처음 여덟 구절(인사말, 송영, 환호, 진술)에서 주목할 만한 점은 요한이 무의식중에 체계 없이, 예수님의 구원 사역에서 일어난 모든 사건을 암시하며 그럼으로써 사도적 복음의 진수를 암시한다는 것이다. 그는 주님의 지상 사역("충성된 증인"), 희생적 죽음("그의 피로 우리 죄에서 우리를 해방하시고"), 결정적 부활("죽은 자들 가운데에서 먼저 나시고"), 최고로 높임 받으신 것("땅의 임금들의 머리가 되신"), 구원의 성취("우리를 나라와 제사장으로 삼으신"), 가시적 재림("구름을 타고 오시리라")을 언급한다. 본론이 시작되기도 전에 서론에서 이 모든 것을 언급하고 있는 것이다!

9-11절에서 요한은 영광 받으신 그리스도에 대한 첫 번째 환상이자 앞으로 보게 될 내용을 규정하는 환상의 배경을 말한다. 때는 일요일이었다. 그는 밧모섬에 유배되어 있었다. 그리고 그는 "성령에 감동하여" 있었다. 계시와 영감의 성령께서 그를 붙잡고 계셨기 때문이다. 그때 환상을 보기 전에 그는 한 음성을 들었다. 나팔 소리 같은 크고 단호한 소리, 분명히 그리스도 자신의 음성이 요한에게 이제 보게 될 것을 두루마리에 쓰라고, 그리고 그것을 로마의 아시아 지방에 있는 일곱 교회—수도이자 밧모에서 가장 가까운 곳인 에베소로부터 시작하여, 그 모든 지방을 연결하는 순환 도로를 따라 북쪽으로, 그다음에는 남동쪽까지 이어지는 도시들—에 보내라고 명했다.

요한은 누구의 목소리인지 보려고 몸을 돌이키다가 일곱 개의 금 촛대를 먼저 보게 되었다. 하지만 그것들은 그저 틀일 뿐이었다. 훨씬 더 중요한 것은 그 촛대 한가운데 서 계시는 분이었다. 그분은 "인자 같은 이"라고 불린다. 즉 사람의 모습을 닮았다는 말이다. 이 표현은 다니엘서에서 빌려 온 것으로, 그다음에 나오는 많은 묘사는 다니엘서 7장과 10장에서 따온 것이다.

요한은 그 인물이 입은 옷에 깊은 인상을 받았다. 그분은 발에 끌리는 긴 옷을 입고 가슴에는 금띠를 띠었다. 그것은 왕이나 제사장이나 재판관의 옷이었던 것처럼 보인다.

그다음에 요한은 그분의 신체 각 부분을 묘사했다. 그분의 머리와 머리털은 양털이나 눈처럼 희었는데, 그것은 "옛적부터 항상 계신 이" 곧 하나님 자신에 대한 다니엘의 묘사였다(단 7:9). 이제 그 묘사가 그리스도에게 옮겨짐으로써 그것은 그 인간적 인물이 또한 신적 인물이기도 하다는 것을 보여 준다. 그의 눈은 마음을 꿰뚫는 불꽃처럼 타올랐으며, 그의 발은 주석처럼 강하며 견고했고, 그의 음성은 밧모섬 벼랑에 부딪쳐 부서지는 파도처럼 컸다.

인자는 오른손에 일곱 별을 들고 있었는데 그것이 무엇인지는 나중에 밝혀질 것이다. 그분의 입에서는 날카로운 양날검이 돌출해 있었는데, 그것은 그분의 강한 말씀을 상징했다. 그리고 그분의 얼굴은 해가 힘 있게 비치는 것 같았다. 회개하지 않는 자들은 심판 날에 그 얼굴로부터 피하게 해 달라고 소리쳐 외칠 것이다(계 6:16).

그런 영광스러운 환상에 대한 반응으로, 이전에 에스겔(1:28)과 다니엘(8:17; 10:9)이 그랬던 것처럼 요한이 그 발 앞에 엎드러져 죽은 자처럼 된 것은 놀라운 일이 아니다. 그것은 놀라운 일은 아니지만 이상한 일이기는 하다. 그가 살아 있는 분의 발 앞에 죽은 자처럼 엎드려 있기 때문이다!

하지만 두려움을 불러일으키는 바로 그 그리스도께서 또한 위안을 주셨다. 그분은 요한에게 오른손을 얹고 "두려워하지 말라"고 말씀하셨다. 하지만 어떻게 두려워하지 않을 수 있단 말인가? 요한으로 하여금 두려움을 느끼게 만든 것은 단지 그 환상뿐만이 아니라 그가 처한 전체적인 상황이었다. 그는 유배 생활 중이었다. 요한과 그가 책임지고 있는 아시아의 기독교 공동체들의 앞날에는 무엇이 기다리고 있는가? 도미티아누스 황제는 '도미누스 에트 데우스 노스테르'(*Dominus et Deus Noster*, '우리 주와 하나님')라는 호칭으로 자기를 부르라고 요구하고 있었다. 그러나 예수님을 주님으로 고백하는 충성된 그리스도인이라면 결코 그렇게 할 수는 없었다. 이미 버가모의 안디바는 신실한 증거를 한 것 때문에 피로 값을 치렀다(계 2:13). 누가 다음 순교자가 될 것인가?

요한이 이러한 것들을 염두에 두고 있었다는 점은, 앞으로 나올 서머나 교회에 보낸 편지에서 그리스도께서 이 환상에 나오는 바로 그 단어들로, 곧 "처음이며 마지막이요 죽었다가 살아나신 이"(2:8)라고 자신을 알리신다는 점에서 분명하게 알 수 있다. 그분은 이어서 서머나 교회에게 환난, 중상, 고난(다시 한번 "두려워하지 말라"는 말을 덧붙이시면서, 2:10), 투옥과 핍박이 있을 것이라고 경고하실 것이며, 온 교회 교인들에게 "네가 죽도록 충성하라. 그리하면 내가 생명의 관을 네게 주리라"(2:10)고 촉구하실 것이다.

핍박을 당하고 순교의 위험에 직면한 교회에게, 그리스도의 메시지는 "두려워하지 말라"(1:17; 2:10)는 명령 이상의 것이다. 그것은 또한 그리스도인이 두려워하지 않는 두 가지 근거이기도 하다. 첫째로, 그리스도는 하나님과 마찬가지로 영원하시다. 그분이 주장하시는 "나는 처음이요 마지막이니"(1:17)라는 호칭은 사실상 "나는 알파와 오메가라"(1:8)는 하나님의 주장과 똑같은 것이다. 둘째로, 그리스도는 자신을 "산 자"라고 부르시는데, 이는 그분이 죽음을 면하고 살아나셨다는 의미나 소생하여 이 세상으로 돌아왔다가 다시 죽으셨다는 의미가 아니라, 그분의 죽은 몸이 부활하고 동시에 변화되었다는 의미이다. 따라서 그분은 "세세토록 살아 있[으며]" 죽음을 이기셨고 다시는 죽지 않으실 것이다. 게다가 부활의 승리로 인해 그분은 "사망과 음부의 열쇠를 가[지셨다]."[6] 즉 그분은 사망과 음부에 대한 권세를 가지고 계신 것이다.

따라서 그리스도는 영원하신 분이며 또한 부활하신 분이기 때문에, 죽음은 그 공포스러운 힘을 잃어버렸으며, 우리는 두려워하지 않고 기뻐할 만한 충분한 이유가 있다.

1장의 마지막 두 절에서 요한은 자신이 본 환상을 기록하라는 지시를 받는데, 거기에는 "지금 있는 일"과 "장차 될 일"이 포함될 것이다. 그는 또한 그리스도의 오른손에 있는 일곱 별이 "일곱 교회의 사자"로서 아마도 지역 교회 지도자들(아니면 그들에 상응하는 하늘나라의 존재들)을 상징할 것이며, 일곱 촛대는 어두운 세상에서 등불처럼 빛나는(마 5:14) 교회들 자체라는 것을 알게 된다.

그래서 처음에 나오는 "예수 그리스도의 계시"는 부활하시고 영원하신 그리스도에 대한 계시이다. 그분의 부활은 기초가 된다. 그분은 처음부터 끝까지 마귀의 맹공격에도 불구하고 승리하신 분으로, 죽으심과 부활로써 악을 결정적으로 이기신 분으로 소개된다.

2. 지상에 있는 그분의 교회들을 감독하시는 그리스도(계 2-3장)
이상적인 교회의 일곱 가지 표지

장면이 바뀐다. 우리는 이제 영광스러운 인간적-신적 인물인 그리스도가 아니라, 그리스도께서 그 사이로 다니시는(2:1) 교회들, 그리스도께서 요한에게 편지를 쓰라고 지시하시는 교회들에 초점을 맞추게 된다.

일곱 교회에 보내는 일곱 편지가 모두 똑같은 개요를 갖고 있는 것이 곧 눈에 띈다.

먼저 편지를 받는 자와 쓰는 자 둘 다를 **알리는 말**이 나온다. 받는 자는 각 교회의 "사자"다. 쓰는 자는 물론 그리스도이시다. 그분은 첫 환상에서 한두 개의 적절한 문구를 취해서 각 편지마다 자신을 다르게 묘사하신다. 예를 들어, 그분은 서머나 교회에게 이렇게 쓰신다(2:8). "처음이며 마지막이요 죽었다가 살아나신 이가 이르시되."

두 번째로는 **단언하는 말**이 나온다. 각 경우 **내가…아노니**라는 두 단어가 들어간다. 그리스도께서는 그분의 교회를 상세히 아신다. 그분은 "그 눈이 불꽃 같고"(2:18) "사람의 뜻과 마음을 살피[고]"(2:23), "일곱 금 촛대 사이를 거니시는"(2:1) 분이기 때문이다. 그분은 자신의 교회들을 순찰하고 감독하실 때 그들에 대해 모든 것을 아신다. 그 내용은 각 경우마다 다르다. 그분은 "내가 네 행위를 (또는 '사업을') 아노니"라고 다섯 번 말씀하신다. 하지만 그다음에 각각 다음과 같이 단언하신다. "내가 네 수고와 인내를 알고", "내가 네 환난과 궁핍을 아노니", "네가 어디에 사는지를 내가 아노니", "내가 네 사랑과 믿음과 섬김을 아노니", "내가 네 평판을 아노니", "내가 네 기회들을 아노니", "내가 네 미지근한 자기만족을 아노니."

셋째, 그리스도는 각 교회에 그들의 상황에 맞는 **메시지**를 보내신다. 각 교회는 칭찬받을 이유나 비난받을 이유를 가지고 있었으며, 그에 따라 칭찬이나 비판을 받기 때문이다. 대부분의 교회들은 회개하라는 명령을 받으며, 그와 함께 경고와 권고를 받는다.

각 서신의 네 번째 부분은 **호소**이다. 그리고 호소의 내용은 다 같다. "귀 있는 자는 성령이 교회들에게 하시는 말씀을 들을지어다." 그것은 대단히 중대한 문장이다. 첫째, 각 편지는 요한의 펜으로 쓴 것이기는 하지만, 그것을 통해 성령께서 말씀하고 계셨다. 둘째, 요한의 편지들은 몇 달 전에 쓰여졌을지도 모르지만, 그 편지들을 통해 성령께서는 여전히 말씀하고 계셨다(현재 시제). 셋째, 각 서신은 특정한 교회에 보낸 것이긴 하지만, 성령께서는 "교회들"(복수)에게 말씀하고 계셨다.

마지막으로, 각 편지는 이긴 그리스도인들에 대한 **약속**으로 끝난다. 일반적으로 말해서, 그것은 영생에 대한 약속이다. 하지만 이 선물은 요한계시록 21장과 22장의 절정부에서 빌려 온 문구들로 서로 다르게 묘사되어 있다.

일곱은 완전수 혹은 완성수였으므로(적어도 요한계시록의 저자와 그의 독자들이 살던 사회에서는), 아시아 지방의 일곱 교회들이 함께 우주적 교회를 나타내는 것으로 간주해도 타당한 듯하다. 그리고 각 교회마다 한 가지 특징이 강조되므로, 우리는 이 일곱 가지 특징을 이상적인 교회의 표시들로 간주할 수 있을 것이다.

사랑. 이것은 이상적 교회의 첫 번째 표지다. 에베소 교회는 그 면에서 많은 칭찬을 받을 만했다. 그리스도께서는 그 교회의 수고와 인내, 악을 용납하지 않는 태도, 신학적 분별력을 아셨다. 몇 년 후 2세기 초에 안디옥의 이그나티우스 주교는 그리스도인으로서 처형당하러 로마로 가는 길에, 에베소 교인들에게 매우 칭찬하는 어조의 편지를 썼다. "여러분은 모두 진리에 따라 살며, 어떤 이단도 여러분 가운데서는 발을 붙이지 못합니다. 실로 여러분은 누가 예수 그리스도와 그분의 진리에 관한 것 외의 것을 말하면 귀기울이지 않습니다."[7]

그러나 예수님은 에베소 교회에 반대하여 말씀하실 것이 있었다. "너의 처음 사랑을 버렸느니라"(2:4). 에베소인들의 모든 미덕이 이러한 부족함을 보상해 주지는 못한다. 분명 그들이 회심했을 때는 그리스도에 대한 사랑이 뜨겁게 새로이 불타올랐다. 하지만 이제 그 불이 죽어 버렸다. 우리는 여호와께서 예루살렘에 대해 예레미야에게 불만을 털어놓으셨던 것을 기억하게 된다. "네 청년 때의 인애와 네 신혼 때의 사랑을…기억하노…라"(렘 2:2). 예루살렘과 마찬가지로 에베소의 경우도 하늘의 신랑은 신부를 처음 사랑할 때의 황홀함으로 돌아가게 하려고 애썼다. "그러므로 어디서 떨어졌는지를 생각하고 회개하여 처음 행위를 가지라"(계 2:5). 사랑이 없으면 모든 것이 아무것도 아니다.

고난. 살아 있는 교회의 첫 번째 표지가 사랑이라면 두 번째 표지는 고난이다. 그리스도를 위하여 기꺼이 고난을 받으려는 것은 그분을 위한 우리의 사랑이 진정한 것임을 입증한다.

그리스도께서는 서머나 교회가 견뎌야 했던 환난과 궁핍과 훼방을 아셨다. 아마도 이러한 고난은 그 지역의 황제 숭배와 연관되어 있었을 것이다. 서머나에는 티베리우스 황제를 기념하는 신전이 있었기 때문이다. 때때로 시민들은 황제의 흉상 앞에서 타고 있는 불에 향을 뿌리고 카이사르가 주라고 고백해야 했다. 하지만 어떻게 그리스도인들이 예수 그리스도의 주권을 부인할 수 있단 말인가?

주후 156년에 서머나의 주교는 덕망 있는 폴리카르포스였다. 그 역시 동일한 갈등에 직면했다. 사람들로 붐비는 원형 극장에서 로마 지방 총독은 그에게 카이사르의 탁월함을 찬미하고 그리스도를 욕하라고 몰아댔다. 하지만 폴리카르포스는 "86년간 그리스도를 섬겼지만 그분은 나를 한번도 실망시키신 적이 없소. 그런데 어떻게 내가 나를 구원하신 나의 왕을 모독할 수 있단 말이오?"라고 말하면서 거절했다. 그는 그리스도를 부인하느니 차라리 말뚝에 묶여 화형을 당하기로 했다.[8]

이보다 반세기 이상 전에 이미 그리스도께서는 서머나 교회에게 더 심한 시련이 오고 있다고 경고하셨다. 그것은 감옥에 갇히는 것과 아마도 죽음까지 포함할 것이다. "네가 죽도록 충성하라. 그리하면 내가 생명의 관을 네게 주리라"(2:10).

진리. 버가모 교회는 진리에 헌신했다. 그래서 예수님은 자신을 입에서 날선 양날검이 나오는 이로 소개하신다. 그것은 그분의 말씀을 상징하는 것이었다. 그분은 버가모 교회가 "사탄의 권좌가 있는 데" 살고 있다고 묘사하신다. 버가모는 이교 숭배의 중심지였기 때문이다. 하지만 콜린 헤머에 따르면, "우리는 '사탄의 권좌'라는 표현이 일차적으로 교회가 심한 대립을 겪고 있을 당시 버가모에서 시행되었던 황제 숭배를 가리키는 것이라고 결론을 내려야 한다."[9] 하지만 반대에도 불구하고, 심지어 안디바의 순교에도 불구하고, 그 교회는 그리스도의 이름에 여전히 충실했으며 그리스도를 믿는 믿음을 저버리지 않았다. 비록 일부 교인들은 우상 숭배를 묵과하는 거짓 가르침에 굴복했지만 말이다.

거룩함. 예수님은 그다음에 두아디라 교회에 편지를 쓰시면서, 살아 있는 교회의 또 다른 표지는 거룩함이라는 것을 강조하신다. 그분은 마음 깊숙한 곳에서 우러나오는 칭찬으로 시작하신다. 그들의 사랑과 믿음과 섬김과 인내를 아시기 때문이다. 이것들은 믿음과 소망과 사랑이라는 세 요소를 포함하는 네 가지 훌륭한 미덕이다.

하지만 유감스럽게도, 이것으로 끝나는 것이 아니었다. 왜냐하면 그 교회는 순수한 기독교적 특질을 가지고 있었지만, 도덕적 타협의 죄 역시 범하고 있었기 때문이다. 그 교회는 악한 자칭 여선지자를 용납했기 때문이다. 그 여자는 아합의 악한 아내의 이름을 따서 상징적으로 이세벨이라는 이름을 가지고 있었으며, 그리스도의 종들을 우상 숭배뿐 아니라 성적 부도덕의 나쁜 길로 이끌고 있었다. 그리스도께서는 그녀에게 회개할 기회를 주셨으나 그녀는 회개하려 하지 않았으며, 그래서 그녀에게 심판이 임할 것이다.

절제와 그리스도를 닮는 것으로 이루어진 거룩함은 살아 있는 교회의 또 다른 필수적인 특징이다. 용납은 악을 용납하는 경우에는 미덕이 아니다. 하나님은 여전히 그분의 백성들에게 말씀하신다. "내가 거룩하니 너희도 거룩할지어다."

성실함. 사데 교회에 보낸 그리스도의 편지는 어떠한 종류의 칭찬도 담겨 있지 않은 유일한 편지다. 그 대신 그리스도께서는 이렇게 불만을 토하신다. "네가 살았다 하는 이름은 가졌으나 죽은 자로다." 이 교회는 잘못이나 악을 용납했거나, 사랑이나 믿음이나 거룩함이 부족했던 것 같지는 않다. 그것은 생명과 활력의 표지였다. 하지만 그러한 이름(평판)은 거짓된 것이었다.

성경에서는 평판과 실제의 차이, 사람들이 보는 것과 하나님이 보시는 것의 차이에 대해 많은 것을 말한다. "내가 보는 것은 사람과 같지 아니하니 사람은 외모를 보거니와 나 여호와는 중심을 보느니라"

(삼상 16:7). 외양과 평판에 사로잡히면 자연히 위선(예수님이 싫어하시는)에 빠지게 되며, 이는 성실함은 참되고 살아 있는 교회의 특징이라는 것을 말해 준다.

선교. 예수님은 빌라델비아 교회에 편지를 쓰시면서, 자신을 다윗의 열쇠를 가지사 닫힌 문을 열고 열린 문을 닫을 수 있는 분이라고 묘사하신다. 따라서 그분은 빌라델비아 교회에게 "내가 네 앞에 열린 문을 두었으되 능히 닫을 사람이 없으리라"(계 3:8)고 말씀하실 수 있었다. 그 말의 가장 적절한 의미는, 바울이 에베소에서 "내게 광대하고 유효한 문이 열[리고]"(고전 16:9)라고 말했을 때처럼 기회의 문이라는 것이다. 이는 선교가 참된 교회의 또 다른 표지라는 의미이다. 빌의 말을 인용하면, 교회들에게 보낸 모든 편지는 "일반적으로 이교 문화 한가운데서 그리스도를 증거하는 문제를 다루고 있다."[10]

아마도 빌라델비아 교회에게 보낸 편지에서 그것이 강조된 이유는 빌라델비아의 전략적 위치 때문일 것이다. 빌라델비아는 사방으로 교역로가 뚫려 있는 넓고 비옥한 골짜기에 자리잡고 있었다. 윌리엄 램지 경은 그 도시 설립자의 의도는 그곳을 헬라어와 문명 전파의 중심지로 삼으려는 것이었다고 썼다. "그곳은 처음부터 선교적 도시였다."[11] 그래서 그리스도께서는 빌라델비아가 헬라 문화에 기여했던 것처럼 이제 복음 전파에 기여하도록 하실 생각이었을 것이다. 문은 활짝 열려 있었다. 그 교회가 상대적으로 약했다 해도, 그 교회는 복된 소식을 갖고 열린 문을 담대하게 통과해 나가야 한다.

전심. 라오디게아 교회에 보낸 그리스도의 메시지에 대해서는 의심의 여지가 있을 수 없다. 그리스도께서는 그분의 교회가 전심

(wholeheartedness)이라는 특징을 지닌 교회가 되기를 원하신다. 그분은 매우 노골적으로 말씀하신다. 그분은 제자들이 무관심으로 미지근하기보다는 그리스도께 뜨겁게 헌신하든가 아니면 얼음같이 냉정한 적대감을 보이는 편을 더 원하신다. 그분은 미지근함이야말로 역겨운 것이라고 생각하신다.

라오디게아 정반대쪽인 리쿠스강 건너편에는 히에라폴리스가 있었는데, 그곳의 온천들은 라오디게아 벼랑 위로 미지근한 물을 흘려보냈다. 그로 인해 오늘날에도 볼 수 있는 석회암 퇴적층이 생긴 것이다. 그래서 종교나 정치 또는 다른 어떤 것에서든 미지근한 사람을 나타낼 때 '라오디게아적'이라는 형용사를 쓰게 되었다. 라오디게아는 외적으로는 존경할 만하지만 내적으로는 피상적인 교회를 대표하는 듯하다. 그것은 우리가 익히 알고 있는 순전히 명목상의 교회를 나타낸다.

비유가 벌거벗고 눈먼 거지의 비유로 바뀔 때, 우리는 라오디게아 교인들이 진정한 그리스도인이긴 했을까 하는 생각을 하기 시작한다. 그다음에는 다시 빈 집의 비유로 바뀐다. 그리스도께서 현관에서 문을 두드리시고 말씀하시고 기다리신다. 우리가 문을 열면 그분은 들어오사, 우리와 함께 잡수실 뿐 아니라 우리를 소유하신다. 이것이 바로 전심의 본질이며, 그리스도께서는 우리를 그렇게 살도록 부르신다.

이처럼 부활하신 주님은 자신을 자기 양 떼의 목자장으로 계시하신다. 그분은 자기 교회를 순시하시고 검사하시며 감독하셔서, 그들을 자세히 잘 아신다. 그리고 그분은 모든 교회가 나타내 보이기를 바라시는 일곱 가지 표지를 정확하게 지적하실 수 있다. 그것은 그분에 대한 사랑, 그분을 위해 기꺼이 고난받는 것, 교리의 진리와 삶의 거룩함, 선교에 대한 헌신 그리고 그와 더불어 모든 것에 성실하고 전심을 다하는 것이다.

우리는 또한 내적으로는 죄와 오류와 무기력에 시달리고, 외적으로는 환난과 핍박에, 특히 카이사르를 위해 그리스도를 버리라는 시험과 진짜 순교의 위험에 시달리는 교회를 살펴보았다.

요한계시록 4장에서는 갑자기 지상의 교회로부터 하늘의 교회로, 깜박이는 촛대 사이에 있는 그리스도에서 하나님의 변치 않는 보좌 중앙에 앉으신 그리스도께로 향한다. 그것은 똑같은 그리스도지만, 완전히 다른 각도에서 본 그리스도다.

3. 하늘에서 하나님의 보좌에 함께 앉으신 그리스도(계 4-5장)
보좌, 두루마리, 어린양

"이 일 후에 내가 보니 하늘에 열린 문이 있는데 내가 들은 바 처음에 내게 말하던 나팔 소리 같은 그 음성이 이르되 이리로 올라오라. 이후에 마땅히 될 일을 내가 네게 보이리라 하시더라"(4:1). 그것은 계시의 열린 문이었으며 요한이 문을 통해 본 것은 세 단계로 전개된다. 첫째로, 하나님이 온 우주를 다스리시는 보좌이다. 둘째로, 두루마리 곧 닫혀 봉인되었으며 하나님의 오른손에 들린 역사책이었다. 그리고 마지막으로 두루마리를 펴고 역사를 해석하고 통제하기에 홀로 합당하신, 죽임당하신 어린양이다.

보좌에 대한 요한의 환상(계 4:1-11)

요한이 열린 문으로 슬쩍 들여다보았을 때 제일 처음으로 본 것이 보좌 곧 하나님의 주권, 엄위, 왕적 통치의 상징이었다는 것은 엄청나게 중요하다. 그의 환상은 에스겔 1장과 다니엘 7장의 강한 구약적 배경을 가지고 있다.[12] 보좌는 요한계시록 4장과 5장에서 17회 언급된다.

아시아의 교회들은 작았으며, 악전고투하고 있었다. 로마는 무적의 힘을 지니고 있는 것처럼 보였다. 그들을 지상에서 사라지게 하라는 황제의 칙령이 떨어진다면, 무방비 상태인 소수의 그리스도인들이 무엇을 할 수 있단 말인가? 이미 어둠의 세력은 그들에게 다가오고 있는 듯이 보였다. 하지만 그들은 두려워할 필요가 없다. 우주의 한가운데는 보좌가 있기 때문이다. 그것은 우주를 선회하는 행성들에게 질서를 부여한다. 거대한 성운들도 그것에 충성을 바친다. 그 안에서 가장 미세한 생명체도 자신의 생명을 발견한다.

요한이 환상에서 본 모든 것은 보좌와 관련되어 있었다. 그는 하나님이 보좌의 중심 되심을 나타내기 위해 일곱 개의 단어를 사용한다.

그 보좌 **위에는** 누군가가 앉아 있었다(4:3). 그 보좌에 앉아 있는 분은 묘사되어 있지 않다. 하나님은 묘사할 수 없는 분이기 때문이다. 요한이 본 것이라고는 다이아몬드와 루비를 뜻하는 것으로 보이는 "벽옥과 홍보석"이라는 번쩍이는 보석 같은 빛나는 색뿐이었다.

보좌를 **둘러싸고 있는** 것은 녹보석 무지개(4:3)로서, 이는 하나님의 언약의 자비를 상징하며 하나님의 높여지신 보좌가 동시에 은혜의 보좌라는 것을 상기시켜 준다(참고. 창 9:8-17).

보좌 **둘레에는** 24개의 다른 보좌가 있었는데(4:4), 거기에는 이십사 장로가 앉아 있었다. 아마도 이들은 구약 이스라엘 열두 지파의 우두머리와 예수 그리스도의 열두 사도를 나타낼 것이다. 그들이 입은 흰 옷과 금면류관은 그들의 의와 권위를 나타내었다.

보좌로부터 번개와 음성과 뇌성이 났는데(4:5 상), 이는 거룩하신 분의 임재와 권능의 표시였던 시내산에서의 하나님의 계시를 상기시킨다.

보좌 **앞에는** 일곱 등불이 있었는데(4:5 하), 이는 하나님의 일곱 영 즉 여러 가지 사역, 특히 일곱 교회와 관련해서 사역을 하시는 성령이다. 교회와 성령은 함께 결합되어 있기 때문이다.

보좌 **앞에는** 유리 바다와 같은 무한한 공간이 펼쳐져 있어서(4:6 상), 하나님의 초월성과 그분이 접근하기 어려운 분임을 말해 주고 있었다.

보좌 **가운데와 주위에는** 일종의 측근 집단인 네 생물이 있었다 (4:6 하). 그들은 "앞뒤에 눈들이 가득하[며]"(이는 그들이 계속해서 경비 태세에 있음을 표현한다), 사자, 송아지, 사람, 독수리를 닮은 존재로 "생물계에서 가장 장대하고, 가장 강하고, 가장 지혜롭고, 가장 빠른 것을 모두"¹³ 대표했다. 모든 자연은 밤낮 쉬지 않고 전능하신 주 하나님을 찬양했으며, 이십사 장로가 이에 동참한다. 이처럼 자연과 교회, 옛 창조물과 새로운 창조물은 하나가 되어 하나님이 예배받기에 합당하신 분이라고 선포한다. 하나님의 뜻에 의해 만물이 창조되었으며 계속 존재하고 있기 때문이다.

잠시 멈추어, 우리가 궁극적 실재에 대해 과연 이러한 시야를 갖고 있는지 곰곰이 생각해 보자. 미래에 대한 우리의 시야는 너무 소극적이다. 우리는 언젠가 더 이상 배고픔이나 목마름이 없고, 더 이상 고통이나 눈물이 없으며, 더 이상 죄나 사망과 저주가 없는 날이 올 것이라는—이러한 것들이 다 지나갔을 것이기 때문에—요한계시록의 확신을 붙잡는다.

하지만 이러한 것들이 없다는 데 초점을 맞추기보다는 그것들이 없게 된 원인, 즉 하나님의 보좌가 중심부에서 다스리고 계시다는 데 초점을 맞추는 편이 더 낫고 더 성경적일 것이다. 하나님이 권력을 잡고 무적의 존재로 다스리실 때, 하나님 나라는 충만히 임할 것이며, 그분의 통치와 양립할 수 없는 모든 것은 멸망할 것이고, 하나님이 "만유의 주로서 만유 안에"(고전 15:28) 계실 것이기 때문이다. 그때까지 우리는 이 세상에서 하늘의 하나님 중심적인 삶을 예기하면서, 지금 이 순간 의식적으로 보좌와 관계를 맺는 삶을 살도록, 그래서 모든 생각과 말과 행동이 하나님의 지배를 받도록 해야 한다.

두루마리에 대한 요한의 환상(계 5:1-6)

이제 요한은 보좌와 거기 앉으신 분을 더 자세히 보면서 그분의 오른손에 두루마리가 있는 것을 알아차린다. 그것은 안팎으로 썼고 일곱 인으로 봉해져 있었다. 요한은 그것이 무엇인지 말하지 않지만, 인이 떼인 후 나오는 내용으로 보아, 그것은 역사책, 알려지지 않은 미래에 대한 봉인된 기록, "이후에 마땅히 일어날 일"(4:1)이다.[14]

요한의 환상(5:2)에서는 힘 있는 천사가 나타나 큰 음성으로 우리 모두가 던질 법한 질문을 던진다. "누가 그 두루마리를 펴며 그 인을 떼기에 합당하냐?" 곧 미래를 지배하는 것은 둘째 치고 누가 미래를 드러낼 것인가 하는 질문이다. 천사의 도전적인 질문에 아무도 대답하지 않는다. 그래서 요한은 "내가 크게 울었더니"(4절)라고 말한다. 그는 격한 감정에 사로잡혔고 그 두루마리를 펴거나 심지어 그 안을 들여다보기에 적합한 자가 아무도 없다는 깊은 실망에 잠겨 있었다.

상황을 상상해 보자. 기독교 교회는 강력한 로마 제국 한가운데 있는 매우 작은 공동체였다. 그리스도인들은 미미한 소수 집단이었을 뿐 아니라, 또한 핍박받는 소수 집단이기도 했다. 모든 사람이 그들을 반대하는 듯이 보였다. 그리스도인들은 보좌에 간절히 매달릴 수 있었을 것이다. 하지만 그 두루마리에는 어떤 비밀이 들어 있을까? 그들이 받는 고난은 의미가 있는 것이었을까? 하나님은 계획을 가지고 계셨는가? 역사에는 계획이 있는가? 누가 그들에게 역사의 비밀에 대한 단서를 줄 것인가?

그때(5절) 장로 중 하나가 나와서 말했다. 그는 요한에게 울지 말라고 하고는 "유대 지파의 사자 다윗의 뿌리"(즉, 메시야)가 "이기었으니 그 두루마리와 그 일곱 인을 떼시리라", 그래서 역사의 내용과 의미를 보여 주시리라고 덧붙였다.

그것은 극적인 순간이었다. 요한은 이 승리의 사자를 보려고 눈을 들었는데, 놀랍게도 그 대신 어린양을 보았다. 그 어린양은 죽임을 당한 것처럼 보였는데, 그런데도 보좌 한가운데 서서 하나님과 보좌에 함께 있었다(3:21을 보라). 이 중심부에서 그는 네 생물(자연)과 장로들(교회) 둘 다에 둘러싸여 있었다. 그는 또한 일곱 뿔과 일곱 눈을 가지고 있는 것으로 묘사되는데, 그것은 "온 땅에 보내심을 받은 하나님의 일곱 영"(5:6)이라고 나와 있다.

이렇게 우리는 보좌에서 두루마리로, 이제는 두루마리에서 어린양에게로 주의를 돌린다.

어린양에 대한 요한의 환상(계 5:7-14)

어린양이 이제 행동을 취하셨다. 그는 보좌에 앉으신 이에게로 와서 그분의 오른손에서 두루마리를 취하셨다. 이것을 신호로 네 생물과 이십사 장로가 어린양 앞에 엎드려 새 노래를 부르며, 이제는 창조 때문이 아니라 구속 때문에 어린양이 두루마리를 가지시고 그 인을 떼기에 합당하시다고 선포한다.

> 일찍이 죽임을 당하사
> 　각 족속과 방언과 백성과 나라 가운데서
> 　사람들을 피로 사서 하나님께 드리시고
> 그들로 우리 하나님 앞에서 나라와
> 　제사장을 삼으셨으니
> 그들이 땅에서 왕 노릇 하리로다. (5:9-10)

그다음에 수많은 천사들이 합류하여 어린양이 죽임을 당하셨기 때문에 일곱 가지 복을 받기에 합당하시다고 선포한다. 모든 권능과 지혜는 그에게 돌려야 하기 때문이다.

그리고 마지막으로(13절) 요한은 온 우주의 만물이 "보좌에 앉으신 이와 어린양에게" 찬양과 영광을 돌리는 것을 듣는다. 네 생물은 아멘으로 그것을 인정해 주며, 이십사 장로는 엎드려 경배한다.

그것은 피조물 전체가 하나님과 그분의 그리스도 앞에 엎드려 있는 대단히 장엄한 환상이며, 어린양이 보좌에 앉으신 분과 동격으로 함께 보좌에 앉으시고 동일한 찬양을 받으시는 것은 참으로 굉장한 일이다.

하지만 그 극적인 사건은 또한 질문을 불러일으킨다. 왜 오직 예수 그리스도만이 두루마리를 펴고 설명하기에 합당하신 분인가? 어떻게 하나님의 어린양은 유일무이하게 그 두루마리를 해석할 자격을 가질 수 있는가? 분명 그것은 그가 죽임을 당하셨기 때문이고, 그가 자신의 죽음으로 이루신 바 때문이다. 하지만 그것을 역사의 열쇠로 만들어 주는 십자가는 대체 어떤 관련이 있는가?

먼저 십자가는 **승리**에 대해 이야기하기 때문에 역사를 밝혀 준다. 어린양이 두루마리를 펼 수 있는 이유는 그분이 승리하셨기 때문이다(5:5). 교회들에게 보내는 일곱 개의 편지 각각의 결론부에서는 같은 동사가 사용되었다. 이기는 자에게는 약속이 주어진다. 예를 들면 다음과 같다. "이기는 그에게는 내가 내 보좌에 함께 앉게 하여 주기를 내가 이기고 아버지 보좌에 함께 앉은 것과 같이 하리라"(3:21). 이처럼 십자가는 신약에서 패배가 아니라 승리, 비극이 아니라 대성공으로 묘사된다. 바울이 썼듯이 십자가에서 그리스도께서는 악의 정사와 권세를 폐위시키고 무력화시켜 그것들을 이기고 승리하셨다(골 2:15). 그것들이 여전히 살아서 활동하고 있는 것은 사실이다. 그것들은 아직 패배를 인정하지 않기 때문이다. 그럼에도 불구하고 그것들은 정복되었으며 그리스도의 발 아래 있다(예를 들어, 엡 1:22). 이것은 '승리자 그리스도'(Christus Victor)라는 위대한 진리다. 교회는 이 진리를 가끔씩 잊어버리곤 한다. 어린양만이 역사와 역사의 모든 악을 해

석할 수 있는 첫 번째 이유는, 그분이 십자가에서 악을 이기고 승리하셨기 때문이다.[15]

둘째, 십자가는 **구속**에 대해 말하기 때문에 역사를 밝혀 준다. "어린양"이라는 칭호를 계속 반복해서 사용한 것을 보면서, 유대인 독자들은 즉시 유월절을 떠올렸을 것이다. 유월절 양을 희생시켜 그 피를 뿌리고 사람들이 목숨을 구했던 것처럼, 우리의 유월절 양이신 그리스도께서 우리를 위한 희생 제물이 되사 우리가 구속받고 구속의 축제를 즐기도록 하셨다. 이처럼 역사는 이중적인 줄거리를 가지고 있다. 세계사(제국들의 흥기와 멸망)가 있고 구원사(하나님의 구속받은 백성의 이야기)가 있다. 더구나 전자는 후자에 비추어서만 설명할 수 있으며, 하나님이 세계사를 배경으로 행하고 계시는 일은 모든 민족에서 하나님을 위한 백성을 불러내시는 것이고, 십자가만이 이것을 가능하게 한다고 감히 말할 수 있다.

셋째, 십자가는 **고난**에 대해 말하기 때문에 역사를 밝혀 준다. 그리스도의 고난은 구속적 의미를 지녔다는 면에서는 유일무이한 것이지만, 그럼에도 불구하고 하나님의 백성이 받는 고난의 원형이다. 그분이 고난을 받으셨기 때문에, 그분의 백성은 고난을 받도록 부르심 받는다. 그분은 자신이 십자가로 가셨기 때문에, 우리에게 우리의 십자가를 지고 그분을 따르라고 부르신다. 그래서 요한은 죽임 당한 어린양(계 5장)에서 신실한 증거 때문에 죽임 당한 순교자들의 영혼(계 6장)으로 옮겨 간다. 이렇게 그리스도를 위해 고난당하도록 부르심 받은 사람들, 이해하기도 견디기도 너무나 어려운 고난을 받는 사람들은 그 고난을 그리스도의 고난에 비추어서 보는 법을 배운다.

넷째, 십자가는 **약함**, 그리고 특별히 약함을 통한 능력에 대해 말하기 때문에 역사를 밝혀 준다. 그리스도와 십자가에서 그리고 요한계시록 4장과 5장에 나오는 요한의 환상에서 이러한 역설의 가장 극적인 형태를 볼 수 있다. 하나님의 보좌(권능의 상징) 한가운데 죽임 당한 어린양(약함의 상징)이 서 있기 때문이다. 다시 말해, 약함을 통한 권능―십자가에 달리신 하나님과 보좌 위의 어린양에서 극적으로 표현된―이 궁극적 실재의 핵심, 심지어 전능하신 하나님 자신의 신비의 핵심이다.

4. 역사의 과정을 주관하시는 그리스도(계 6-7장)
일곱 인과 두 공동체

어린양만이 두루마리를 펼 수 있는 권리를 지니고 있음을 경축하고, 그가 보좌에 앉으신 분으로부터 두루마리를 취하여 가는 것을 본(계 5:7) 후, 요한은 이제 어린양이 일곱 인을 하나씩 떼는 것을 지켜본다. 처음 네 개의 인이 떼인 후마다 생물 중 하나가 우렛소리같이 "오라"고 말한다. 그리고 말과 거기 탄 자가 오는 것을 지켜본다. 이들이 바로 그리스도인 화가들이 종종 묘사하는 유명한 "묵시록의 네 명의 말 탄 자"이다.

첫째 말은 흰색이었다. 그리고 그 말에 탄 자는 활을 가졌고, 면류관을 받았으며, "나아가서 이기고 또 이기려고 [한다]." 그는 묵시에 나오는 여러 말 탄 자 중 하나이기 때문에, 많은 주석가들은 그 역시 재앙을 상징하며 그의 경우 재앙이란 군사적 정복이라고 결론을 내린다. 하지만 요한계시록 전체를 통해 흰색은 의를 나타낸다. 면류관과 정복은 그리스도께 속한 것이다. 그리고 19:11-15에서 흰 말을 탄 자의 이름은 "충신과 진실", "하나님의 말씀" 그리고 심지어 "만왕의 왕이요 만주의 주"로 나온다. 그래서 우리는 다른 말 탄 자들이 전쟁과 기근과 죽음의 참사를 퍼뜨리러 오기 전에, 그리스도께서 복음으로 열방을 얻기로 하시고 먼저 기마대의 맨 앞에서 말을 타고 오신다고 확신한다. 그리고 그분은 성공하신다! 7장을 보면 그분의 국제적 선교의 열매인, 아무도 능히 셀 수 없는 큰 무리가 모든 나라에서 와서 하나님의 보좌 앞에 서 있기 때문이다.

두 번째 말은 붉은색이었다. 이는 전쟁을 통한 것이든 민란을 통한 것이든 핍박을 통한 것이든 유혈 참사를 상징한다(마 10:34을 보라). 셋째 말은 검은색으로서, 극심한 인플레이션으로 기본 식료품은 너무 비싸 살 수 없게 되고 사치품은 부자들만 가질 수 있게 되는 기근 상황을 상징한다. 네 번째 말은 청황색(시체와 같은)으로, 죽음과 음부 즉 그 사건과 그것의 세력 범위 둘 다를 상징한다. 그들은 검과 흉년과 사망과 땅의 짐승으로 인구의 4분의 1을 죽일 권세를 받았다.

다섯째 인을 떼자, 또 다른 말이 나오는 대신 "제단 아래"(희생 제사를 드리는 곳) 있는 그리스도인 순교자들의 영혼들이 드러나는데, 그들은 정의를 호소하고 있었다. 조지 래드가 주석했듯이, "순교자들 자신이 개인적으로 복수를 해 달라고 외치고 있는 것이 아니라, 순교자들의 피가 정당함을 입증해 달라고 외치고 있는 것이다."[16] 그에 대한 대답으로 그들은 순교자들의 수가 차기까지 조금 더 기다리라는 말을 듣는다.

여섯째 인을 뗀 후에 대지진이 발생하며, 그 후에 가장 간담이 서늘해지는 무시무시한 우주적 격동이 일어난다. 해는 검어지고 달은 붉은색이 된다. 별은 떨어지고 하늘은 붕괴된다. 모든 산과 섬은 제자리에서 이동한다. 하지만 이것들을 문자적인 사건으로 해석해서는 안 되고, 사회적·정치적 대격변을 잘 알려진 묵시적 이미지로 묘사한 것이라고 보아야 한다. 그것은 심판의 날로 이어질 것이며, 그때 왕으로부터 종에 이르기까지 갖가지 사람들이 그 재앙을 피해 피난을 가려고 뛰어갈 것이다. 그들은 산에게 그들 위에 떨어져 그들을 하나님의 얼굴과 어린양의 진노에서 가려 달라고 소리칠 것이다(참고. 사 2:19).

이같이 처음 여섯 개의 인을 떼는 초반의 극적인 사건은, 그리스도의 초림과 재림 사이의 역사에 대해 일반적으로 개관할 수 있게 해 준다. 그때는 극심한 혼란과 고난이 있는 때일 것이다. 하지만 믿음의 눈은 이러한 것들을 넘어서 흰 말을 타고 면류관을 쓰고 승리하시는 분이자 인들을 떼고 역사의 과정을 주관하시는 어린양이신 그리스도를 바라본다.

이제 일곱째 인을 떼려면 요한계시록 8:1이 될 때까지 기다려야 한다. 요한은 막간을 이용해서 하나님의 백성이 안전하다는 것을 강조한다. 요한계시록 7장은 두 개의 인간 공동체를 묘사한다. 첫 번째 공동체(1-8절)는 14만 4천 명을 헤아리며 이스라엘의 열두 지파에서 나온 것이다. 두 번째 공동체(9-17절)는 모든 나라와 방언과 족속에서 나온 아무도 능히 셀 수 없는 큰 무리이다. 처음에는 그것들이 별개의 두 집단(하나는 숫자가 나와 있고, 하나는 숫자가 나와 있지 않은, 하나는 이스라엘인들이고 하나는 이방인들인)처럼 보이며, 이들을 구분하려는 독창적인 시도가 몇 번 있었다. 하지만 좀더 자세히 살펴보면 둘 다 동일하게 하나님의 구속받은 공동체에 대한 묘사임이 분명해진다. 비록 서로 다른 관점에서 본 것이긴 하지만 말이다. 처음 공동체에서 사람들은 전투를 위해 정렬한 군인들처럼 모여 있다. 이는 지상에서의 전투적 교회이다. 두 번째 공동체에서는 사람들이 하나님 앞에 모여 있고 그들의 전투는 과거의 일이다. 이는 하늘나라에 있는 승리한 교회이다.

첫 번째 공동체를 살펴보자. 그들은 "우리 하나님의 종들"(3절)이라고 불리며, 그들이 하나님께 속해 있다는 것을 나타내기 위해 이마에 인을 맞는다. 혹은 날인을 받는다. 14만 4천이라는 숫자는 완전한 교회를 나타내는 명백한 상징이다(12×12×1,000). 그들은 후에 "땅에서 속량함을 받은" 사람들로 밝혀진다(14:3). 그리고 그들이 이스라엘의 열두 지파로 제시되는 유일한 이유는 신약 전체에 걸쳐 교회가 "하나님의 이스라엘", "참된 할례", "택하신 족속이요…거룩한 나라요 그의 소유가 된 백성"(갈 6:16; 빌 3:3; 벧전 2:9)으로, 그 안에서 하나님의 언약적 약속이 성취되고 있는 존재로 여겨지기 때문이다.

그렇다면 두 번째 무리에 대해서는 무엇이 나와 있는가? 그 무리는 "각 나라와 족속과 백성과 방언에서 아무도 능히 셀 수 없는 큰 무리"(계 7:9)이다. 그 안에서 아브라함에게 하신 하나님의 약속 곧 그에게 모래와 별처럼 많은 후손을 주실 것이며 이를 통해 땅의 모든 족속을 복주시겠다는 약속이 이루어지고 있다(창 12:1 이하).

그다음으로 셀 수 없이 많은 무리는 하나님과 어린양의 보좌 앞에 서서 하나님과 어린양이 왕으로 다스리시는 복을 누리고 있다. 그들은 의의 흰 옷을 입고 있으며 승리의 종려 가지를 흔들고 있다. 그들은 또한 예배의 노래를 크게 부르고 있으며, 그들의 구원을 하나님과 어린양의 덕으로 돌리고 있다. 천사들과 장로들과 생물들 역시 함께 엎드려 얼굴을 대고 하나님을 경배하고 있다. 하늘나라에서의 삶은 계속해서 즐겁게 경축하는 삶이므로, 지상의 성가대들과 관현악단들은 종말론적 콘서트의 예행 연습을 하고 있는 것이다.

그렇다면 우리는 어떻게 이 구속받은 국제적 무리에 확실히 속할 수 있는가? 장로 중 한 명의 다음과 같은 질문은 바로 이러한 염려를 표현한 것이다. "이 흰 옷 입은 자들이 누구며 또 어디서 왔느냐?"(계 7:13) 그러고 나서 그는 이어서 스스로 대답을 한다. 한편으로 그들은 "어린양의 피에 그 옷을 씻어 희게 하였[다]." 우리는 우리 자신의 도덕이라는 더럽고 남루한 누더기를 입고서는 하나님의 눈부신 보좌 앞에 도저히 설 수 없으며, 오직 우리를 위해 죽으신 어린양을 통해 깨끗하게 됨을 받아야만 설 수 있다. 다른 한편으로, 그들은 "큰 환난에서 나오는 자들"이다. 모든 구속받은 자들이 언급되어 있으므로, 그 환난이 적그리스도의 나타남과 그리스도의 재림 사이의 특정한 기간을 말하는 것일 수는 없다. 그것은 그리스도인의 삶 전체를 묘사하는 것임이 분명하다. 신약에서는 그리스도인의 삶 전체를 환난 ['틀립시스'(*thlipsis*). 예를 들어, 요 16:33; 행 14:22; 계 1:9을 보라]의 시간이라고 계속해서 지칭한다. 그러므로 "그들이 하나님의 보좌 앞에 있[다]"(계 7:15). 그리스도와 함께 고난을 받은 사람들만이 그분과 함께 영광을 받을 것이기 때문이다(참고. 롬 8:17).

이 장은 하나님이 자기 백성의 장막이 되실 것이고, 그들이 다시는 굶주림이나 목마름이나 뜨거운 기운으로 고통당하지 않을 것이며, 상황이 완전히 역전되어 어린양이 그들의 목자가 되고 하나님이 그들의 눈물을 씻어 주시리라는 영광스러운 확신(계 15:15-17)으로 끝난다.

5. 세상에 회개할 것을 요구하시는 그리스도(계 8-11장)
일곱 나팔, 작은 책, 두 증인

요한계시록 8-11장은 해석하기가 어렵다는 것이 일반적으로 일치된 의견이다. 이 장들은 일곱째 인을 떼는 것으로 시작되는데, 그 후에 "하늘이 반 시간쯤 고요[했다]." 환상도 음성도 없었다. 아마도 이는 책의 일곱 번째 부분이 자체의 내용은 아무것도 없고 다음에 나오는 일곱 개의 나팔로 구성되어 있다는 것을 나타내기 위함일 것이다.

요한은 또한 이 장들에 대한 서론(8:3-5)에서 천사의 향과 하나님의 백성의 기도가 하나님의 보좌로 올라가고 있다고 말한다. 그는 하나님의 심판의 상징인 우레와 번개가 교회의 기도에 대한 직접적인 응답임을 암시한다(참고. 6:9-11).

이제 일곱 천사가 일곱 나팔을 받았다. 우리는 여기서 극적인 사건이 전개될 때, 일곱 개의 인을 떼는 것과 일곱 개의 나팔을 부는 것이 연속적으로 이루어진 것이 아니라, 그리스도의 초림과 재림 사이에 걸쳐 있는 동일한 기간을 서로 다른 각도에서 상징하는 것임을 기억하는 것이 중요하다.

그렇다면 나팔들이 지니는 독특한 관점은 무엇인가? 그 관점은 그리스도에 대해 어떤 시각을 가지고 있는가?

나의 주장은, 이 장들 도처에서 **경고**를 보내는 붉은 신호등이 번

쩍번쩍 비추는 것을 인식해야 한다는 것이다. 이 장들의 최우선적 목적은 믿지 않는 세상에 충격을 주어 자기만족과 자기중심성에서 벗어나게 하고, 세상에게 회개하도록 명하고, 회개하지 않는 사람들에게 하나님의 의로운 심판을 경고하는 것이기 때문이다. 회개에 대한 부름과 심판에 대한 경고, 이것이 이 장들의 지배적인 메시지이다.

어떤 사람들은 이것이 이 장들에 직접적으로 나타난 명백한 의미가 아니라고 대답할 수도 있다. 그렇다면 어떻게 나의 주장을 정당화할 수 있을까? 다음 여섯 가지 논증을 생각해 보라.

첫째, 나팔은 구약에서 서너 가지 목적으로, 예를 들면 긴급한 상황에서 사람들을 모으기 위해서 또는 "하나님이 말씀하실 때 사람들의 주의를 집중시키기" 위해서 사용되긴 했지만,[17] 나팔의 주요 기능 중 하나는 경고였다. 그래서 에스겔은 파수꾼이 "그 땅에 칼이 임함을 보고 나팔을 불어 백성에게 경고[한다면]" 사람들은 자신의 반응에 대해 각자 책임을 져야 한다고 썼다(겔 33:1-6; 참고. 욜 2:1).

둘째, 요한은 의도적으로 그가 묘사하는 심판들을 애굽의 재앙들과 유사하게 말한다. 예를 들어, 그는 물이 피로 변하는 것, 심한 우박 폭풍, 메뚜기 떼(요한계시록에는 "황충"이라고 되어 있다 — 역주), 짙은 어둠을 말한다.[18] 그리고 애굽에서 그러한 재앙들의 목적은 바로와 그의 신하들이 회개하도록 하는 것이었다.

셋째, 일곱 나팔 중 처음 다섯 개는 땅과 바다와 민물과 하늘과 사람들에게 재난이 닥칠 것을 알리는 것으로, 그들 각각의 3분의 1이 고통을 당한다. 이렇게 의도적으로 제한을 함으로써 나머지 3분의 2에게 경고 신호를 보낸다. 심판은 최종적인 것이 아니라 부분적인 것이었다.

넷째, 사람들이 나팔 소리에 대해 보인 부정적인 반응은, 나팔 소리가 회개를 목적으로 했으나 허사였다는 것을 보여 준다. "이 재앙에 죽지 않고 남은 사람들은 손으로 행한 일(즉 우상 숭배)을 회개하지 아니하고…또 그 살인과" 다른 죄들을 "회개하지 아니하더라"(계 9:20-21). 계속되는 하나님의 경고에도 불구하고 그들은 여전히 반항하며 회개하지 않았다.

다섯째, 나팔들이 상징하는 자연재해들은 하나님의 간접적인 경고였다. 거기에는 하나님의 말씀이라는 직접적인 경고가 수반되었다. 작은 책은 복음의 선포를 나타내며, 하나님의 두 증인은 선교하는 교회를 나타낸다. 그들은 전파할 때 "굵은 베옷을"(계 11:3) 입었는데, 이는 그들이 구했던 회개를 극적으로 나타낸 것이었다(참고. 눅 10:13).

여섯째, 두 증인의 사역이 효과를 보지 못할지라도, 그들의 핍박과 순교에 자극을 받아 세상 사람들이 회개에 이르기를 바라는 마음이 표현되어 있다.

이 여섯 개의 논증이 합쳐져서 강한 논거를 형성한다. 그렇다면 우리는 인과 나팔과 대접이 그리스도의 초림과 재림 사이의 동일한 기간에 대한 것이지만, 그 기간을 서로 다른 관점에서 본 것임을 이해할 수 있다. 일곱 인은 그리스도께서 그분의 세상에 **허용하시는** 바를 나타낸다(그분이 인을 떼실 때만 일이 일어나므로). (아직 나오지 않은) 일곱 대접은 그리스도께서 어떻게 그분의 세상을 **심판하시는지를** 묘사한다. 하지만 (인과 대접 사이에 나오는) 일곱 나팔은 그리스도께서 어떻게 세상에 **경고하시며** 그들에게 회개하라고 명하시는지 묘사한다.

그렇다면 나팔들의 의미를 살펴보자.

현재 나열되어 있는 재난들(땅, 바다, 물, 태양계에 미친 해)은 특정한 사건들로 인식할 수 없으며, 그렇게 간주해서도 안 된다. 예를 들어 둘째 나팔을 불 때 나오는 거대한 불붙는 산은 주후 79년에 있었던 베수비오산의 폭발을 말하는 것이 아니다. 그 폭발에서 이미지를 약간 빌려 왔을지는 모르지만 말이다. 그 대신 그것들은 어느 곳에서든 어느 때든 어느 누구에게나 일어날 수 있는 자연재해다. 그것들을 문자적으로 받아들여야 한다면, 이 땅의 삶에 닥치는 위험이라고 볼 수 있을 것이다. 그리고 그것들은 실로암 망대가 무너진 사건이 그랬던 것과 같은 의미에서 경고를 준다. 예수님은 실로암 망대 사건을 회개하라는 부르심으로 해석하셨다(눅 13:4). 하지만 그것들은 오히려 비유적인 것으로, 환경적 재앙(첫째 나팔의 푸른 식물), 경제적 혼란(둘째 나팔의 배들이 깨어짐), 인간의 비극(셋째 나팔의 쓰게 됨), 야만적 행동(넷째 나팔의 어두움)을 말하는 것일 가능성이 훨씬 더 많다.

하지만 앞으로의 상황은 훨씬 더 나쁠 것이다. 요한은 독수리가 공중에 날아가면서 땅에 사는 모든 거민에게 큰 소리로 외치는 것을 본다. 독수리는 "화, 화, 화가 있으리…로다"라고 부르짖는다. 다섯째, 여섯째, 일곱째 나팔이 훨씬 더 심한 고난을 가져올 것이며, 그렇기 때문에 첫째 화, 둘째 화, 셋째 화로 새로이 명명되리라는 것을 나타내기 위함이다.

처음 네 나팔이 자연이 입는 피해를 묘사한다면, 다섯째(계 9:1-11), 여섯째(계 9:12-21) 나팔은 인간이 입는 피해를 묘사한다. 요한은 열린 무저갱에서 피어올라 해와 공기를 어둡게 하는 연기 가운데서 땅 위에 나오는 황충(적어도 그는 그것을 그렇게 부른다)을 본다. 이 생물들은 황충이 원래 하는 일(모든 초목을 먹어치우는 것)을 하지 못한다. 그 대신에 믿지 않는 사람들(하나님의 인을 받지 않은)을 공격하며, 그들에게 전갈이 쏘는 것처럼 아픈 침을 쏜다. 하지만 그것들은 죽일 권세가 없으며, 그것들에게 쏘인 인간들은 죽기를 갈망해도 스스로 죽을 수 없을 것이다.

요한은 황충을 극도로 생생하게 묘사한다. 그는 자신의 환상 속에서 그것이 어떤 모습을 하고 있는지 혹은 무엇을 상기시키는지를 말해 준다. 그는 여덟 번에 걸쳐 "…같다"는 말을 반복한다. 일반적으로 황충은 전쟁용 말과 같고 그것의 머리 장식물은 금관 같다. 그의 얼굴은 사람의 얼굴 같고, 머리털은 여자의 머리털 같으며 그 이는 사자의 이 같다. 그다음에 다시 황충의 호전적 성질을 나타내는 내용이 나오는데 그것의 갑옷은 철 호심경 같으며, 빙빙 도는 날개 소리는 전쟁터로 돌격하는 말과 병거의 울리는 소리 같았다. 황충들의 왕은 '파괴자'라고 불렸다. 그것들은 파괴하는 데 열심이기 때문이다. 하지만 요한이 가장 깊은 인상을 받은 것은, 그것들이 심한 고통을 가하는 능력을 가지고 있다는 것이었다. 9장에서 세 번, 요한은 그것들이 전갈이 쏘는 것처럼 쏜다고 말하며(3, 5, 10절), 세 번에 걸쳐 그것들이 괴롭게 하고(5절) 해하고(10절) 너무나 심한 고통을 가져와 사람들이 죽기를 구하게 하는(6절) 능력이 있다고 언급한다.

물론 이 해로운 생물을 문자적으로 생각해서는 안 된다. 또한 요한은 우리에게 황충들이 마귀의 무리라는 어떤 암시도 주지 않는다. 그렇다면 모든 종류의 악은 인간의 마음속에 들어 있다는 예수님의 가르침(막 7:21-23)을 기억할 때, 요한이 바로 그것을 시각적으로 묘사하고 있다고 볼 수 있을까? 토머스 토렌스는 열쇠를 가지고 있는 별을 하나님의 말씀이라고 본다. 복음처럼 "인간 본성의 지옥을 여는"[19] 것은 아무것도 없기 때문이다. 복음은 우리와 다른 사람들에게 우리의 타락한 성품이 얼마나 심하게 부패되어 있는가를 보여 준다. 그것은 종종 감추어져 있지만, 때로 표면을 뚫고 나와 우리를 매우 당혹하게 한다. 그것은 우리로 하여금 고통스럽게 죄를 깨닫게 한다. 양심의 괴로움보다 더 고통스러운 아픔은 없기 때문이다. 어떤 사람들은 그로 인해 회개와 믿음에 이른다. 하지만 어떤 사람들은 그로 인해 마음을 완악하게 하여 멸망에 이르게 된다.

요한은 여섯 번째 나팔(계 9:12-21)이 이전의 다섯 나팔보다 훨씬 더 심한 고통을 가져오리라는 것을 안다. 그래서 그는 그것이 하나님의 백성의 기도에 대한 응답으로 하나님이 직접 허용하시는 것이며(13절; 참고. 8:3-5), 또한 하나님이 정하신 바로 그 순간에 울리리라는 것(15절)을 강조한다. 이 같은 허락이 필요한 것은 고난이 점차 확대되기 때문이었다. 여섯 번째 나팔은 사실상 인류의 3분의 1을 죽일 수 있도록 허락해 줄 것이다(15, 18절). 게다가 다섯 번째 나팔 후에는 황충이 신적 심판의 대행자였던 반면, 이제는 말 탄 자들이 대행자다. 그 기병대는 2억을 헤아리며, 유프라테스강에 상징적으로 모였다. 그곳은 이스라엘의 원수인 앗시리아와 바빌론이 나온 곳이며, 로마가 파르티아인 무리에게 위협을 당한 장소이다. 요한이 본 말 탄 군대는 정말로 엄청나게 강력했다. 그들의 호심경은 붉은 색과 푸른색과 노란색이었으며, 그들의 말의 머리는 사자의 머리와 같고, 말의 입에서는 불과 연기와 유황의 세 가지 재앙이 나왔다. 하지만 사람들을 해하고 죽이는 능력은 뱀처럼 생긴 그 말들의 꼬리에도 있었다.

다시 말하건대 이것은 문자적 사건에 대한 묘사가 아니다. 하지만 그것을 무의미한 것이라고 설명하고 넘어가서는 안 된다. 여섯째 나팔은 전쟁에 의해서건 테러에 의해서건 핍박에 의해서건 폭력에 의한 죽음을 상징하는 것으로 보이며, 아마도 가장 폭력적인 세기였던 20세기를 사는 이들에게는 특별히 적절한 내용일 것이다. 어떤 이는 전쟁에 대한 공포가 불신자들이 회개하는 기회가 되기를 바랐을 것이다. 하지만 요한은 그의 환상에서 죽음을 면하고 살아남은 사람들이 우상 숭배(율법의 첫 번째 판에 대한 최악의 위반)도, 다른 죄들(주로 두 번째 판에 있는 사항들을 범하는 것)도 회개하지 않았다고 기록한다. 요한계시록 9:20-21을 보라.

작은 두루마리와 두 증인

여섯째 인과 일곱째 인 사이에서 그랬던 것처럼, 여섯째 나팔과 일곱째 나팔 사이에도 막간이 있다. 그 막간의 특징은 작은 두루마리와(10:1-11)과 두 증인(11:1-13)이 나온다는 것이다. 작은 두루마리는 "힘센" 다른 천사(그는 바로 예수 그리스도인 듯하다)가 하늘에서 가져오며, 요한은 그것을 전파하라는 위임을 받는다. 한편 두 증인은 선교하는 교회를 나타내는 듯하다. 이 두 복음 사역은 경고의 나팔들과 관련해서 이해해야 한다. 이제 세상은 경고의 소극적 메시지를 대체로 거부했으므로—바로가 마음을 강퍅하게 하여 회개하기를 거부했던 것과 아주 비슷하게—복음을 적극적으로 선포하는 것이 훨씬 더 중요하다. 그리스도께서는 여전히 세상을 자신에게로 부르고 계시기 때문이다. 그분의 인내는 다하지 않았다. 그리고 끝은 아직 오지 않았다.

요한이 "힘센 다른 천사가…하늘에서 내려오는" 환상을 묘사할 때, 그 천사가 단순한 천사가 아니라는 것은 명백하다. 그가 처음부터 끝까지 "천사"라고 불리고 있는 것은 사실이다. 하지만 그가 구약의 신 현현에서 나타났던, 하나님의 아들이 성육신하시기 전의 모습으로 보이는 "여호와의 사자"가 아니라는 법이 어디 있단 말인가?

어쨌든 요한은 자신의 묘사에 의도적으로 수많은 신적 인물을 모아 놓은 듯이 보인다. "천사"는 구름(하나님의 임재의 상징)을 입었으며, 머리 위에는 무지개가 있었다(하나님의 언약적 자비의 상징). 그의 얼굴은 해같이 빛났으며, 그의 발은 불기둥 같았다. 이는 1장에 나오는, 요한이 최초로 본 그리스도에 대한 환상과 마찬가지이다. 그는 손에 펴 놓인 작은 두루마리를 들고 있었으며, 아마도 그것은 5장에서 하나님 아버지의 손에서 취했던 것과 동일한 두루마리일 것이다(라고 어떤 주석가들은 생각한다). 그때는 그 두루마리가 닫혀 있었다. 지금은 그것이 펼쳐져 있다. 한 발은 바다에, 다른 한 발은 땅에 둔 이 거대한 인물은 모든 것을 그 발아래 두고 온 땅 전체에 걸쳐 서 있다. 그리고 그는 사자처럼 부르짖는데, 이는 주 여호와께서 말씀하시는 것(암 3:8)과 그분 자신이 유대 지파의 사자라는 것(계 5:5)을 생각나게 한다. 그리고 일곱 우레가 말했을 때 오직 그만이 그것을 이해했지만, 그 의미를 누설하는 것은 금지되었다. 이 천사가 예수 그리스도라는 증거는 압도적인 듯이 보인다.

이 순간 "천사"는 영원하신 창조주에게 "지체하지 아니하리니"라고 맹세한다. 일곱째 나팔을 불 때 "하나님의 비밀"(그분의 계시된 구원과 심판)이 완성될 것이기 때문이다.

그렇다면 작은 두루마리는 어떻게 된 것인가? 한 음성이 요한에게 그것을 가져다가(그는 그렇게 했다) 먹어서 그 내용을 소화시키라고 (그는 역시 그렇게 했다) 말했다. 그 맛은 그의 입에서는 꿀처럼 달았으나 배에서는 쓰게 되었다. 요한 이전의 예레미야와 에스겔도 이와 비슷한 경험을 했다(렘 15:16; 겔 3:1 이하). 이렇게 해서 요한은 만국에 복음을 전파하라고 재위임받았다(막 13:10). 하지만 동시에 달콤한 구원의 메시지에는 하나님의 말씀을 거절한 사람들을 향한 쓰디쓴 심판이 따를 것이라는 경고를 받았다.

막간의 후반부("두 증인"을 포함하는)가 되기 전에 요한은 하나님의 성전, 제단, 경배하는 자들을 측량하라는 명령을 받는다. 에스겔 40-48장(성전의 재건)을 염두에 둘 때, 우리는 '측량하는 것'이 '인치는 것'과 마찬가지로 하나님의 참된 백성에 대한 보호를 상징한다고 말할 수 있을 것이다. 하지만 바깥 마당(아마도 명목상의 교회)도 똑같이 안전하게 보호받지는 않을 것이다. 그것은 믿지 않는 민족들에게 넘겨져서, 그들이 마흔두 달 동안 거룩한 성을 짓밟을(즉 교회를 핍박할) 것이기 때문이다. 마흔두 달은 전통적인 묵시의 환난 기간인 3년 반과 같은 기간이다(참고. 단 9:27; 12:7).

갑자기 요한계시록 11:3에서 그리스도의 "두 증인"이 경고도 설명도 없이 등장하며, 그들의 극적인 일대기가 나온다. 그들은 증거하며 고난받는 교회를 나타내는 것이 분명한 듯하다. 그들은 1,260일간 예언하는(즉 복음을 전파하는) 권세를 받는데, 그것은 마흔두 달이나 3년

반과 똑같은 기간이다. 다시 말해, 증거, 핍박, 교회에 대한 신적 보호는 동일한 기간 지속될 것이다(11:2-3; 12:5-6, 14).

하지만 왜 증거하는 교회가 "두 증인"으로 상징되는가? 그것은 서너 가지 요인 때문인 듯하다. 첫째로, 법정에서 증거가 성립하기 위해서는 최소한 두 명의 증인을 요구하는 구약 조항이 있다(예를 들어, 신 19:15; 요 8:17). 둘째로, 예수님은 70인을 둘씩 짝지어 보내셨다. 셋째로, 증인들은 스가랴 4:1-6의 두 감람나무 및 두 등대와 동일시된다. 이들은 두 명의 이스라엘 지도자, 곧 여호수아 제사장과 스룹바벨 총독이었다. 넷째로, 그들은 더 나아가 모세(물을 피로 바꾼, 출 7:20)와 엘리야(비를 멈추게 한, 왕상 17:1)와 동일시되는데, 이는 율법과 선지자를 나타낸다.

예언 사역을 하는 기간 내내 그 두 증인은 핍박과 보호를 동시에 받을 것이다. 하지만 그들의 증거가 끝났을 때, 신원을 알 수 없는 "무저갱으로부터 올라오는 짐승"(11:7), 아마도 적그리스도가 그들을 공격하고 이기고 죽일 것이다. 그들의 시체는 성의 길에 놓여 있을 것인데, 그 성은 바빌론("큰 성"), 소돔(부도덕의 상징), 애굽(억압의 상징), 예루살렘("저희 주께서 십자가에 못 박히신 곳")이다. 잠시 동안 모든 믿지 않는 민족들의 대표들은 그들을 장사지내기를 거부하고(무례의 극치), 그들의 죽음을 즐거워하고 기뻐할 것이다. 즉 그들의 증거가 잠잠해진 것을 기뻐할 것이다. 그들이 기뻐 날뛰는 이유는 무엇인가? 그것은 교회의 신실한 증거가 그들의 마음과 양심에 큰 괴로움을 주었기 때문이다(11:10).

하지만 순교당하고 침묵하게 된 교회는 잠시 후 하나님에 의해 부활할 것이며(그 증거가 되살아날 것이며), 그로 인해 그 모습을 바라보는 세상에 큰 공포를 불러일으키고, 원수들이 대경실색하는 가운데 마침내 하늘로 올라갈 것이다. 이때 큰 지진이 수반되어 대참사를 일으키고 많은 사상자가 날 것이며, 살아남은 사람들 사이에 두려움이 퍼지게 될 것이다. 그들은 하나님께 영광을 돌릴 것이다. 어떤 사람들은 회심함으로써, 또 어떤 사람들은 심판 날에 순종함으로써.

내가 이 네 장(8-11장)에 붙인 제목은 "세상에 회개할 것을 요구하시는 그리스도"이다. 이러한 제목 아래 나팔은 그분의 심판의 경고였으며, 두루마리와 두 증인은 교회의 신실한 복음 전파를 나타냈다. 둘 다 불신자들에게 '괴로움'을 일으켰다(9:5, 10; 11:10). 하지만 그 불신자들은 이러한 신적 경고를 보고도 회개하지 않았다(9:20, 21). 그래서 이제는 너무 늦어 버렸다. 일곱째 나팔(혹은 셋째 화)이 막 울리려 하며, 그와 더불어 종말이 올 것이다.

일곱째 나팔이 울린 후 요한은 세 부분으로 된 결과를 기록하는데, 그것의 가장 중요한 특징은 시간적 순서에 대한 언급이 나온다는 것이다. 그것들은 모두 부정 과거 혹은 완료 시제로 되어 있는데, 이는 지금 일어난 일을 취소할 수 없음을 나타낸다. "세상 나라가 우리 주…의 나라가 **되어**(has become)"(11:15), "친히 큰 권능을 **잡으시고**(have taken) 왕 노릇 **하시도다**(have begun)"(11:17), "주의 진노가 **내려**(has come)"(11:18), "죽은 사람들이 심판을 받을 때가 왔습니다(has come)"(11:18, 새번역), "하나님의 성전이 **열리니**(was opened)"(11:19, 이상 영어 성경은 NIV). 이 모든 진술은 과거를 마무리하는 것이든 미래의 막을 여는 것이든 일어난 일이 최종적인 것임을 나타낸다.

첫째, 하늘에서 나는 큰 음성이 하나님 나라를 선포했다. 물론 하나님 나라는 예수님과 함께 임했다. 하지만 이제 세상의 통치자가 우리 주와 그분의 그리스도의 손에 넘겨졌다. 그러고 나서 그 둘에 대해 단수형으로 "그가 세세토록 왕 노릇 하시리로다"(11:15)라고 나온다.

둘째, 완전한 교회를 나타내는 이십사 장로가 영원하시고 전능하신 하나님 앞에 엎드려, 그분이 권능을 잡으시고 왕 노릇 하시는 것에 대해, 죽은 자를 심판하시고 무론 대소하고 하나님의 백성에게 상 주시고 땅을 망하게 하는 자들을 멸망시키실 때가 온 것에 대해, 하나님을 경배한다.

셋째, 요한은 하나님의 성소가 열린 것(이는 그분의 임재 안에 자유롭게 들어가는 것을 선포한다)과 그 안에 그분의 언약궤(이는 그분의 자비에 대해 말한다)가 있는 것을 보았다. 동시에 (그분의 마지막 심판을 상징하면서) 번개와 우레와 지진과 큰 우박이 있었다.

이처럼 요한은 복음 시대의 처음부터 마지막까지의 한 주기를 다시 한번 다 보여 주었으며, 12:1에서 전체 주기가 다시 시작될 것이다.

6. 마귀와 그의 편을 정복하시는 그리스도(계 12-13장)
여자, 용, 남자아이, 두 짐승

요한의 이야기는 그리스도의 초림에서 재림까지 걸쳐 있으므로, 이야기의 요점이 되풀이될 때마다 핍박, 투쟁, 승리, 경축이 나온다. 이것은 12-14장에서 매우 분명히 드러난다.

12장 첫 부분의 환상에 나오는 등장 인물을 생각해 보라. 주연 배우가 세 명 있다. 진통이 시작된 임신한 여자, 그녀가 낳은 남자아이 그리고 자신의 강력한 제국을 상징하는 면류관을 쓴 일곱 개의 머리와 열 뿔이 달린 거대한 붉은 용이다.

그 용의 정체에 대해서는 의심할 바가 없다. 요한은 9절에서 그가 "옛 뱀 곧 마귀라고도 하고 사탄이라고도 하[는]"자라고 말하기 때문이다. 여자가 낳은 남자아이에 대해서도 의문이 없다. 그는 "철장으로 만국을 다스릴" 운명이기 때문이다. 그는 메시아, 왕의 왕이다(5절; 참고. 시 2:9). 하지만 아들을 낳은 어머니는 누구인가? 로마가톨릭의 일반적인 해석은 그녀가 동정녀 마리아라는 것이다. 하지만 마리아는 이 여자처럼 핍박을 받지 않았다. 사실상 이 여자는 한 개인처럼 보이지 않으며, 연속성을 지니고 있는 구약의 교회와 신약의 교회를 나타내는 집단적 인물처럼 보인다. 가장 강력한 암시는 1절에 나오는데 거기에서 그녀는 해를 입고 있으며 발 아래는 달이 있고 머리에는 열두 별의 관을 쓰고 있다. 이것은 해와 달과 별들(아버지, 어머니, 형들을 나타내는)이 자기 앞에 절하는 요셉의 꿈을 생각나게 한다(창 37:9).

다시 말해, 메시아를 낳은 이 영광스러운 여자는 이스라엘 백성의 상징이다. 그리스도의 인간 조상의 기원은 이스라엘 열두 족장까지 거슬러 올라갈 수 있기 때문이다(롬 9:5). 그녀의 관에 달린 열두 별이 이것을 나타내는 듯하다.

세 개의 환상(계 12:1-17)

세 주인공의 신원을 밝혔으니, 이제 요한계시록 12장에 나오는 세 개의 환상을 살펴볼 준비가 되었다. 그것들은 모두 마귀의 패배, 그리스도의 승리, 보호받는 교회라는 같은 이야기를 한다.

첫 번째는 **여자와 아이와 용**의 환상이다(계 12:1-6). 여자가 진통을 시작했을 때 용은 그녀가 아이를 낳는 순간 그 아이를 삼켜 버리려고 가까이에 서 있었다(우리는 적의에 찬 헤롯왕을 생각하게 된다). 하지만 그녀가 아기를 낳았을 때, 그 아들은 하나님과 그분의 보좌로 올려진다. 그리고 나서 여자는 광야로 가서 하나님이 그녀를 위해 예비하신 곳에 있었다. 거기에서 그녀는 1,260일(42개월 혹은 3년 반) 동안 보살핌을 받는데, 그것은 교회가 사역하고 핍박받는 기간 전체를 나타낸다(참고. 계 11:2-3). 이렇게 첫 번째 환상(여자와 아이와 용이 나오는)은 구약이 성취되어 메시아께서 탄생하신 것으로부터, 그분이 부활하시고 승천하시고, 교회가 핍박과 보호를 받는 시기까지의 복음 이야기에 대한 놀라운 요약이다. 그것은 또한 뱀과 여자 사이의 오랜 "원수" 관계를 표현하기도 한다(창 3:15).

둘째, **전쟁을 벌이고 있는 두 군대**에 대한 환상이다(계 12:7-12). 이 두 번째 환상은 첫 번째 사건 다음에 일어나는 사건을 묘사하는 것이 아니라, 하늘에서 첫 번째 사건에 대응하여 일어나는 일로서 두 사건은 서로 겹쳐진다. 다니엘서에서 처음으로 언급된 천사장 미가엘은 선한 천사들로 구성된 그의 군대와 함께, 용과 그의 마귀적 세력과 전투를 벌인다. 하지만 용과 그의 세력은 그리 강하지 않다. 그들은 완전히 패배해서 하늘에 있는 그들의 자리를 잃게 된다(8절). 그래서 큰 용(전 세계를 나쁜 길로 이끌었던)이 땅으로 내쫓겼다. 즉 그의 속이는 능력은 꺾여 버렸다. 이는 교회의 선교와 그리스도께 회심한 수많은 사람들에 의해 입증된다. 우리는 또한 신약의 다른 부분을 통해 그리스도께서 마귀를 결정적으로 격파하신 곳은 십자가였으며, 그분의 승리는 부활에 의해 입증되었다는 것을 안다.

실제로 이제 그리스도의 위대한 정복을 경축하는 노래가 나온다(10-12절). "구원"(그것을 위해 그리스도께서 죽으셨다), "능력"(구원을 위한 하나님의 능력인 복음), "나라"(그리스도를 통해 역사에 나타난) 그리고 "그리스도의 권세"(그리스도께서는 우주의 권세가 이제 자신에게 속했다고 말씀하셨다)가 이제 "나타났으니" 우리가 누릴 수 있게 되었다. 이러한 복은 이제 우리의 것이다. 참소자 사탄이 타도되었기 때문이다. 사탄은 온 천하를 꾀는 만국의 미혹하는 자(9절)이며 동시에 밤낮으로 하나님의 백성을 참소하는 교회의 참소자(10절)이다. 하지만 그리스도께서 우리의 죄를 위해 죽으셨으므로, 그분 안에 있는 자들에게는 정죄함이 없다(롬 8:1, 33). 그러는 동안 하늘에는 기쁨이 그리고 땅에는 화가 있다. 마귀가 분이 가득 차서 내려왔기 때문이다.

셋째, **여자에 대한 용의 계속되는 적대감**에 대한 환상이 있다(계 12:13-17). 땅으로 내쫓긴 마귀는 메시아를 낳은 여자를 가차 없이 쫓는다. 그러므로 우리는 아이를 낳은 여자는 구약의 하나님 백성을 상징하는 반면, 마귀에게 쫓기는 여자는 신약의 하나님 백성을 상징한다는 것을 알게 된다. 그 둘 사이에는 본질적인 연속성이 있다. 그녀는 광야로 가서(새로운 출애굽을 누리며) 거기에서 하나님의 돌보심을 받는다. 그래서 마귀는 격분하여 그녀의 남은 자손들, 즉 하나님의 계명에 순종하고 신실하게 예수님을 증거하는 후대의 교회와 전쟁을 벌인다. 순종과 증거는 메시아적 공동체의 두 가지 필수적인 표지이다.

이 장의 주요 주제는 마귀가 결정적으로 타도되었다는 것이다. 그리스도-아이를 삼키려는 그의 결심은 좌절되었으며, 그 대신에 그 아이는 하나님께로 올려 갔다. 마귀는 영적 전투에 참여했으나 격퇴당했으며, 땅으로 내쫓겼다. 여자를 멸망시키려는 그의 시도들은 좌절되었으며, 그 대신에 여자는 하나님께 구조를 받았다. 그리스도의 승리는 십자가에서 단번에 이루어진 것이지만, 하나님의 백성은 스스로 그 승리에 참여할 길을 부여받는다. "어린양의 피와 자기들이 증언하는 말씀으로써 그를 이겼으니"라고 요한은 썼다(11절). 그리고 그들은 기꺼이 순교하려는 태도를 통해서도 그를 이겼다. 그들은 죽음도 겁내지 않았기 때문이다.

바다에서 나온 짐승

요한계시록 12장에 나오는 세 환상은 용이 바닷가에 혼자 서 있는 것으로 끝났다(12:17). 하지만 그는 오랫동안 혼자 있지는 않았다. 세 동맹군이 그에게 합류했으며 하나씩 소개된다. 그들은 '바다에서 나온 짐승', '땅에서 올라온 짐승', 음녀 '바빌론'이라고 불린다. 그들은 삼위일체를 패러디한 마귀적 존재로 보인다. 그들은 또한 세 가지 다른 관점에서 본 것이긴 하지만 모두 로마시와 로마 제국을 나타낸다.

첫째로, 바다에서 나오는 짐승은 **핍박하는 권세**로서의 로마를 나타낸다(13:1-10). 둘째로 땅에서 올라온 짐승은 **우상 숭배적인 제도**로서의 로마를 나타내며(13:11-18), 특별히 황제 숭배와 관련되어 있다. 이 짐승은 또한 후에 "거짓 선지자"라고 불린다(16:13; 19:20; 20:10). 이들은 "로마의 억압적 권세, 황제 숭배 그리고 로마의 부패한 문명"에 대한 묘사라고 리처드 보컴은 주장한다.[20]

유대인들은 언제나 바다를 무서워했다. 그들의 눈에는 바다가 태고의 혼돈의 연장선, 심지어 하나님에 대한 적대감의 상징으로 보였다. 열방이 소동하는 것은 바다가 소동하는 것 같았다(사 17:12). 그래서 바다에서 나오는 짐승은 특별히 공포스러웠을 것이다. 이 짐승은 특별한 제국의 권세를 상징하는 왕관을 쓴 열 뿔과, 아마도 로마가 세워진 일곱 산을 나타내는 일곱 개의 머리를 가지고 있었다(계 17:9). 그는 또한 표범, 곰, 사자를 닮은 사나운 특징을 지니고 있었다. 다니엘 7:3 이하에서는 이것이 이어지는 세 개의 세계 강국들을 나타내는 반면, 여기 요한계시록에서는 그것들이 하나로 결합하여 그 짐승이 극도로 사납다는 것을 나타냈다. 하지만 특별히 중요한 것은 용이 그 짐승에게 "능력과 보좌와 큰 권세"를 위임했다는 것이다(계 13:2).

색다른 항목은 그 짐승의 일곱 머리 중 하나가 치명적인 상처를 입었으나 그럼에도 불구하고 나왔다는 것이다. 가장 훌륭한 설명은 아마도 그것이 네로를 나타낸다는 주장일 것이다. 그는 주후 68년에 자살했으나, 전설에 따르면 사람들은 그가 죽지 않고 살아남았다고 또는 다시 살아 돌아왔다고 믿었다고 한다. 네로의 후계자 도미티아누스가 네로의 정책을 다시 시작했을 때, 네로는 비유적인 의미에서 분명 다시 살아 돌아온 것이다. 게다가 이 사건들은 그리스도의 죽음과 부활과 재림에 대한 패러디였다.

바다에서 나온 짐승에 대한 본문의 나머지 부분은, 짐승이 권세를 이용한 것과 오용한 것을 집중적으로 말한다. 사람들은 용이 그의 권세를 그 짐승에게 주었기 때문에 용을 경배했다. 하지만 그들은 또한 짐승도 경배했다. 마흔두 달(교회 시대 전체) 동안 짐승은 신성모독과 훼방을 행했다. 그는 또한 교회를 핍박할 권세를 받았다. 사실상 온 땅의 거민들은, 죽임 당한 어린양에게 속한 생명책에 창세 전부터 그들의 이름이 기록되어 있지 않다면, 그 짐승을 경배할 것이다. 이 시나리오는 하나님의 백성에게 참고 견디고 충성하며 타협을 거부하도록 도전을 가한다.

땅에서 올라온 짐승

땅에서 올라온 짐승은 첫 번째 짐승과 매우 다른 듯이 보였다. 열 개의 왕관을 쓴 뿔과 일곱 개의 머리(인상적인 힘의 과시) 대신, 그는 단 하나의 머리만 있는 수수한 모습이었으며, 두 뿔은 어린양 같았으며, 어린양 그리스도와 닮은 모습을 하고 있었다. 동시에 그의 음성은 용, 아마도 자기가 대표하는 **바로 그** 용의 음성처럼 크고 위협적이었다.

그의 외모보다 더 중요한 것은 그가 하는 일이었다. 그는 독자적인 역할은 가지고 있지 않았다. 대신에 첫 번째 짐승으로부터 권한을 부여받은 두 번째 짐승의 사역은 첫 번째 짐승과 전적으로 연관되어 있었다. 그는 첫 번째 짐승을 전적으로 추종하는 것처럼 보였다. 두 번째 짐승은 (1) 땅의 거민들이 첫 번째 짐승을 경배하게 했다. (2) 첫 번째 짐승을 위해 마술을 행하여 땅의 거민들을 속였다(참고. 마 24:24). (3) 사람들에게 첫 번째 짐승을 기념하여 우상 혹은 신상을 건립하라고 명령했다. (4) 첫 번째 짐승의 우상이 살아나 말하도록 하고, 그 우상을 경배하기를 거부하는 사람들을 죽이는 권세를 받았다. (5) 큰 자나 작은 자나 모든 사람이 첫 번째 짐승의 표를 받아서 어느 누구도 그 표가 없으면 매매를 하지 못하도록 했다.

첫 번째 짐승의 이름이나 그의 이름의 수에 대해 말하자면, 이는 분명 "지혜가 필요[한]"(계 13:18, 표준새번역) 것이며 사실상 많은 사람들이 기발한 의견을 제시했다! 짐승이 문자적인 역사적 인물을 상징한다면, 학자들 사이에 그의 신원에 대해 거의 의견이 일치한다. 즉 그가 네로를 나타낸다는 것이다. '네로 카이사르'에 해당하는 히브리 글자를 숫자로 바꾸어 보면 합해서 666이 되기 때문이다. 하지만 요한계시록에서 숫자는 거의 언제나 상징적인 것이다. 그러므로 7이 완전수이기 때문에, 6은 거기에 미치지 못하며 따라서 불완전성을 나타낸다는 점이 지적되어 왔다. 더구나 빌이 썼듯이 "6이라는 숫자를 세 번 반복한 것은 불완전함과 실패를 강화시키는 것을 나타낸다…." 더 간단히 말하면 666은 "죄악된 불완전함의 완전함을 나타낸다."[21]

하지만 이것이 첫 번째 짐승의 정체라면, 첫 번째 짐승을 섬기고 메스꺼울 정도로 아부하는 두 번째 짐승은 무엇인가? 가장 그럴듯한 추측은 그가 황제 숭배를 책임지고 그 의식을 관장했던 아시아 지방의 대제사장이라는 것이다. 그래서 용은 첫 번째 짐승에게 그의 권세를 주었으며(계 13:4), 첫 번째 짐승은 두 번째 짐승에게 그의 권세를 주었고(계 13:12), 두 번째 짐승은 모든 사람에게 첫 번째 짐승을 경배하라고 요구했다.

분명 황제 숭배 및 그것을 따르라는 공식적인 압력이 요한계시록의 많은 본문의 배경을 이룬다. 요한계시록 13:14-15은 분명 모든 우상 숭배 혹은 하나님의 대체물에 대한 경배를 포함하지만, 짐승에게 경의를 표하여 우상을 세우라는 언급과 그 우상을 경배하기를 거부하면 사형에 처하리라는 언급으로 보아, 그 구절들이 가장 직접적으로 암시하는 것은 황제 숭배다.

아우구스투스(주후 14년까지 다스렸다)가 버가모에 자신을 기념하여 신전을 세움으로써 아시아에 황제 숭배를 확립시킨 것은 주전 29년 무렵이었다. 그의 통치가 끝날 무렵 황제 숭배는 34개의 도시에서 왕성하게 이루어졌으며 그의 후임자 티베리우스(디베료)가 그 전통을 계속해 나갔다.[22] 하지만 극단적으로 황제 숭배를 시행했던 사람은 도미티아누스(주후 81-96)였다. 그는 에베소에 자신을 기념하여 거대한 신상을 만들었다. "그는 심지어 자기를 신으로 간주할 것을 주장했으며, '주', '신'이라고 불리는 것을 대단히 자랑스러워했다."[23] "교만하게도" 그는 "우리 주와 우리 신께서 분부하시기를…'이라고 시작되는 회람 편지를 구술했으며, 그래서 그 후로 심지어 글을 쓰거나 대화를 할 때도 그를 그런 식으로 부르는 풍습이 생겨났다."[24]

황제 숭배의 주요 경축일은 황제의 생일이었던 설날과 황제의 개인적 방문과 관련된 날들이었다. 그런 행사 때는 모든 사람들이 참석하라는 압력을 받았다. 소 플리니우스는 주후 112년 무렵에 트라야누스 황제에게 보내는 편지에서 "그들이 내가 가져오라고 명한 폐하의 우상에 향과 포도주를 가지고 경배하고, 특히 그리스도를 저주했기 때문에" 그리스도인들을 석방한 일에 대해 설명했다.[25] 하지만 따르기를 거부한 다른 그리스도인들은 그들의 용기에 대한 대가를 치렀다. 이미 언급한 것처럼 버가모의 안디바(계 2:13)와 서머나의 폴리카르포스 주교처럼 말이다.

음녀 바빌론

용의 처음 두 동맹군이 바다에서 나온 짐승과 땅에서 올라온 짐승이라면, 세 번째 동맹군은 음란한 창녀로 묘사되어 있는 "큰 성" 바빌론이다. 그녀는 이 부분(계 14:8)에서는 그냥 언급만 되어 있으며, 여기서는 "자기 음행으로 빚은 진노의 포도주"(새번역) 때문에 그녀가 멸망하리라고 예상한다. 그녀는 17장과 18장에 훨씬 더 자세하게 묘사되어 있다. 그렇다면 요한이 글을 쓰고 있을 당시 용의 세 동맹군은 핍박자 로마(첫 번째 짐승), 우상 숭배자 로마(두 번째 짐승 혹은 거짓 선지자), 그리고 남자를 유혹하는 여인 로마(음녀 바빌론)였다.

이처럼 "우리의 씨름은 혈과 육을 상대하는 것이 아니요 정사와 권세들과 이 어둠의 세상 주관자들과 하늘에 있는 악의 영들을 상대함이라"(엡 6:12). 그리고 요한계시록은 우리에게 무대 뒤를 살짝 들여다보아 사탄의 교묘한 전략을 보게 해 준다. 우리는 사도행전 처음 몇 장에서 사탄이 동일한 세 가지 무기를 휘두르고 있는 것을 볼 수 있다. 첫째로, 그는 무력으로 교회를 궤멸시키려 했다. 둘째로, 그는 아나니아와 삽비라의 위선으로 교회를 타락시키려 애썼다. 셋째로, 그는 사도들이 말씀 사역에서 다른 곳으로 주의를 돌려 교회가 이단에 노출되게 함으로써, 거짓 가르침으로 교회를 오도하려 애썼다. 오늘날 전 세계에서 마귀는 교회에 동일한 삼중 공격을 가하고 있다. 그것은 육체적인 공격(핍박), 도덕적인 공격(타협), 지적인 공격(거짓 가르침)이다.

7. 구속받은 자기 백성과 함께 시온산에 서 계신 그리스도(계 14:1-15:4)
철저하게 다른 두 가지: 구원과 심판

어린양과 14만 4천(계 14:1-13)

요한은 이제 다시 한번 막간을 둔다. 그가 13장과 14장에서 묘사하는 것보다 더 뚜렷한 대조는 생각하기 어려울 것이다. 용과 첫 번째 짐승—그가 사는 곳은 제어하기 어려운 바다다—에서 견고하고 거룩한 땅에 서 있는 어린양으로, 핍박과 순교에 대한 위협에서 시온산의 안전함으로, 666의 불완전함에서 14만 4천의 완전함으로, 이마에 짐승의 표를 받은 사람들(13:16)에게서 이마에 어린양과 그 아버지의 이름이 기록된 사람들에게로 방향이 바뀌면서 엄청난 안도감을 준다.

요한은 이제 놀라운 음악을 듣는데, 그는 그것을 많은 물소리, 뇌성, 거문고 타는 소리에 비유한다. 거문고 타는 사람들 외에 성가대가 있었는데, 그들은 하늘의 청중 앞에서 새 노래를 불렀다. 14만 4천 명 외에는 어느 누구도 그 노래의 가사를 몰랐으나, 아마도 그것은 어린양의 승리를 기념하는 내용이었을 것이다.

요한은 14만 4천 명을 다섯 가지로 묘사한다. (1) 그들은 어린양의 피로(5:9) "땅에서 속량함을 받은"(14:3) 사람들이다. (2) 그들은 더럽히지 아니하고 정절을 지킨 자들이다. 이는 독신이 결혼보다 도덕적으로 우월하다는 의미가 아니라, 그들이 그리스도의 처녀 신부로서 그리스도께 정절을 지켰다는 의미이다. (3) 그들은 "어린양이 어디로 인도하든지 따라가는 자"(14:4), 심지어 고난과 죽음에까지 가는 자들이다(막 8:34). (4) 그들은 "사람 가운데에서 속량함을 받아 처음 익은 열매로 하나님과 어린양에게 속한 자들"(14:4)이다. 그러므로 그들은 그저 시작일 뿐이다. 온전한 추수가 앞으로 있을 것이다(14:14-16). (5) 그들은 어떤 거짓이나 위선으로도 오염되지 않은 흠 없는 사람들이다.

이렇게 하나님의 구속받은 백성이 안전하다는 것을 확신하게 되었으므로 우리는 세 천사가 하나씩 가져오는 메시지를 들을 준비가 되었다. 그들의 사역에서 기본이 되는 것은 "그의[즉 하나님의] 심판의 시간이 이르렀[다]"(7절)는 확신이다. 즉 참된 것을 거짓된 것에서 분리해 내는 혹은 체질해 내는['크리시스(krisis)의 기본 의미] 때가 이르렀다는 것이다.

첫 번째 천사는 복음을 선포했는데, 요한은 그것이 "영원"히 유효하며 우주적 범위를 가지고 있다고("여러 나라와 족속과 방언과 백성") 묘사한다. 그의 선포에는, 그것을 듣는 자들에게 전하는 명령 곧 반응을 보이고 하나님을 두려워하며 영광을 돌리고 창조주를 경배하라는 명령이 포함되어 있다.

두 번째 천사는 바빌론의 멸망을 미리 알리는데, 이는 소위 '예언적 과거 시제'로, 미래의 사건의 확실함을 표현하는 것이었다. 바빌론은 열국을 취하게 하고 유혹했기 때문에 이러한 파멸을 맞는 것이 마땅했다.

세 번째 천사는 (창조주 대신) 짐승과 그 우상을 경배하는 사람과 그 표를 받는 모든 사람에게 큰 음성으로 경고한다. 그들은 하나님의 진노의 포도주를 마실 것이다. 그들은 어린양과 천사들 앞에서 고난을 받을 것이다. 그들의 고난의 연기는 세세토록 올라갈 것이다. 그들은 밤낮 쉼을 얻지 못할 것이다. 나는 개인적으로 지옥의 본질이 영원토록 의식을 지닌 상태에서 고난을 받는 것인가, 아니면 궁극적으로 영원히 멸절되는 것인가 하는 궁금한 질문을 그저 이 몇 개의 문장에 호소하여 해결할 수 있다고 생각하지는 않는다. 첫째로 요한계시록의 내용은 문자적인 실재가 아니라 상징적 환상이라는 점을 계속해서 상기할 필요가 있다. 게다가 지옥의 본질은 하나님으로부터 분리되는 것인 반면, 이 문장들은 "어린양 앞에서" 고난을 받는 것에 대해 말하고 있다. 분명한 것은 지옥은 그 멸망의 정확한 본질이 무엇이건 영원한 멸망이며, 그 멸망이 연기될 수는 없으리라는 것이다.

회개하지 않는 자들의 운명에 대한 이러한 경고들은 곧 "성도들의 인내[는] 하나님의 계명과 예수에 대한 믿음을 지키는"(12절) 것이어야 한다는 명령이라고 요한은 덧붙인다. 마지막에 가서 반드시 그들의 정당함이 입증될 것이다. 그들이 "주 안에서" 죽는다면 순교했건 자연적 원인으로 죽었건 그들은 정말로 "복이 있도다"(13절). 그들은 수고를 그치고 쉴 것이기 때문이다("쉼을 얻지 못할" 악한 자들과 대조적으로). 게다가 그들이 행한 일이 그들을 따라다니며 그들의 충성됨을 증거해 줄 것이다.

추수와 포도 수확(계 14:14-20)

예수님은 영적 진리를 설명하기 위해 추수의 비유를 사용하셨다. 복음 전도는 추수를 하는 것이다(마 9:37; 요 4:35-38). 메시아의 일은 알곡을 모아 곡간에 들이고 쭉정이는 태우는 것이 될 것이다(마 3:12). 그리고 마지막 날의 심판에는 알곡과 가라지를 구분하는 것이 포함될 것이다(마 13:37-39).

지금 살펴볼 단락(계 14:14-20)은 마지막 심판을 두 부분으로 나눈다. 두 인물이 등장하는데, 각각 예리한 낫을 가졌다(14, 17절). 그리고 그들 각자는 예리한 낫을 휘둘러 거두라는 큰 음성의 명령을 받는다(15, 18절). 두 번째 부분은 명백히 포도 수확을 말하며, 포도를 "하나님의 진노의 큰 포도주 틀"에 던져 넣는 것으로 마무리된다(19절). 그러므로 우리는 전자가 알곡 추수이며 믿는 의인들을 모으는 것을 나타낸다고 추정할 수 있을 뿐이다. 전자의 경우에는 "땅의 곡식이 다 익[었으며]"(15절), 후자의 경우에는 "포도가 익었다"(18절). 요엘 3:13에서는 그 두 가지가 결합되어 있다.

처음에 나오는 추수꾼은 "인자와 같은 이"로서 금 면류관을 쓰고 구름 위에 앉아 있다. 그는 분명 재림하시는 예수 그리스도이시다. 우리는 그가 낫을 들고 거두라는 다소 강압적인 명령을 받았다고 해서 마음이 상할 필요는 없다. 그 명령은 성전에서 나오는 천사, 즉 예수님을 심판자로 임명하신(요 5:22; 행 17:31; 롬 2:16) 하나님의 메시지를 가지고 오는 천사가 내린 것이기 때문이다. 그가 낫을 땅에 휘두르매 "곡식이 거두어[진다]"(계 14:16).

두 번째 추수꾼도 비슷한 명령을 받는다. "네 예리한 낫을 휘둘러 땅의 포도송이를 거두라"(14:18). 그러고 나서 포도는 "하나님의 진노의 큰 포도주 틀"에 던져지고 짓밟힌다. 피가 약 1.2미터 정도 솟아오르고 1,600스다디온(288킬로미터 이상)까지 퍼지는 환상은 소름끼치는 것으로, 물론 시각화해서 생각할 것이 아니라 그 의미를 해석해야 한다. 래드는 이렇게 쓴다. "거기에 나온 생각은 분명하다. 모든 악의 자취와 하나님의 통치에 대한 반대를 박멸해 버리는 철저한 심판이다."[26]
레온 모리스 박사는 1,600스다디온을 더 상징적으로 이해하는 편에
찬성한다.

> 제시된 설명 중 가장 설득력이 있는 것은 그것을 16(4의 제곱, 악한 자의
> 거주지인 땅의 숫자)과 100(10의 제곱, 완전함의 수)을 곱한 것으로 보는 설
> 명일 것이다. 따라서 피가 1,600스다디온까지 퍼져 있다는 것은 온 땅
> 에 대한 완전한 심판과 모든 악한 자들의 멸망을 나타낸다.[27]

다시 한번 우리는 비교할 수 없는 그리스도가 각 환상의 중심부
에 있다는 데 깊은 인상을 받지 않을 수 없다. 요한계시록 14장 첫 부
분에서 우리는 그분이 어린양으로서 시온산에 서 계시는 것을 본다.
반면 그 장 끝 부분에서는 그분이 인자로서 낫을 들고 구름 위에 앉
아 계시는 것을 본다. 앞의 환상에서 그분은 자신의 구속받은 백성의
안전을 보장해 주신다. 그리고 뒤의 환상에서는 마지막 날에 알곡과
가라지를 구분하는 재판관 노릇을 하신다.

모세와 어린양의 노래(계 15:1-4)

요한은 하나님의 진노의 일곱 대접을 쏟는 것—이는 이집트의 재
앙들을 상기시킨다—을 묘사하기 전에, 이스라엘의 출애굽과 그리스
도께서 이룩하신 구속 사이에서 놀라운 유추를 이끌어 낸다. 이스라
엘 백성이 바로를 이기고 승리하여 홍해 곁에 모였던 것처럼, 요한은
짐승과 그 우상을 이기고 승리한 수많은 사람이 불이 섞인 유리 바

다처럼 보이는 곳 곁에 서 있는 것을 본다. 그들은 핍박자들이 가하는 압력에 저항하고 황제에게 절하기를 거부한 자들이다. 미리암이 소고를 가지고 하나님의 승리를 경축했던 것처럼, 하나님의 승리한 백성들은 거문고를 가지고 경축한다. 그리고 모세와 미리암이 하나님께 찬양의 노래를 불렀던 것처럼(출 15장), 모세(구약의 승리자)의 노래가 어린양(신약의 승리자)의 노래가 되어, 하나님의 크신 일과 그 길의 의로우심을 찬양한다. 그분만이 거룩하시기(유일무이하시기) 때문에, 그분께 영광을 돌리는 것이 옳다. 실로 모든 열방이 그분의 계시된 의로운 행위로 인해 그분을 찬양할 것이다.

8. 밤에 도적같이 오시는 그리스도(계 15:5-19:10)
준비하고 있으라는 명령

16장 중간에 갑자기 예상치 않게, 앞에 나오는 구절들과도 분리되고 뒤에 나오는 구절들과도 분리되어서, 예수님이 직접 말씀하셔서 이야기가 잠시 중단된다. 예수님은 일인칭 단수를 사용하셔서, 그리고 명백히 누구든 들으려 하는 사람을 대상으로 이렇게 부르짖으신다. "보라. 내가 도둑같이 오리니 누구든지 깨어 자기 옷을 지켜 벌거벗고 다니지 아니하며 자기의 부끄러움을 보이지 아니하는 자는 복이 있도다"(15절).

물론 도둑이라는 직유가 사용된 것은 이번이 처음이 아니다. 실로 예수님 자신이 공생애 동안 그런 비유를 사용하셨다. 예수님은 이렇게 말씀하셨다. "너희도 아는 바니 만일 집주인이 도둑이 어느 시각에 올 줄을 알았더라면 깨어 있어…이러므로 너희도 준비하고 있으라. 생각하지 않은 때에 인자가 오리라"(마 24:43-44).[28]

도둑이 호의를 베풀어서 사전 예고(더 나은 것으로는 이메일)를 보내주기만 한다면, 그래서 그가 찾아올 날짜와 시간을 우리에게 경고해 주기만 한다면! 그렇다면 우리는 준비하고 있을 수 있을 것이다. 하지만 그렇지 않다. 그분의 오심은 급작스럽고 예기치 못한 일이 될 것이다. 밤에 도둑이 오는 것과 같다.

하나님의 진노의 대접이 쏟아부어지는 이야기 한가운데 예수님이 이렇게 놀랍게 개입하시는 것은, 내가 보기에는 이 장들에 대한 의도된 배경인 듯하다. 어떤 주석가들은 예수님이 사데 교회에 "내가 도둑같이 이르리니"(계 3:3)라고 경고하신 말씀이, 그분이 그 교회의 문제를 처리하기 위해 오고 계신다는 경고라고 주장한다. 그럴지도 모른다. 하지만 요한계시록 16:15에서 그분은 분명 마지막 날에 자신이 재림하시는 것을 언급하고 있다.

16장에서 요한은 대접들에 대해 묘사한다. 17장과 18장에서는 바빌론의 정체가 밝혀지고 그다음에 그 성은 멸망당한다. 19장 첫머리에는 거대한 천상의 성가대가 '할렐루야 합창'(1-10절)을 하며, 끝에는 그리스도께서 권능과 큰 영광 가운데 흰 말을 타고 계시다(11-18절). 하늘의 군대가 그분의 뒤를 따르고, 그분은 열국을 다스리시도록 되어 있다. 그리고 나서 19-20절에서 두 짐승이 먼저 멸망당하고 후에 용이 멸망당하며(바빌론은 이미 파멸당했다), 산 자나 죽은 자나 모든 인류가 심판을 받는다. 이 장들 전체에 두드러지게 나타나는 주제는 재판관으로 임명된 그리스도의 마지막 심판이다. 하지만 그 일은 언제 일어날 것인가? 심판은 확실하다. 하지만 그 날짜는 확실하지 않다. 우리는 "보라. 내가 도둑같이 오리니"라는 예수님의 말씀을 기억하면서 마음을 졸이며 기다린다.

일곱 대접(계 15:5-16:21)

15장과 16장을 이해하는 주요 열쇠는 두 가지 표현에서 찾아야 한다. 먼저, 15장의 첫 문장에 따르면, 요한은 다음과 같은 이적을 본다. "일곱 천사가 일곱 재앙을 가졌으니 곧 마지막 재앙이라. 하나님의 진노가 이것으로 마치리로다." 둘째로, 일곱째 대접을 쏟고 난 후, 하나님의 보좌로부터 큰 음성이 나서 "되었다"고 외친다(16:17). 그 말은 완료 시제로 된 헬라어 단수 동사로서, 하나님의 심판의 역사가 최종적으로 완수되었음을 나타낸다. "마치리로다"와 "되었다." 이것이 내막을 드러내는 중대한 두 개의 단어이다. 이전의 심판들(인과 나팔)은 부분적인 것이었다. 대접의 심판은 최종적인 것이다. 그것을 이렇게 표현할 수 있을 것이다. 믿음의 눈으로 우리는 인을 떼는 것에서 하나님이 허용하시는 뜻을, 나팔을 부는 것에서 하나님의 개혁적인 목적을, 대접을 쏟는 것에서 하나님의 응보의 정의를 본다.

요한은 예비적 환상(15:5-8)에서 하늘의 성전이 열려 있는 것을 보았다. 즉 일곱 천사가 심판의 대행자로 나선 것은 하나님의 재가를 직접 받고서 한 것이었다. 그들의 일곱 대접은 하나님의 진노로 가득 차 있었으며, 성전은 하나님의 영광으로 가득 차 있었다. 그래서 심판이 끝날 때까지는 어느 누구도 그곳에 들어갈 수 없었다.

처음 네 대접은 처음 네 나팔(8:6-12)과 마찬가지로 동일한 순서로 땅과 바다와 물(강과 물 근원)과 해를 겨냥하고 있었다. 주된 차이점은 나팔들은 각 피조물의 3분의 1에만 해를 입혔던 반면, 대접들은 각각의 전부에 해를 입혔다는 것이다. 땅에서 사람들은 "악하고 독한 종기"로 고생했으며, 바다와 민물은 피로 변하여 그 안에 있는 모든 생물이 죽었다. 그리고 해의 강렬한 열기는 사람들을 심하게 태웠다.

땅, 바다, 물, 해에 대한 이야기는 환경에 민감한 시대에 사는 우리에게는 매우 현대적인 반향을 갖는다. 우리는 지구의 생물학적 다양성, 바다의 플랑크톤, 깨끗한 물을 얻는 것, 복사선과 그것의 해로운 영향을 막아 주는 오존층을 보호하는 것에 관심이 있다. 지구상의 생명체에게 이같이 우선순위를 두는 것은 또한 앞으로 만물을 새롭게 하는 데 필요한 준비이기도 하다. 폴 바넷이 썼듯이, "'옛 하늘과 땅'의 멸망은 이제 완성되어서, 하나님의 새 창조를 위한 길을 열어 준다."[29]

다섯째 대접을 쏟자 짐승의 나라가 어둠에 잠기면서 그에 따른 혼돈 상태가 일어나고 인간들이 큰 고통을 당한다. 하지만 사람들은 여전히 "회개하지 아니하더라"(이 말은 16:9과 16:11에 반복되어 있다). 여기에 나오는 다섯 가지 재앙(종기, 피, 어둠, 개구리, 우박)을 당하고도 버텼던 바로처럼, 그들은 마음을 완악하게 했으며, 이제는 너무 늦었다. 그들은 하나님께 영광을 돌리는 대신 하나님을 훼방했다.

여섯째 대접의 내용물은 유프라테스강에 쏟아졌는데, 우리는 이미 유프라테스강을 로마 제국 북동쪽 경계에 있는, 하나님을 반대하는 세력의 상징으로 이해했었다. 강물이 마름으로써 동방에서 왕들이 침략할 수 있도록 길이 열렸다. 이 순간 악한 개구리 같은 세 영이 세 입(용과 짐승과 거짓 선지자의)에서 나온다. 그들은 아마도 온 세상의 왕들에게 "전능하신 이의 큰 날"에 마지막 전쟁을 위하여 모이도록 권유하는 거짓말을 나타낼 것이다.

하나님의 사람들이 불경한 군대가 모이는 것으로 인해 지나치게 놀라지 않도록 하기 위해, 이제 예수님 자신이 개입하사 "보라. 내가 도둑같이 오리니"라고 외치신다. 그분의 백성은 깨어서 옷을 입고 준비하고 있어야 한다(15절).

요한은 다시 왕들이 모이는 것, 그들이 히브리어로 '아마겟돈'이라는 장소에 **집결하는** 것을 묘사한다(16절). 아마겟돈이라는 말은 대참사를 일으키는 전투를 나타내는 데 흔히 쓰임에도 불구하고, 주석가들에게 많은 어려움을 야기하는 단어 중 하나다. 그 단어의 철자가 어떻게 되는지, 그 장소가 어디인지, 그 뜻을 무엇이라 해석해야 하는지 확실하지는 않다. 하지만 많은 사람들은 그 말이 북부 팔레스타인의 전략적 장소로서 많은 고대 전투의 배경이 되었던 므깃도에서 유래된 것이라고 생각한다. 하지만 이것을 문자적으로 생각해서는 안 된다. 그것은 어린양과 용, 그리스도와 적그리스도 사이의 마지막 전투를 상징한다. 그리스도께서 악의 세력을 패퇴시키고 멸하기 위해 권능 가운데 오실 것이기 때문이다.

인과 나팔이 각각 연쇄적으로 나오다가 절정의 재림에서 끝났던 것처럼, 대접도 마찬가지이다. 성전으로부터 나오는 큰 소리가 "되었다"라고 외친다. 그리고 무시무시한 물리적 대격변(천둥, 번개, 심한 지진을 포함한)이 종말을 알렸다. 그와 같은 지진은 일찍이 일어난 바 없다. 큰 성 바빌론과 많은 다른 불경한 성들은 무너져 완전히 폐허가 되어 버렸다. 섬과 산이 사라졌으며, 하나에 거의 45킬로그램이나 되는 거대한 우박이 떨어졌고 사람들이 그로 인해 하나님을 훼방했다.

바빌론의 정체(계 17:1-18)

지금까지 "바빌론"이라는 말은 두 번 언급되었다. 14:8에서 바빌론의 멸망이 아무런 경고도 없이 갑자기 통보되었다. "무너졌다. 무너졌다. 큰 도시 바빌론이 무너졌다(새번역)." 16:19에서는 일곱째 대접이 쏟아진 결과 하나님께서…"바빌론을 기억하[셨다](새번역)"고 나와 있다. 즉 하나님이 바빌론에게 그분의 진노의 잔을 마시도록 주셨으며, 그 큰 성이 셋으로 갈라졌다는 것이다. 이렇게 두 구절 모두 하나님의 심판 아래 그 성이 파괴되었음을 말한다. 하지만 그 두 구절 중 어느 것도 바빌론이 무엇을 상징하는지는 말하지 않는다.

그래서 이제 두 장 전체가 "바빌론" 현상에 대해 말하고 있다. 17장에서는 바빌론의 정체를 밝혀 주는 한편, 18장에서는 대단히 생생하고 자세하게 바빌론의 참사와 멸망을 말해 준다.

요한에게 바빌론의 정체를 자발적으로 알려 준 일곱 천사 중 한 명 덕에 우리는 그 정체를 알게 된다. 그는 요한에게 "이리로 오라. 많은 물 위에 앉은 큰 음녀가 받을 심판을 네게 보이리라"(17:1)고 말한다. 그리고 후에 그는 "내가 여자…의 비밀을 네게 이르리라"(17:7)고 말한다. 천사의 첫 번째 약속은 1-6절에서 성취되었는데, 거기 보면 천사가 요한에게 무언가를 보여 주었기 때문에 요한은 세 번에 걸쳐 "내가 보니…내가 보매…내가…보고"라고 외쳤다. 그러고 나서 천사의 두 번째 약속이 7-18절에서 성취되는데, 거기에서 천사는 요한에게

"네가 본…네가 보던…네가 본…"이라고 말하면서 요한이 본 것의 의미를 그에게 설명한다.

아마도 요한은 천사의 제안을 받아들였을 것이다. 그래서 천사는 "성령으로"(영감의 상태) 요한을 데리고 "광야로" 간다. 그 광야는 분명 핍박받는 교회가 피해 있던 광야일 것이다(12:14).

첫째로, 천사가 요한에게 보여 준 것을 생각해 보라(17:3-6). 요한은 즉시 자신이 여자를 보았다고 말하는데 그녀는 용에게 핍박을 받던 여자와는 매우 다르다(이 여자는 핍박받는 자가 아니라 핍박하는 자였다). 그가 본 여자는 붉은빛 짐승(바다에서 나온 짐승임을 쉽게 알아볼 수 있다)을 타고 있었다. 그녀가 그 짐승을 타고 있었던 이유는 핍박자 로마와 음녀 로마(폭력과 악)가 서로 밀접하게 연관되어 있었기 때문이다. 실로 "로마 군사력은 부패시키는 영향력이었던 로마 문명을 등에 업고 있었다."[30] 그 짐승의 일곱 머리와 열 뿔은 그것의 정체를 확증해 주며(13:1) 그 "몸에 하나님을 모독하는 이름들이 가득[했다]"(황제 숭배와 깊이 타협하고 있었다).

그 여자를 살펴보면 그녀는 타는 듯한 자줏빛과 붉은빛 옷을 입고 있었으며, 번쩍이는 보석으로 장식하고, 그녀의 음행의 더러운 것들이 가득한 금잔을 들고 있었다. 그 이마에 기록된 이름은 그녀가 "땅의 음녀들과 가증한 것들의 어미 큰 바빌론"(새번역)이라고 선포했다. 이제 요한은 두 번 더 재빨리 연속적으로 "내가 보매…내가…보고"라고 말한다. 그는 여자가 순교자들의 피에 취한 것을 보았으며, 자신이 본 것으로 인해 크게 놀랐다. 그래서 다시 한번 천사가 그를 도우러 온다.

둘째로, 천사가 요한에게 설명해 주는 것을 생각해 보라(17:7-8). 천사는 이 부분 전체에 걸쳐 말을 하며 다섯 번에 걸쳐 요한에게 그가 본 것을 상기시키고 그것을 해설해 준다.

"네가 본 짐승"(8절)은 여자가 타고 있고 일곱 머리와 열 뿔을 가졌을 뿐 아니라, "전에 있었다가 지금은 없으나 장차 무저갱으로부터 올라와 멸망으로 들어갈 자"이다. 그 짐승의 일대기의 이 네 단계는 이미 언급한 것처럼(13:3) 아마도 다시 살아난 네로(Nero redivivus)를 암시할지도 모른다. 이 신화에 따르면 네로는 한때 있었다가, 지금은 없으며(그는 자살했다), 다시 살아날 것이지만(문자적으로 군대의 머리로든 아니면 상징적으로 도미티아누스의 정책에서든), 멸망할 것이다. 하지만 이것은 또한 악의 행로이기도 하다. 처음에는 활발히 활동하다가, 때로는 사라져 버리는 듯이 보이고, 다시 나타나지만, 결국에는 멸망하는 것이다.

그다음에 두 번째 퍼즐이 우리 앞에 나타나는데, 여기에도 "지혜를 가진 마음이 필요하다"(17:9, 새번역). 그 짐승의 일곱 머리는 일곱 산(분명 그 위에 로마가 건설되어 있는)이다. 그것들은 또한 일곱 왕으로, 그중 다섯은 망했고, 하나는 있으며, 일곱 번째는 아직 이르지 않았다. 주석가들은 그 다섯이 아우구스투스로부터 네로까지 이르는 로마 황제들인지(다니엘의 예언 배경 때문에), 아니면 고대 바빌론(혹은 이집트)으로부터 앗시리아, 바빌노니아, 메대 페르시아, 그리스를 거쳐 로마에 이르는 다섯 나라 혹은 제국인지에 대해 의견의 일치를 보지 못하고 있다.

해석하는 천사는 이제 "네가 보던 열 뿔"(12절)에 대해 말한다. 그것들은 "열 왕"이라고 나와 있다. 하지만 그들의 권위는 각각의 경우에 한동안(즉 매우 짧은 시간)만 지속될 것이기 때문에, 이 말은 일반적으로 지도자를 언급하는 것이든 특별히 로마 총독들을 말하는 것이든 둘 중 하나일 것이다. 유감스럽게도 그들의 유일한 목적은 짐승에게 비굴하게 아부하고 어린양과 더불어 전쟁을 하는 것이다. 하지만 어린양이 그들을 이기고 승리할 것이다(그분은 만주의 주시요 만왕의 왕이시기 때문이다). "부르심을 받고 택하심을 받은 진실한 자들"인 그분을 따르는 자들 역시 그들을 이길 것이다(14절).

천사는 계속해서 "네가 본 바" 음녀가 관장하는 "물은"(15절) 세상의 백성들이라고 말한다. 하지만 그 여자를 충실하게 섬겨 왔던 "네가 본 바 이 열 뿔과 짐승"(16절)은 이제 급작스럽게 그녀에게서 등을 돌릴 것이며, 그녀를 미워하고, 벌거벗게 하고, 그 살을 먹고, 그녀를 태워 버릴 것이다. 하나님이 그들의 마음속에 그분을 대신하여 그녀를 심판하려는 마음을 주셨기 때문이다.

마지막으로, "네가 본 그 여자"(18절)는 땅의 왕들을 다스리는 큰 성이다. 바빌론은 상징적인 의미에서, 로마는 실제적인 의미에서, 그리스도와 그분의 교회에 대한 적대감의 실재를 나타낸다.

바빌론의 멸망(계 18:1-24)

이제 '바빌론'의 정체가 핍박자 로마의 도움과 선동을 받는 음녀 로마임을 확인하고는, 요한은 곧이어 그것의 패망을 묘사한다. 로마는 320년이 더 지나 주후 410년에 고트족 알라리크가 그 성을 격파할 때 비로소 최종적으로 멸망할 것이다. 하지만 요한은 18장 전체에서 예언적 과거 시제를 사용하고 있는데, 이는 하나님의 심판이 너무나 확실하여 마치 이미 일어난 일 같다는 표현이다. "무너졌다. 무너졌다. 큰 도시 바빌론이 무너졌다"(2절, 새번역, 14:8과 마찬가지다).

요한이 그처럼 확신을 갖고 로마의 멸망을 예언할 수 있었다는 것은 정말로 놀라운 일이다. 사람들은 로마를 "영원한 도시"라고 말했으며, 로마 제국은 불사신처럼 보였기 때문이다. 폴 바넷은 그 당시에 대해 다음과 같이 썼다.

로마는 권세의 절정에 이르러 있었다. 국경 지역은 심각한 위협을 전혀 받지 않았으며, 자국 국민들이 중대한 폭동을 일으킨다는 표시도 전혀 없었다. 해적들은 해상에서 완전히 제거되었으며, 산적들은 시골에서 제거되었다. 기품 있는 도시들이 지중해 해안에 산재해 있었으며, 많은 내륙 지역에도 건립될 것이었다. 곧 폭군 도미티아누스는 멸망하고 제국은 황금기에 들어갈 것이다.[31]

그렇다면 요한은 어떻게 그렇게 확신할 수 있었는가? 부분적으로는 분명 그가 악에 대한 하나님의 의로운 심판을 믿었기 때문이며, 또 부분적으로는 바빌론이 망하리라는 구약의 예언이 당시에 모두 이루어졌기 때문이다(예를 들어, 사 13:19; 21:9). 그래서 바빌론의 멸망을 알리기 위해 보냄 받은 천사는 큰 권세와 광채를 지니고 있었다(계 18:1). 그는 심지어 이미 바빌론이 멸망하여 그곳이 악한 영과 더러운 새가 모이는 곳이 되었다고 선포하기까지 한다(계 18:2; 참고. 사 13:20-22; 렘 50:39).

그리고 바빌론이 황폐하게 된 이유는 땅의 만국과 왕들과 상인들이 바빌론의 음행과 사치에 전염되었기 때문이다(계 18:3). 이러한 분류는 이 장 후반부에서 다시 나온다.

한편, 하나님의 백성에게, 오염되는 것을 피하기 위해 바빌론에서 나오라고 명하는 또 다른 음성이 들렸다. 그들이 바빌론의 죄에 참여하지 않으면, 바빌론이 받을 재앙도 받지 않을 것이다(참고. 렘 50:8; 51:6, 45). 하나님은 바빌론의 죄를 기억하셨으며("하늘에 사무쳤으며", 계 18:5) 그들이 받아 마땅한 것, 심지어 훨씬 더한 것을 내리실 것이다. 바빌론이 완전히 자기도취에 빠져 자랑을 일삼는 까닭이다. "그를 심판하시는 주 하나님은 강하신 자이심이라"(8절).

그 음성은 이어서 불경한 세 집단이 바빌론의 멸망을 애도할 것이라고 말한다. 그것은 땅의 왕들(9-10절), 땅의 상인들(11-17절 상), 세상의 뱃사람들(17절 하-19절)이다. 이 본문 전체는 구약의 장송가, 특히 두로와 시돈에 대한 에스겔의 애가를 생각나게 한다(겔 26-28장). 그리고 각 부분은 "화 있도다. 화 있도다, 큰 성이여"라는 말로 끝난다. "한 시간에" 그것이 망했기 때문이다(계 18:10, 16, 19).

바빌론의 음행과 사치에 참여하는 죄를 지은 땅의 왕들은 "견고한 성"의 멸망에 울고 통곡할 것이다.

땅의 상인들 역시 애곡할 것인데, 더 이상 그들의 시장이 없을 것이며, 아무도 그들이 싣고 가는 산더미 같은 보석, 고운 옷감, 상아와 나무와 다른 재료로 된 물품들, 향신료와 음식, 말과 수레를 사지 않을 것이기 때문이다. 그들은 심지어 사람들을 종으로 거래하기까지 했다. 그들의 고객들이 탐하던 특별한 과일은 더 이상 구할 수 없을 것이다. 그들의 자본은 하루아침에 없어지고 다시는 회복되지 않을 것이다. 모든 모습을 잃은 상인들은 멀리 서서 "그러한 부"가 한 시간에 망하였다고 울 것이다. 그것은 경제적 붕괴의 현장이다. 그래서 바빌론의 황폐함을 애도하는 사람들은 "로마가 그 제국을 경제적으로 착취함으로써 이득을 얻었던"[32] 사람들이다.

세상의 뱃사람들에는 선장들과 선인들(원양어선 선주의 선원들)뿐 아니라, 배로 여행하는 사람들과 바다에서 생계를 꾸려 가는 사람들(상인들과 어부들)도 포함된다. 그들 역시 멀리 서서 바빌론이 불타는 모습을 지켜볼 것이다. 그리고 그들은 바빌론의 유일무이함을 찬양할 것이다. "이 큰 성과 같은 성이 어디 있느냐?"(18절) 그들은 슬픔에 압도되어 바빌론의 부와 그들의 이익이 한순간에 사라지는 것을 놓고 울 것이다.

18장은 경축과 애도라는 정반대되는 것들의 결합으로 끝난다. 20절에서는 하늘에게 기뻐하라고 하며, 성도들과 사도들과 선지자들에게도 즐거워하라고 한다. 왜 그런가? 바빌론이 그들을 다룬 방식대로 하나님이 바빌론을 심판하셨기 때문이다. 그것은 언뜻 보기에는 개인적인 복수의 표현 같다. 하지만 그것을 그런 식으로 해석할 이유는 전혀 없다. 요한계시록 처음부터 끝까지(특히 19장에서) 그런 것처럼, 여기에서도 의로우신 하나님의 정의와 심판을 경축하라고 명하는 것이다.

그다음에 한 힘센 천사가 큰 돌을 들어 바다에 던지고는 큰 성 바빌론이 이같이 몹시 떨어져 회복될 수 없이 멸망할 것이라고 말했다. 그 결과 음악 소리, 세공업자의 솜씨, 가족을 위해 음식을 준비하는 친숙한 가정의 일과, 등불 빛, 신랑과 신부의 즐거운 웃음소리 등 그

성의 삶의 좋은 것들마저도 그 성과 함께 사라질 것이다. 인간 문화의 이러한 무구한 소리와 광경이 그 성의 삶을 기쁘게 만들지 못할 것이다. 왜 그런가? 그것은 자신들의 위대함을 자랑하던 바빌론 상인들의 교만 때문이고, 바빌론이 열국을 미혹하기 위해 마술에 의지했기 때문이고, 바빌론이 순교자들의 피를 뿌렸기 때문이다. 이러한 죄들 때문에 바빌론은 더 이상 존재하지 않을 것이며, 바빌론이 사라짐과 함께 선하고 아름답고 참된 것 역시 사라질 것이다.

주후 1세기 때 바빌론은 로마였다. 하지만 바빌론은 역사 전체에 걸쳐 전 세계에서 흥왕해 왔다. 바빌론은 어디에 있는 것이든 허영의 시장이다. 그 모습은 이 장들에서 쉽게 그려 볼 수 있다. 그것은 여섯 가지 구성 요소를 가지고 있는 것 같다. (1) 우상 숭배(영적으로 정숙하지 못함. 심지어 난잡함), (2) 음행(상징적으로뿐만 아니라 문자적으로도), (3) 사치와 방종(계 18:3, 7-8), (4) 마술과 복술을 사용함(계 18:23; 참고. 사 47:12), (5) 하나님의 백성을 순교하게 만드는 포학함과 억압(계 17:6; 18:24; 참고. 사 14:4-6), (6) 교만, 심지어 자신을 신격화하는 것(계 18:7; 참고. 사 14:13-15; 47:7 이하; 렘 50:31-32; 겔 28:2)이다. 하나님의 백성들은 지금도 오염되지 않도록 그 성에서 나오라는 긴급한 명령을 받는다.

다섯 번의 할렐루야(계 19:1-10)

불타 버린 바빌론이 침묵하고 있는 것과는 대조적으로, 요한은 이제 "하늘에 허다한 무리의 큰 음성 같은 것"이 "할렐루야"라고 외치는 것을 들었다. 그것은 "주님을 찬양하라!"는 말이다. 5절에 나오는 "우리 하나님께 찬송하라"는 말을 포함시키면 그 단어는 다섯 번 반복된다. 더구나 시편에서와 마찬가지로 여기에서도 "할렐루야"라는 말은 절대로 따로 나오지 않는다. 언제나 왜 우리가 하나님을 찬양해야 하는가를 설명하는 몇 가지 이유가 붙어 있다. 일반적으로, 그것은 구원과 영광과 능력이 하나님께 속해 있기 때문이며, 그분의 심판이 "참되고 의로운" 것이기 때문이다.

하지만 특별히 우리의 할렐루야는 하나님이 "큰 음녀를 심판하[셨기]" 때문에 나온다. 그녀는 음행(여러 번에 걸친 부정함)으로써, 하나님의 백성들을 죽기까지 핍박함으로써 세상을 더럽혔다. 이제 하나님은 그들의 피를 갚아 주신다. 그들이 경축하는 이유는 그들이 개인적으로 원수를 갚았기 때문이 아니라 하나님의 정의가 입증되었기 때문이다. 그다음에 이십사 장로와 네 생물이 엎드려 하나님을 경배하면서, "아멘 할렐루야"로 하나님의 정의가 인정됨을 확인한다(4절).

이제 요한은 다시 한번 "허다한 무리"의 소리 같은 것을 들었다고 말한다. 하지만 이번에는 그 소리가 많은 물소리와 큰 우렛소리를 상기시킨다고 덧붙였다. 다시 한번 "할렐루야"가 그들의 첫마디가 되었다. 일반적으로는 전능하신 주 하나님이 통치하고 계시기 때문에 할렐루야라고 외친 것이다. 하지만 특별하게는 이번에 "어린양의 혼인 기약이 이르렀고 그의 아내가 자신을 준비하였[기]"(7절) 때문에 경배하라는 명령이 임한다. 음녀가 심판을 받는 것과 어린양의 신부가 준비하고 있는 것은 서로 극적인 대조를 이룬다. 우리는 음녀의 야한 옷차림을 기억한다. 그와 대조적으로 신부는 그녀가 받은 검소한 "빛나고 깨끗한 세마포"로 단장했다. 그것은 하나님의 백성의 "옳은 행실"을 나타낸다고 요한은 덧붙였다. 이러한 것들이 없다면 그녀는 신랑과 어울리지 않을 것이다.

그때 한 천사가 요한에게 "어린양의 혼인 잔치에 청함을 받은 자들은 복이 있도다"라고 기록하라고 지시했다. 요한은 그 천사의 외모에 의해서든 그의 메시지에 의해서든, 혹은 둘 다에 의해서든 압도되어서, 현명하지 못하게도 그 발 앞에 엎드려 그에게 경배하려 했다. 하지만 천사는 요한을 저지하면서, 자기는 요한 자신과, 예수님을 증거하는 모든 그의 형제들과 같은 종에 불과하다는 것을 상기시킨다. 그는 하나님을 경배해야 하며, 참된 예언의 진수는 예수님에 대한 증거라는 사실을 기억해야 한다.

9. 백마를 타고 승리의 행진을 하시는 그리스도(계 19:11-20:15)
짐승과 사탄의 멸망

요한은 "또 내가 하늘이 열린 것을 보니"(계 19:11)라고 쓰고 있다. 우리는 이 말씀을 보면서 그가 바야흐로 그리스도의 특별한 계시를 받으려 하며 그것을 우리와 나누려 한다는 사실에 바짝 긴장하여 주목하게 된다. 처음에는 백마가 눈에 띈다. 그다음에는 백마를 탄 사람에게 주목하게 된다. 그의 이름과 그에 대한 묘사(뒤에 나오는)로 보아, 우리는 그가 충만한 신적 엄위를 지니신 주 예수 그리스도라는 것을 한 점 의심 없이 알게 된다. 실로 이것은 요한계시록에 나오는 그리스도에 대한 아홉 번째이자 마지막에서 두 번째 묘사이다. 그분은 여기에서 완전한 정의로 심판하시며, 또한 악의 세력에 대항하여 마지막 전투를 이끌 준비를 하고 계시는 분으로 나온다.

그분에 대한 묘사와 그분의 이름들

그분에 대한 묘사를 주의 깊게 살펴보라. 그분의 눈은 불꽃처럼 빛나며, 사람의 마음을 꿰뚫는다. 그분은 머리에 많은 관을 쓰셨는데, 이는 그분이 우주적인 권위를 지니고 계심을 상징한다. 그분의 옷은 피 뿌린 것인데, 이는 틀림없이 그분이 자신의 희생적인 죽음으로 이루신 업적을 지니고 계심을 나타낸다. 하늘에 있는 군대들이 그분을 따르는데, 그분처럼 백마를 타고 세마포(피 뿌린 것은 아니지만)를 입었다. 그러고는 구약에서 전능하신 하나님의 의로운 심판을 상징하는 세 가지를 사용하여 그분을 묘사한다. 날카로운 검이 그분의 입에서 튀어나오고, 그분은 철장을 휘두르며, 하나님의 의로운 진노의 포도주 틀을 밟으신다. 이런 말을 타고 있는 메시아의 모습을 시각적으로 상상하는 것은 거의 불가능하다. 그의 눈은 불타고 있고, 머리에는 관이 많이 있으며, 입에는 검을 물고 있고, 손은 철장을 휘두르며, 발로는 포도를 밟고 있다. 하지만 그것은 상징적으로 주 예수 그리스도께서 엄위와 능력과 권세와 정의를 가지고 악의 권세를 멸망시키러 오시는 위풍당당한 모습을 묘사한 것이다.

이제 그분의 네 이름을 살펴보자. 첫째, 그분은 "충신과 진실"(계 19:11)이라고 불리신다. 이는 라오디게아에 보낸 편지에서 그분이 자신을 "충성되고 참된 증인"(계 3:14)이라고 부르셨던 것과 마찬가지다. 즉 그분은 하나님에 대한 충성을 결코 타협하신 적이 없다. 더구나 성경에서 하나님의 신실하심은 그분의 언약 및 약속들과 관련되어 있으므로, 예수님을 "충신과 진실"이라고 부르는 것은 하나님의 언약이 확립되고 그분에 대한 찬양이 성취되는 일이 그리스도를 통해 이루어진다는 뜻이다. "하나님의 약속은 얼마든지 그리스도 안에서 예가 되니"(고후 1:20).

둘째, 백마를 탄 자는 "이름 쓴 것 하나가 있으니 자기밖에 아는 자가 없[다]"(계 19:12). 이름은 정체성을 나타내므로, 이름이 감추어져 있다는 것은 정체성이 감추어져 있음을 의미한다. 예수 그리스도께서는 자신의 모든 것을 우리에게 계시하지는 않으셨다. 그분에 대해 얼마나 많은 것을 안다고 주장하든, 우리가 알지 못하는 것이 아직 많이 있다. 그분만이 그분 자신을 충분히 아시며, 마지막 날에 이르러서야 그분이 우리를 아는 것처럼 우리도 그분을 알게 될 것이다(고전 13:12; 요일 3:2).

셋째, 그분의 이름은 "하나님의 말씀"(계 19:13; 요일 1:1)이다. 우리가 말로 자신을 드러내는 것과 마찬가지로, 하나님도 그분의 말씀이신 예수 그리스도 안에서 그리고 그리스도에 대한 온전한 성경적 증거 안에서 자신을 드러내신다. "하나님의 말씀"이라는 이름을 가진 그분이 피 뿌린 옷을 입으셨다는 사실을 주목하는 것 역시 중요하다. 왜냐하면 그분은 바로 십자가에서 선하심과 엄위하심, 사랑과 정의 양자 가운데서 그분 자신을 충만히 계시하시는데, 심판 가운데 그분의 정의를 드러내시고 구원 가운데 그분의 사랑을 드러내시기 때문이다.

넷째, 그 옷과 다리에는 "만왕의 왕이요 만주의 주"라는 이름이 쓰여 있다(계 19:16; 참고. 계 17:14; 신 10:17). 이것은 그리스도의 모든 이름 중 가장 세상을 놀라게 하는 이름이며, 불가피하게 우리는 헨델의 "메시아"에 나오는 절정부를 생각하게 된다. 지상의 왕들과 여왕들, 황제들, 대통령들과 다른 통치자들은 자신의 권세와 명성에 쉽게

도취되어 독재적 태도를 보이는 경향이 있다. 하지만 예수 그리스도께서는 그들의 콧대를 꺾으신다. 그분은 모든 통치자들과 권세들과 능력과 주관하는 자와 일컫는 모든 이름 위에 뛰어나시고, 만물을 그 발 아래 복종하게 하시면서, 최고로 영광스러운 자리까지 올려지셨기 때문이다(엡 1:20-23; 빌 2:9-11). 그분은 만왕의 왕이요 만주의 주이시다.

두 짐승이 멸망당함

백마 탄 자이신 그리스도에 대한 이 계시가 나온 후, 우리는 당연히 그분이 말을 타고 앞으로 나가 마지막 전투를 치르실 것이라고 예상한다. 그 전투와 거기서 나올 사상자를 예상하면서 한 천사가 육식조들에게 "하나님의 큰 잔치에 모[이라]"(계 19:17)고 큰 소리로 으시시한 초대를 한다. 그것은 이미 언급한 다른 잔치, 곧 "어린양의 혼인 잔치"(19:9)와 소름끼치는 대조를 이룬다. 그 잔치에 초대된 손님들은 정말로 복될 것이다. 하지만 하나님의 "큰 잔치"에 올 손님들은 대머리수리와 썩은 고기를 먹는 다른 새들이 될 것이며, 제공되는 음식은 인육—왕들과 장군들과 장사들의 고기, 무론대소하고 짐승의 표를 받은(이라고 추정되는) 모든 자의 고기—이 될 것이다(19:18).

그다음에 요한은 그 짐승과 땅의 임금들과 그 군대들이 모여, 말 탄 자와 그의 군대로 더불어 전쟁을 일으키는 것을 본다(19:19). 극적인 순간이 왔다. 하나님의 군대와 마귀의 군대, 두 군대가 서로 마주 보고 있다. 아마겟돈이 시작되는 순간이다. 다음에 무슨 일이 일어나는가? 아무 일도 일어나지 않는다! "전투는 없다." "완벽한 용두사미"[33]만 있을 뿐이다. 사실상 그 전쟁은 이미 치러진 것이며, 예수님의 십자가와 부활로 이미 승리한 것이다.

그 대신 심판의 순간이 왔다. 그리고 악의 세력은 처음 소개될 때의 역순으로 처리된다. 바빌론은 이미 타도되었다. 이제 두 짐승은 멸망할 것이며, 용의 운명은 20장에 가서야 결정될 것이다. 바다에서 나온 짐승이 잡히고 그와 함께 땅에서 올라온 짐승도 잡혔다. 땅에서 올라온 짐승은 또한 "거짓 선지자"라고 알려진 인물로, 거짓된 종교의 상징이며, 사람들에게 황제 혹은 그의 우상을 숭배하도록 미혹한 책임이 있는 자다(19:20). 두 짐승 모두 불 못에 산 채로 던져져 죽임을 당한다. 동시에 우리는 그들이 지각력을 가진 존재가 아니라, 적그리스도적인 핍박과 이데올로기의 상징이라는 것을 기억해야 한다. 이 장은 두 개의 극적인 묘사로 끝난다. 첫째, 짐승의 나머지 군대는 백마 탄 자의 입에서 나오는 검으로 죽임을 당한다. 이는 그분이 자신의 말씀으로 악을 이기리라는 의미다. 둘째, 대머리수리들이 인육을 게걸스럽게 먹는 불쾌한 장면은 종국에는 악이 완전히 멸망하리라는 의미다.

사탄의 운명(계 20:1-15)

19장은 백마 탄 승리자에 대한 환상과 더불어, 다시 말하면 역사의 종말과 더불어 마무리되었다. 그러므로 우리는 20장이 19장이 끝난 부분에서부터 시작된다고 생각해서는 안 된다. 나는 이 책을 '병행론적'으로 이해하기 때문에, 다시 한번 요한이 역사를 처음부터 끝까지 요점을 되풀이하여 설명하고 있다고 생각한다. 20장의 열다섯 구절에서 그는 그리스도의 초림과 재림 사이의 교회사의 개요를 다시 말한다. 바빌론과 두 짐승은 멸망했으므로, 이제 그는 하나님의 대원수인 용의 운명을 강조한다. 이 장은 자연스럽게 세 단락으로 나뉘는데, 천 년의 기간(20:1-6), 마지막 전투(20:7-10), 마지막 심판(20:11-15)이다.

요한계시록 20장은 천년왕국 혹은 천 년의 기간을 언급하는 것 때문에 유명하다. 나는 요한계시록에 나오는 다른 숫자들과 마찬가지로, 이것을 문자적으로 해석하지 말고 구체적으로 명기되지는 않았으나 매우 긴 시간, 사실상 전체 복음 시대를 말하는 것으로 해석해야 한다고 생각한다. 요한은 천사가 무저갱 열쇠와 큰 쇠사슬을 그 손에 가지고 하늘에서 내려오는 것을 보았다고 말한다. 그는 용(다시 한 번 마귀로 밝혀진다)을 잡아 사슬로 결박하고 무저갱에 던져 잠그고 그 위에 인봉한다. 이것의 목적은 그 용을 벌하려는 것이 아니라 "다시는 만국을 미혹하지 못하게" 하려는 것이었다. 그다음 요한은 두 집단의 사람들이 앉은 보좌들을 보았다. 한쪽은 "심판하는 권세를 받[은]"(4절) 죽은 성도들이고, 다른 한쪽은 "예수를 증언함과 하나님의 말씀 때문에 목 베임을 당한…" 순교자들이다. 이 두 집단은 짐승을 경배하는 일이나 그의 표를 받는 일을 하나같이 거부했다. 그들은 살아났으며(후에 "첫째 부활"이라고 불리는 체험, 5-6절), 그리스도와 함께 천 년 동안 왕 노릇 한다. 그들은 또한 특별히 복이 있다고 선포되는데, 그것은 그들이 "둘째 사망"을 결코 겪지 않을 것이며, 하나님과 그리스도의 제사장으로 섬길 것이기 때문이다.

이 여섯 구절에서 "천 년 동안"(또는 천 년이 차도록)이라는 표현이 네 번 나오는데, 각 경우마다 서로 다른 것을 언급한다는 사실을 주목하는 것이 중요하다. 그것들은 함께 우리에게 천 년 동안 무슨 일이 일어나는지 말해 준다. 첫째, 사탄은 "천 년 동안"(2절) 결박되어 있었다. 둘째, 만국은 "천 년이 차도록"(3절) 더 이상 미혹을 당하지 않는다. 셋째, 부활한 성도들과 순교자들은 그리스도와 함께 "천 년 동안"(4절) 왕 노릇 한다. 넷째, 동일한 부활한 자들이 "천 년 동안"(6절) 하나님과 그리스도의 제사장으로 섬겼다.

일단 이러한 네 번의 반복과 여기 묘사된 네 가지 활동을 인식했으면, 천년왕국은 그리스도의 초림과 재림 사이의 모든 기간을 상징한다고 단언해야 한다고 생각한다. 첫째, 예수님이 "강한 자를 결박하신"(막 3:27; 마 12:29) 것은 초림 때, 구체적으로 그분의 죽음과 부활에 의해서였다. 둘째, 만국이 '미혹받지 않는' 것, 그리고 성령의 권능으로 복음을 전파한 결과 수많은 사람들이 회심한 것(예를 들어, 시 2:8; 막 13:10; 눅 10:18; 행 1:8)은 동일한 초림과 재림 사이의 기간에 일어난 일이다. 셋째, 동일한 기간에 하나님의 백성은 부활하고 그리스도와 함께 다스리며 하늘에서 그리스도와 함께 보좌에 앉는다(엡 2:5-6; 참고. 계 3:21). 넷째, 우리는 왕일 뿐 아니라 제사장들이다(계 1:6; 5:10; 벧전 2:5, 9). 여기에는 '지상의' 천년왕국에 대한 언급은 없다. 천년왕국은 '천상에서' 그리스도와 함께 다스리는 것이다.

마귀가 결박당한 것같이 **보이지** 않는다거나 열국이 '미혹받지 않는' 것처럼 **보이지** 않는다고 반대하는 사람이 있다면, 아마도 두 가지로 대답할 수 있을 것이다. 첫째, 사탄을 결박하는 것은 신약 전체와 관련된 문제이지 요한계시록 20장과만 관련되어 있는 문제가 아니다. 신약에서는 처음부터 끝까지, 십자가에서 그리스도께서 마귀를 패배시키고 심지어 "멸하셨으며" 그를 폐위시키고 무력하게 하셨다는 것 그리고 모든 것이 그분의 발 아래 있다는 것을 명확하게 주장한다(예를 들어, 엡 1:22; 골 2:15; 히 2:14). 둘째, 요한계시록 20장은 마귀가 모든 활동에 대하여 결박된 것이 아니라, 만국을 미혹하는 일에 대해서만 결박되었다고 말한다. 복음이 시작되었던 때부터 수십 세기를 되돌아 볼 때, 분명 만국이 놀랍게 그리스도께 모여들어 왔다(참고. 계 7:9).

초림과 재림 사이의 혹은 천 년의 기간이 끝났을 때, 요한은 사탄이 "잠깐" 그 옥에서 놓일 것이며(계 20:3, 7), 그가 다시 땅의 사방에서 만국을 미혹할 것이라고 말한다. 이 기간 동안 교회의 선교 활동은 의심할 바 없이 방해받고 축소될 것이며, 교회는 확장되기보다는 핍박과 환난을 겪을 것이다. 사탄은 또한 적대적인 사람들을 한데 모아서 교회에 대항하여 최후 공격을 할 것이다. 여기에는 에스겔 38, 39장에서 불경한 나라들의 상징으로 나오는 곡과 마곡도 포함될 것이다. 거대한 군대가 소집되어 땅을 가로질러 행군할 것이며, 적그리스도 혹은 불법의 사람(살후 2:1-12)이 선봉에 설 것이고, 하나님 백성의 진, 상징적으로 하나님이 사랑하시는 성 예루살렘을 에워쌀 것이다. 이야기의 윤곽은 친숙한 것이다. 아마겟돈 전투지로 행군하는 이 군대는 이미 서너 번 묘사된 바 있다. 요한은 반복해서 같은 절정에 이르기 때문이다(예를 들어, 계 11:18; 16:12 이하; 19:19). 매번 두 군대가 대결할 때, 우리는 무기들이 맞부딪히고 폭력과 피가 난무하리라고 예상한다. 하지만 매번 전투는 없다. 하나님 자신이 개입하사 전투의 기선을 제압해 버리시기 때문이다. 그리스도께서 몸소 백마를 타고 오시며, 그 입의 기운으로 불법한 자를 멸하신다(살후 1:7-10; 2:8).

아니면 요한이 여기에서 말하듯이 "하늘에서 불이 내려와 그들을 태워 버[린다]"(계 20:9). 그 후 용이 불 못에 던져지고, 거기에서 중단됨도 끝도 없는 운명 속에서 두 짐승을 만난다.

이제 용과 두 짐승, 음녀가 모두 멸망했으므로, 그래서 하나님의 백성에 대한 모든 방해(육체적 핍박이든, 거짓 이데올로기든, 도덕적 타협이든)가 그들과 함께 사라졌으므로, 이제 개개인을 심판할 때가 왔다. 요한은 크고 흰 보좌를 본다. 거기에는 누군가가 앉아 있으나, 그가 누구인지는 말하지 않는다. 그분은 하나님 아버지일 수도 있다. 그분은 보통 이름이 밝혀지지 않은 채 보좌에 앉아 계시는 분이기 때문이다. 하지만 그는 예수 그리스도일 가능성이 더 높다. 하나님이 예수님에게 심판의 일을 위임하셨기 때문이다(예를 들어, 마 25:31; 요 5:22; 행 17:31; 계 14:14을 보라). 옛 피조물의 종말을 나타내기 위해 땅과 하늘은 없어진다. 그리고 나서 요한은 죽은 자들이 무론 대소하고 그 보좌 앞에 서 있는 것을 보았다. "불참자도 없고 면제되는 사람도 없다."[34] 그리고 나서 책들이 펼쳐진다. 죽은 자들의 행위를 기록한 많은 책과, 누가 어린양에게 속했는지 기록한 단 하나의 "생명책"(계 3:5; 13:8)이다. 요한이 "죽은 자들이 자기 행위를 따라 책들에 기록된 대로 심판을 받으니"(계 20:12)라고 말할 때, 이는 죄인들이 그들의 선행에 의해 의롭다 함을 받는다는 말이 아니다. 그렇지 않다. 우리 죄인들은 오직 그리스도를 믿는 믿음으로, 하나님의 은혜에 의해서만 의롭다 함을 받는다. 동시에 우리는 우리의 선행에 의해 심판을 받을 것이다. 그 이유는 심판의 날은 공개적인 시간이 될 것이며, 선행은 우리 믿음이 진정한 것임을 입증하기 위해 제시할 수 있는 유일한 공개적, 가시적 증거일 것이기 때문이다. "행함이 없는 믿음은 죽은 것이니라." 바다와 음부는 그들의 죽은 자들을 내어 줄 것이다. 이제 총체적인 부활이 일어날 것이기 때문이다. 그리고 나서 사망과 음부는 불 못에 던져질 것이다. 이는 육체적 죽음 그 자체가 죽을 것이라는 의미다. "다시는 사망이 없고"(계 21:4). 하지만 육체적 죽음을 폐할 불 못은 그 자체가 둘째이자 영적인 죽음, 하나님으로부터의 영원한 분리다. 생명책에 이름이 기록되지 않은 사람이 처하게 되는 무시무시한 운명은 둘째 사망 곧 불 못이다.

10. 신부를 데리러 오시는 신랑 그리스도(계 21-22장)
새 우주, 성, 동산

20장은 생명책에 이름이 기록된 사람들과 둘째 사망을 경험하는 사람들 사이의, 그래서 인류가 맞닥뜨리게 될 두 가지 운명인 생명과 사망 사이의 두려운 대조로 끝났다. 21, 22장 역시 둘째 사망을 언급한다(21:8). 하지만 이 장들은 생명 — 생명책(21:27), 생명수(21:6; 22:1-2; 22:17), 생명나무(22:2, 14, 19) — 에 전체적으로 초점을 맞추고 있다.

"영생"은 예수 그리스도를 통해 하나님을 개인적으로 아는 지식을 의미한다(요 17:3). 이는 둘째 사망이 하나님으로부터의 분리를 의미하는 것과 마찬가지다. 더 나아가 요한은 이 생명(하나님의 백성의 최종적이고 영광스러운 운명)을 세 가지 독특한 비유를 이용해서 설명한다. 첫째, 하나님의 성인 새 예루살렘 안에서의 안전함이다. 둘째, 회복된 에덴동산에서 생명나무에 나아가는 것이다. 셋째, 결혼 관계에서 신부와 신랑의 친숙한 관계다. 요한은 그의 비유들을 뒤섞어 놓는 놀라운 재주를 가지고 있다. 그는 전혀 부자연스럽다는 느낌을 주지 않고 이 비유에서 저 비유로(성, 동산, 결혼) 갑자기 도약한다. 유다 지파의 사자가 죽임 당한 것 같은 어린양으로 판명되었던 것처럼(5:5), 하나님으로부터 하늘에서 내려오는 거룩한 성은 "그 준비한 것이 신부가 남편을 위하여 단장한 것"(21:2) 같았다. 어린양으로서의 사자 혹은 사자로서의 어린양을 상상하기가 어려운 만큼이나, 신부로서의 성 혹은 성으로서의 신부를 상상해 보는 것도 어렵다. 그럼에도 불구하고, 그 상징들을 해석하는 것은 어렵지 않다. 세 비유(성, 동산, 혼인)는 모두 우리와 하나님의 친밀한 인격적 관계를 나타내는데, 그 관계는 일단 우리가 하나님과 화목되면 바로 시작되며, 그리스도께서 오실 때 완성될 것이다.

만물을 새롭게 함(계 21:1-8)

21장의 처음 여덟 구절은 하나님의 종말론적 사역의 '새로움'을 경축하는 듯이 보인다. 그 구절들은 새로움이라는 주제에 대한 변주곡들이다. 요한은 새 하늘과 새 땅을 보았는데(1절), 거기로 새 예루살렘이 내려왔다(2절). 그 결과 "처음 것들이 다 지나갔[으며]"(4절), 하나님은 그분의 보좌로부터 "내가 만물을 새롭게 하노라"(5절)고 선포하실 수 있었다.

새 하늘과 새 땅에 대한 약속은 하나님이 이사야에게 처음 주신 약속이다(사 65:17; 66:22). 예수님 자신은 그것을 "세상이 새롭게 [됨]"(마 19:28, 문자적으로는 '새로운 탄생')이라고 말씀하셨으며, 바울은 그것을 피조물이 썩어짐의 종노릇 하는 데서 해방되는 것이라고 썼다(롬 8:21). 그러므로 우리의 기독교적 소망이 세상 것이 아닌 천국을 기다리는 것이 아니라, 현재의 세상과의 연속성과 불연속성을 둘 다 가지고 있는, 현재 세상과 관련된 새로워진 우주를 기다리는 것이라고 단언하는 것이 중요하다. 그리스도인 각자가 그리스도 안에서 동일하지만 변화된 사람인 "새로운 피조물"인 것과 마찬가지로(고후 5:17), 또 부활체가 정체성은 손상되지 않은(주의. 예수님의 상처들) 같은 몸이면서도 새로운 권능을 받게 될 것과 마찬가지로, 새 하늘과 새 땅은 (마치 새롭게 창조되기라도 한 것처럼) 우주를 대신하는 것이 아니라, 현재의 모든 불완전함이 제거되고 더 이상 고통이나 죄나 사망이 없는 새로이 태어난 우주가 될 것이다(계 21:4, 8). 요한은 "바다도 다시 있지 않더라"(1절)는 세부 사항을 덧붙인다. 바다를 사랑하는 많은 사람들은 이것을 유감스럽게 생각한다. 하지만 우리는 이스라엘에게 바다는 불안함(사 57:20-21), 분리(시 139:9-10), 하나님에 대한 적대감의 상징으로서, 바다에서 나온 짐승이 등장하는 배경(계 13:1)이 되었던 점을 기억할 필요가 있다.

그다음에 요한은 하나님의 보좌로부터 나오는 큰 소리를 듣는데, 그 소리는 그에게 직접 말하면서 새 예루살렘이 내려오는 것의 의미를 설명한다. "보라. 하나님의 장막이 사람들과 함께 있으매 하나님이 그들과 함께 계시리니 좋은 하나님의 백성이 되고 하나님은 친히 그들과 함께 계셔서"(21:3). 이 믿기 어려운 놀라운 선포는 성경 전체에서 계속 되풀이해서 나타나는 언약 문구, 곧 "나는 너희 하나님이 되고 너희는 내 백성이 되리라"는 말씀이 그 안에 통합되어 있기 때문에 훨씬 더 인상적이다. 하나님과 그분의 백성 사이의 이러한 활력 있는 관계의 결과는, 더 이상 눈물이나 사망이나 애통하는 것이나 곡하는 것이나 아픈 것이 없게 된다는 것이다. 이러한 것들은 지금은 지나가 버린 예전의 타락한 세상 질서에 속한 것이기 때문이다. 실로 보좌에서 나는 음성은 이어서 "내가 만물을 새롭게 하노라"고 말씀하신다. 그리고 오직 그분만이 이 일을 하실 수 있다. 그분은 알파와 오메가, 처음이요 나중이시기 때문이다.

지금까지 21장 앞부분에 나오는 구절에서, 그리스도 안의 영생에 대한 비유 중 두 가지, 즉 성(새 예루살렘)과 혼인(신부가 남편을 위해 아름답게 단장한 것)이 언급되었다. 다음으로 세 번째 비유는 값없이 마시도록 초청받은 목마른 자에 대한 언급에(적어도) 암시되어 있다. 생명수의 근원은 동산에 있기 때문이다(6절). 목마른 자들과 함께 이기는 자들(타협하기를 거부한)이 언급되며, 그와 대조적으로 여덟 가지 범주의 악행자들이 열거되는데, 그들은 그 성과 동산과 혼인 잔치에서 배제되고 그 대신 불 못에 던져지게 될 것이다.

21장 나머지 부분과 22장 대부분에서는 대체로 세 비유를 상세히 말하고 있다.

성(계 21:9-21)

천사가 요한에게 "이리 오라. 내가 신부…를 네게 보이리라"고 말하는데, 그것은 또 다른 천사가 이전에 "이리 오라.…음녀[를]…네게 보이리라"(17:1)고 초청했던 것과 비슷하다. 신부와 음녀, 예루살렘과 바빌론은 요한계시록 전체에서 서로 대조되고 있다. 이 장 첫부분에서 요한이 거룩한 성 새 예루살렘이 신부처럼 아름답게 옷입고 내려오는 것을 본 것처럼(21:2), 이제 그는 신부를 보라고 초청받지만 실제로는 성을 보게 된다(21:10). 이 두 비유가 동일한 진리를 예시한다는 점은 명백하다.

요한을 인도하는 천사는 그를 높은 산으로 데리고 간다. 문자적으로가 아니라 "성령으로" 즉 그의 상상력이 성령의 지배를 받는 상태에서 데려간 것이다. 이러한 위치에서 요한은 거룩한 성 예루살렘이 하나님으로부터 내려오는 것을 보았다. 첫 번째로 나와 있는 말은 "하나님의 영광이 있어"(21:11)이다. 옛 예루살렘의 성전은 하나님의 영광이 거하시는 장소였기 때문이다(예를 들어, 겔 1, 10장). 그 성은 또한 매우 값비싼 보석, 아마도 다이아몬드의 광휘로 번쩍거렸다.

요한은 이제 그 성의 성곽 그리고 성곽의 문과 기초석에 대해 묘사한다. 성곽에는 열두 천사가 지키고 있으며, 이스라엘 열두 지파의 이름이 쓰여 있는 열두 문이 동편에 세 개, 북편에 세 개, 남편에 세 개, 서편에 세 개 있었다. 성곽의 열두 기초석에는 어린양의 열두 사도의 이름이 쓰여 있었다. 그러므로 그 성은 구약과 신약의 완성된 교회를 나타냈다.

요한은 이어서 그를 안내하는 천사가 금 갈대를 가지고 성과 문과 성곽을 측량했다고 말한다. 먼저 성의 길이와 너비가 12,000스다디온(약 2,400킬로미터)인 정사각형이었다고 나와 있으며, 성의 높이 역시 똑같았다고 나온다. 그러므로 그 성은 성전 안에 있던 지성소처럼 정육면체였는데(예를 들어, 왕상 6:20), 이는 성 전체가 가장 거룩한 장소를 닮았으며, 하나님의 임재가 성 전체에 속속들이 퍼져 있었음을 나타낸다. 유일하게 나와 있는 또 다른 치수는 성곽의 두께가 144규빗(약 66미터)이었다는 것이다.

우리는 새 예루살렘이 "건축학적으로 볼 때 터무니없이 말도 안 되는 것이다"라는 브루스 메츠거 박사의 말에 분명 동의할 것이다.[35] 런던에서 아테네까지 혹은 로스앤젤레스에서 달라스까지 이르는 거대한 정육면체란 생각조차 할 수 없는 것이다. 하지만 우리는 그 상징적인 뜻은 이해할 수 있다. 새 예루살렘은 거대한 난공불락의 요새로서, 하나님의 백성의 안전함과 평강을 상징한다. 성을 척량하는 것은 성의 안정성을 확증했다. "시온을 돌면서…그 망대들을 세어 보라. 그의 성벽을 자세히 보고…"(시 48:12-13). "네 성 안에는 평강이 있고 네 궁중에는 형통함이 있을지어다"(시 122:7). "여호와를 의지하는 자는 시온산이 흔들리지 아니하고 영원히 있음 같도다"(시 125:1).

요한이 본 성은 거대하고 견고할 뿐만 아니라 아름다웠다. 그것의 열두 기초석은 각각 다른 보석으로 장식되어 있었으며, 열두 문은 각각 하나의 진주로 되어 있었고, 성의 길은 순금이었다.

요한이 하나님의 임재로 가득 채워진 새 예루살렘의 광대한 크기와 화려한 장엄함을 파악하고 나서, 그 결과 없는 것들이 있음을 알아차린 것도 놀라운 일이 아니다(계 21:22-27). 우리는 죄나 눈물이나 사망이 더 이상 없으리라는 것은 이미 보았다(21:4). 이제 네 가지를 더 볼 준비가 되었다.

첫째, "성 안에서 내가 성전을 보지 못하였으니"(21:22). 하지만 이것은 당연한 것이다! 전능하신 주 하나님과 어린양이 그 성전이다. 그들의 임재가 성을 가득 채운다. 그들을 모실 특별한 건물은 전혀 필요하지 않다. 에스겔의 예언이 실현될 것이다. "여호와삼마"(겔 48:35, '주님이 거기 계시다'라는 뜻이다—역주).

둘째, 그 성에는 해나 달이 필요 없다(계 21:23). 하나님의 영광이 그 성을 비추며 어린양이 등이기 때문이다(참고. 사 60:19). 실로 그 빛은 심지어 열방, 즉 구속받은 자의 수에 들어갈 이방인 회심자들(계 7:9 이하)에게까지 충분히 비칠 것이다.

이 시점에서 요한계시록 21:24, 26을 살펴볼 필요가 있다. "땅의 왕들이 자기 영광을 가지고 그리로 들어가리라." "사람들이 만국의 영광과 존귀를 가지고 그리로 들어가겠고." 우리는 세상의 문화적 보물들이 새 예루살렘을 풍성하게 하리라고 주저없이 단언해야 한다. 자연은 하나님이 우리에게 주시는 것이다. 문화는 인간이 자연으로부터 만드는 것이다. 인간은 모호한 존재이므로, 그들의 문화도 그렇다. 그중 어떤 것은 악하고 심지어 마귀적이기까지 하다. 하지만 그중 어떤 것은 또한 아름답고 선하고 참되다. 거룩한 성을 장식할 것은 바로 이것이다.

셋째, 거기는 밤이 없을 것이다. 따라서 성문은 결코 닫히지 않을 것이다. 그 문들은 영원히 열려 있어, 우리가 계속해서 그 성과 거기 살고 계시는 하나님께 다가갈 수 있을 것이다(25절).

넷째, "무엇이든지 속된 것이나 가증한 일 또는 거짓말하는 자는 결코 그리로 들어가지 못하되 오직 어린양의 생명책에 기록된 자들"만 들어올 것이다(27절).

동산(계 22:1-6)

22장의 앞부분에서는 우리가 여전히 성 안에 있다는 것이 두 번 언급되어 있다. 그럼에도 불구하고 이제 그 성의 성곽과 문과 기초석은 더 이상 언급되지 않으며, 이제 강조되는 것은 생명수의 강과 생명나무이다. 이러한 암시만으로도 요한이 많은 강과 생명나무가 있는 에덴동산을 염두에 두고 있음을 깨닫기에 충분하다. 아마도 우리는 그 배경을 전원 도시 혹은 도시의 공원으로 생각해야 할 것이다. 요한은 강, 나무, 보좌를 차례로 언급한다.

먼저, 천사는 요한에게 "생명수의 강"(참고. 겔 47장)을 보여 주었다. 그 물은 수정같이 맑았으며, 그 강은 하나님과 어린양의 보좌로부터 나서(그분의 주권적 은혜로부터 나와) 성의 길 가운데로 흘렀다. 그래서 목마른 자들은 언제나 그 물을 마실 수 있다.

둘째, 생명나무가 강 좌우편에 자라고 있었다고 나와 있다. 타락 이후에는 생명나무에 접근하는 것이 금지되었다(창 3:23-24). 하지만 이제 그 금지가 풀린다. 어쩌면 생명나무가 좌우편에 단 한 그루씩만 있었을지도 모른다. 하지만 나는 이미 에스겔이 예언한 대로 많은 생명나무가 강둑을 따라 길게 죽 늘어서 있어서(겔 47:7), 물과 마찬가지로 그 열매를 모든 사람이 쉽게 손에 넣을 수 있었을 것이라는 몇몇 주석가들의 견해를 선호한다. 그래서 주린 사람은 마음껏 먹고, 목마른 사람은 마음껏 마실 수 있을 것이다. 여기에서 "나무"에 해당하는 헬라어가 사도 베드로와 바울이 십자가와 관련하여 사용한 것과 같은 단어라는 사실을 언급할 필요가 있겠다['크실로스'(*xylos*): 행 5:30; 10:39; 13:29; 갈 3:13; 벧전 2:24]. 요한은 어린양의 구원의 죽음을 너무나 강조하기 때문에, 생명나무에서도 당연히 십자가에 대한 상징적 암시를 볼 것이다. 어쨌든 달마다 새로운 열매가 나무에서 익으며, 나무 잎사귀들은 열국을 치유하기 위한 것이다. 이는 복음이 이방 세계에 가져다주는 광범한 유익을 나타낸다.

요한은 더 이상 저주가 없을 것이라고 덧붙인다(계 22:3). 이는 에덴동산에 대한 또 하나의 분명한 언급이다. 에덴동산에서 땅은 아담 때문에 저주를 받았으며 가시덤불과 엉겅퀴를 내었다(창 3:18). 그 저주는 새 하늘과 새 땅에서 폐해졌다.

셋째, 요한은 강과 나무로부터 그 동산, 곧 성에 있는 하나님의 보좌로 주의를 돌린다. 4장과 5장에서처럼 그 보좌의 중심됨이 회복될 것이며, 모든 생명이 하나님과 어린양의 통치를 따를 것이다. 그분의 종들은 그분을 경배할 것이며, 그분의 얼굴을 볼 것이다. 하나님은 모세에게 "네가 내 얼굴을 보지 못하리니 나를 보고 살 자가 없음이니라"(출 33:20; 요 1:18)고 명백하게 말씀하신 바 있다. 그래서 인간들이 지금까지 본 것이라곤 하나님의 영광뿐이었다(출 33:18, 22). 그것은 "그분의 내적 존재가 외적으로 비친 것"이라고 규정되어 왔다. 그래서 그들은 지금까지는 하나님의 성육신하신 아들의 인격과 사역 안에서 하나님을 보았다(요 1:14, 18; 2:11; 14:9). 하지만 그같이 "보는 것"은 거울에 비친 희미한 영상과 같다(고전 13:12). 그리스도께서 다시 오사 덮은 것이 벗겨지고 우리가 그분을 "참모습 그대로"(요일 3:2), 심지어 "얼굴과 얼굴을 대하여"(고전 13:12) 볼 때까지 그런 채로 있을 것이다. 이같이 기쁨에 겨운 환상은 하나님의 백성을 위한 하나님의 궁극적인 목적에 필수불가결한 요소이다.

게다가 하나님의 이름이 우리 이마에 찍혀서(계 22:4), 우리를 영원히 그분께 속한 것으로 인쳐 줄 것이다. 이제 "없는 것"이 한 가지 더 반복된다. "다시 밤이 없겠고"(계 22:5; 참고. 21:25). 주 하나님이 널리 비추사 빛이 어둠을 몰아낼 것이기 때문이다. 이 모든 것은 하나님의 주권으로 인한 것이다. 그분은 다스리시며, 그분의 백성 역시 "세세토록 왕 노릇" 한다. 이는 하나님의 통치와 경쟁을 하는 것이 아니라 그 통치를 공유하는 것이다.

결어(계 22:6-21)

요한계시록의 마지막 열여섯 구절은 일종의 부록 혹은 결어로서, 갖가지 경고와 권면을 담고 있다. 하지만 세 가지 주제가 두드러지게 나타난다.

첫째, 요한은 자신의 책이 믿을 수 있다는 것을 증명하고 그것의 권위를 보여 주는 일에 관심을 가지고 있다. 요한은, 천사를 보내사 요한이 교회들을 위해 이 증거를 하게 하신 분은 예수님이라고 단언한다(6, 16절). 따라서 요한은 자신이 기록하게 될 것을 "보고 들[었으며]"(8절) 그의 말은 "신실하고 참된"(6절) 것이다. 요한은 한 가지 특정한 표현을 약간씩 변형시켜 가면서 다섯 번 사용하는데, 그것은 "이 두루마리의 예언의 말씀"(7, 9, 10, 18, 19절)이라는 표현이다. 이 계시에 대한 그의 독자들의 의무는 분명하다. 그들은 그것을 "지켜야" 한다(7, 9절). 즉 그것을 믿고 순종해야 한다. 그들은 그것을 "인봉하[는]"(10절, 즉 감추는) 것이 아니라 다른 사람들에게 알려야 한다. 그리고 그렇게 할 때 거기에 더하지도 제하지도 말아야 한다(18-19절).

둘째, 요한은 예상되는 심판을 배경으로 호소와 경고를 한다. 그리스도께서 오실 때, 그분은 "각 사람에게 그가 행한 대로 갚아"(12절) 주실 것이다. 그러면 무시무시한 분리가 일어날 것이다. 자기 두루마기를 빤 사람들은 복이 있을 것이며, 생명나무와 새 예루살렘에 들어가게 될 것이다(14절). 하지만 구속받지 않은 죄인들과 거짓말쟁이들은 성 바깥에서 떠도는 개처럼 들어오지 못할 것이다(15절).

이처럼 창조주로서 만물의 근원이 되신 예수 그리스도께서 심판자로서 만물을 완성시키실 것이다. 그분은 "알파와 오메가요 처음과 마지막"(13절)이시기 때문이다. 이 동일한 칭호가 하나님(1:8)과 그리스도(1:17; 22:13) 모두에게 붙여진다. 요한은 그리스도의 이러한 엄청난 주장들로 그의 책을 시작하고 맺는다. 모든 것은 이 범위 안에 들어 있다. 게다가 요한의 관점은 심지어 창조 전과 심판 후에도 예수님은 여전히 동일하시다는 것이다. 그분은 살아 계신 분이요, 영원하신 분이기 때문이다(1:17). 그래서 그분은 오늘날 우리에게 겁쟁이처럼 타협하는 것을 회개하고 그 대신 그분의 신실한 증인으로서, 필요하면 순교의 죽음까지도 각오하고 그분을 따르라고 도전하신다.

"내가 속히 오리니"

하지만 이 책의 결어의 세 번째이자 가장 독특한 특징은 세 번에 걸쳐 "보라. 내가 속히 오리니"라는 예수님의 웅대한 주장이 나온다는 것이다(계 22:7, 12, 20).

이것은 예수님과 사도들이 예수님이 거의 즉시 재림하실 것이라고 예언했으며, 그래서 잘못되었다는 의미인가? 이것이 널리 주장되는 견해다. 하지만 여러 가지 이유로, 이러한 결론에 도달할 필요가 없다.

첫째, 예수님은 자신이 오시는 시간을 모른다고 말씀하셨다(막 13:32; 참고. 행 1:7; 살후 2:1 이하). 오직 하나님 아버지만이 아신다. 그러므로 추정하건대 예수님이 자신이 모르는 것을 안다고 말할 것 같지는 않다. 그분은 자기가 모른다는 사실을 모르지 않으셨다.

둘째, 예수님과 사도들은 다른 곳에서 제자들에게 결혼하고 자녀를 가지며(엡 5:21 이하), 생계를 꾸려 나가고(살후 3:6-10), 땅끝까지 복음을 가지고 가라고(마 24:14; 막 13:10; 마 28:19; 롬 11:25) 촉구하였다. 이러한 명령들은 임박한 재림과는 도저히 양립할 수 없다. 몇 가지 비유 역시 재림이 지체된다는 것을 암시한다(예를 들어, 마 25:19).

셋째, 예수님은 당대 사람들이 살아 있을 때 예루살렘이 멸망할 것이라고 예언하셨으며, 때때로 그분이 이것을 언급하시는지 종말을 언급하시는지 구분하기가 어렵다(예를 들어, 막 13:30).

넷째, '묵시'라는 것은 나름대로의 문학적 규칙을 가지고 있는 특정한 문학 장르다. 예를 들어, 그것은 **갑자기** 일어날 일을 **속히** 일어날 일이라는 말로 표현한다. 이를테면, 주전 8세기와 7세기의 몇몇 선지자들은 아직 수 세기나 더 있어야 그리스도가 오심으로써 자신의 선언이 실현되기 시작할 것임에도 불구하고, "여호와의 날이 가까웠나니"(예를 들어, 욜 2:1)라고 알렸다. 다시 말해, 약속과 성취 사이에는 종종 간격이 있다. 우리는 오직 "믿음과 오래 참음"(히 6:12; 참고. 히 11:39)으로만 약속을 유업으로 받기 때문이다.

그렇다면 우리는 "속히"라는 부사를 어떻게 해석해야 하는가? 우리는 그리스도의 오심, 죽음, 부활, 높여지심이라는 대사건들과 함께 새 시대가 밝았으며(예를 들어, 눅 11:20; 행 2:17; 고전 10:11; 딤후 3:1; 히 1:2; 벧전 1:20; 벧후 3:3; 요일 2:18), 이제 재림이 있기까지는 하나님의 종말론적 달력에 어떤 사건도 남아 있지 않다는 것을 기억해야 한다. 재림은 그분의 시간표에서 바로 다음 사건이다. "재림이 가까웠다고 말하는 것은 과거에도 사실이었고, 지금도 여전히 사실이다"라고 찰스 크랜필드는 썼다.[36] 그래서 그리스도인 제자들의 특징은 믿음과 소망과 사랑이다. 믿음은 그리스도의 성취가 **이미** 이루어진 것임을 이해한다. 소망은 그분의 구원이 **아직** 이루지 않은 측면을 기대한다. 그리고 사랑은 그 사이 **지금** 우리 삶의 특징이 된다. 그러므로 "속히"라는 말은 연대적으로는 부정확할지 모르지만, 신학적으로는 정확하다.

다섯째, 예수님은 제자들에게 농부가 비를 기다리듯이(약 5:7 이하), 집주인이 도둑이 들지 않도록 지키듯이(마 24:42-44; 참고. 살전 5:1-4; 계 3:3; 16:15), 인내를 가지고 주의를 게을리하지 말라고 하신다.

요한계시록의 맥락에서 "보라. 내가 속히 오리라"는 그리스도의 반복되는 언질은 특별한 의의를 지닌다. 그것은 그분이 심판자로 오시긴 하지만, 또한 신부를 데리러 오는 하늘의 신랑으로서 그분의 백성의 구원을 완성하러 오신다는 것을 나타낸다.

혼인

우리는 요한이 영생에 대한 세 가지 비유를 전개하는데, 각각은 종말에 우리를 기다리고 있는 하나님과의 완벽한 관계를 서로 다른 방식으로 보여 준다는 사실을 살펴본 바 있다. 첫째는 건축적 모델,

즉 새 예루살렘의 문, 성곽, 기초석의 모델이었다. 그 성 전체가 하나님의 임재의 내적 성소이기 때문에, 거기에는 성전이 필요 없다. 그다음에 생명나무와 생명수에 계속 접근할 수 있는 동산, 회복된 낙원의 비유였다. 셋째는 성과 동산보다 훨씬 더 인격적인 것으로, 요한은 그리스도와 그분의 교회의 영원한 연합을 신랑과 신부의 혼인이라는 견지에서 말한다.

유대 관습에 따르면, 혼인은 약혼과 결혼의 두 단계로 이루어졌다. 약혼 때는 약속과 선물을 교환했으며, 약혼은 거의 결혼과 같은 구속력이 있는 것으로 여겨졌다. 약혼한 한 쌍은 '남편'과 '아내'라고 불릴 수 있었으며, 둘이 갈라서면 '이혼'으로 여겨졌을 것이다(마 1:18-19을 보라). 결혼식은 약혼을 한 지 얼마 후에 치렀으며, 본질적으로 공개적인 사교적 행사였다. 그것은 음악과 춤이 따르는, 축제와도 같은 행진으로 시작된다. 그때 신랑과 그의 친구들은 나가서 준비하고 있는 신부를 데리러 간다. 그러고 나서 신랑은 신부와 그녀의 친구들, 친척들을 자기 집으로 데리고 와서 혼인 잔치를 하는데, 그 잔치는 일주일 정도 지속될 수도 있었다. 그 잔치 동안 신랑과 신부는 부모들로부터 공적인 축복을 받으며 신방으로 호위되어 가서 친밀한 육체적 결합으로 결혼을 완성시킨다.

성경에서는 성과 결혼에 대해 다룰 때 전혀 당혹스러워하지 않는다. 하나님과 이스라엘 사이의 언약을 묘사할 때 혼인 비유를 사용하는 것도 금지되지 않는다. 특히 이사야, 예레미야, 에스겔, 호세아는 이스라엘에 대한 여호와의 사랑을 솔직하게 육체적인 용어로 묘사한다. 하나님은 에스겔을 통해 이스라엘에게 말씀하시면서 이렇게 표현하신다.

> 네가 크게 자라고 심히 아름다우며 유방이 뚜렷하고 네 머리털이 자랐으나 네가 여전히 벌거벗은 알몸이더라. 내가 네 곁으로 지나며 보니 네 때가 사랑을 할 만한 때라. 내 옷으로 너를 덮어 벌거벗은 것을 가리고 네게 맹세하고 언약하여 너를 내게 속하게 하였느니라. 나 주 여호와의 말이니라. (겔 16:7 하-8)

예수님 자신은 한 대담한 진술에서 자신이 제자들의 신랑이라고, 그래서 자신이 아직 그들과 있을 때는 그들이 금식하는 것이 적절하지 않으리라고 암시하셨다(막 2:19-20). 그리고 바울은, 결혼 혐오증이라는 중상모략을 받았지만, 그 비유를 더욱 발전시켰다. 그는 그리스도를 신랑으로, 자기 앞에 흠 없는 영광스러운 존재로 세우기 위해 신부인 교회를 사랑하고 그녀를 위해 자신을 희생한 분으로 묘사했다(엡 5:25-27). 바울이 "이 비밀이 크도다"라고 덧붙였을 때, 그는 결혼에서의 '한 몸' 경험이 그리스도와 교회의 연합을 상징함을 의미했던 듯하다(엡 5:31-32).

요한도 동일한 생생한 이미지를 이용한다. 그는 이미 "어린양의 혼인 기약이 이르렀고", "그의 아내가 자신을 준비하였으[며]", "어린양의 혼인 잔치에 청함을 받은 자들"은 복되다고 선포한 바 있다(계 19:7, 9). 요한은 비유들을 뒤섞어 말하면서 또한 새 예루살렘을 "하나님께로부터 하늘에서 내려오니 그 준비한 것이 신부가 남편을 위하여 단장한 것 같더라"(21:2, 9)고 묘사한 바 있다.

하지만 그분은 어디에 계시는가? 그분은 어디에도 보이지 않는다! 신부가 신랑을 데리러 가는 것이 아니라 신랑이 가서 신부를 데려와야 한다! 그녀는 아름답게 옷을 입고 보석으로 장식하고 예비하고 있다. 하지만 이제 그녀는 기다리는 일 외에는 아무것도 할 수 없다. 그에 대한 그녀의 열망을 표현하는 것 외에는 말이다. "성령과 신부가 말씀하시기를 '오라' 하시는도다"(22:17). 성령의 최고의 사역은 그리스도를 증거하는 것이며, 신부의 최고의 바람은 남편을 기쁘게 맞이하는 것이기 때문이다.

그리하여 요한계시록은 교회가 기다리고 소망하며 기대하고 열망하게 놓아둔다. 자기 신랑을 열심히 찾고, 속히 오리라는 세 번의 약속에 매달리며, "아멘, 주 예수여, 오시옵소서"(20절; 참고. 고전 16:22)라는 그녀의 외침을 그대로 되풀이하는 이들에게 격려를 받는 신부로서 말이다.

그동안 그녀는 그분의 은혜가 충분하리라고 확신한다(21절). 영원한 혼인 잔치가 시작되고 그녀가 영원토록 신랑과 연합되는 날까지.

나는 독자들이 요한이 요한계시록에서 묘사한 그리스도—결코 변하지 않으시는, 하지만 오늘날 우리에게 그분을 따르라고 도전하시는 영원하신 그리스도—의 모습에 깊은 인상을 받았을 것이라고 생각하고, 그러기를 바란다. 우리는, 지금 지상에 있는 자신의 교회들을 감독하시는 그분, 지금 하늘에서 하나님과 함께 보좌에 앉아 계시는 그분, 지금 역사의 과정을 주관하시는 그분, 지금 세상을 회개하라고 부르시는 그분, 지금 심판의 백마를 타고 계시는 그분, 지금 속히 와서 자기 아내를 데려가 혼인하겠다고 약속하시는 그분을 살펴보았다.

결론
한 책, 네 부분

이 책의 네 부분은 모두 예수 그리스도의 다채로운 신원에 대한 탐구다. 1부와 4부에서는 그리스도에 대한 신약의 증거를 살펴보았으며, 2부와 3부에서는 그분에 대한 교회사의 증거를 살펴보았다.

우리는 처음부터 끝까지 이 두 증거 사이에는 근본적인 차이가 있으며, 따라서 우리 연구의 성경적 부분과 역사적 부분 사이에도 차이가 있음을 인식했다. 그리스도인들은, 교회 지도자들의 의견은 아무리 뛰어난 것이라 해도 오류가 있을 수 있는 인간의 의견인 반면, 성경은 하나님의 기록된 계시이며 그래서 그것이 독특한 신적 권위를 지니고 있다고 믿는다.

이러한 차이는 책의 구조에서 의도적으로 표현되었다. 2부와 3부(교회사에 의해 해석된 그리스도)는 1부와 4부(신약에 제시된 그리스도)의 범위 내에 확고하게 자리하고 있다.

나는 2부와 3부에 잠깐씩 등장하는 유명인들을 비판적으로 정밀하게 조사할 때마다 동일한 차이점을 기억해야 한다고 생각했다. 나는 그들에 대해 기본적으로는 고마움을 느끼지만(특히 3부에서), 때로는 비판적으로 보기도 했다(특히 2부에서). 예를 들어, 나는 수도원 전통, 기독교 신비주의, 안셀무스의 속죄 교리의 봉건적 범주, 예수님을 그저 인간 교사로만 보는 계몽주의의 묘사, 라틴 아메리카의 로마가톨릭이 예수님의 부활의 승리에 대해서는 상응하는 강조를 하지 않은 채 그분을 비극적인 희생자로만 보는 것, 해방을 구원과 혼동하는 해방신학의 경향 그리고 세계 교회 협의회가 기독교 선교의 의무를 상실한 것에 대해 자유롭게 문제를 제기하고, 심지어 비판하기로 했다.

하지만 어떻게 감히 내가 그같이 비판적인 견해를 표현한단 말인가? 그렇게 하는 것이 주제넘은 일은 아닌가? 하나님이 자비롭게도 성경에 모든 인간적 운동과 전통을 판단할 수 있는 기준을 주지 않으셨다면, 나의 행동은 정녕 참을 수 없이 교만한 것이었으리라. 그 때문에, 우리는 계속해서 그리스도에 대한 성경의 묘사로 겸손하게 돌아가서, 그 묘사를 기준으로 우리의 묘사를 판단해야 한다. 성경의 묘사만이 규범이 되기 때문이다.

불가피하게, 나는 교회 지도자들과 그리스도에 대한 그들의 견해를 선정할 때 선택적인 자세를 취할 수밖에 없었다. 하지만 그리스도에 대한 성경적 모델을 볼 때는 마음대로 골라서 좋아하는 것은 받아들이고 싫어하는 것은 거부할 수는 없다. 우리가 사는 포스트모던 문화의 '고르고 섞기' 사고 방식은 기독교 지성의 성경관과는 양립할 수 없다. 분명 전문적으로 연구하기 위해 성경의 주제를 선택하는 것(예를 들어, 이 문제에 대한 바울의 견해 혹은 저 문제에 대한 베드로의 견해)은 정당하다. 하지만 이러한 상세한 사항이 그리스도에 대한 신약 전체의 묘사에 어떻게 기여하는가를 분명히 밝히기 위해서만 그렇게 해야 한다. 그러한 연구의 목표는 선택적 자세를 가지는 것이 아니라, 포괄적 자세를 가져야 하는 것이다.

교회사에 존재하는 예수님에 대한 엄청나게 다양한 견해들―그중 어떤 것들은 사도들이 증거한 진정한 예수님과는 조금도 닮지 않은 것이다―은 오늘날 우리에게 건전한 경고가 된다. 어떻게 해서든 3부에 우리 나름의 내용을 추가하도록 하자. 신약의 예수님은 무한한 방식으로 우리에게 영향을 미치시고 우리를 고쳐시키시기 때문이다. 하지만 2부에 또 다른 예수님에 대한 묘사를 덧붙이지는 않도록 하자. 그러한 묘사가 신약의 예수님 자신에 대한 언급(1부와 4부)에 의해 정당화될 수 있다고 확신할 수 없다면 말이다.

하지만 어떻게 우리가 진정한 예수를 알 수 있을까? 필적할 자 없는 이 비교할 수 없는 그리스도를!

전 캔터베리 대주교 도널드 코간이 이따금 말했던 이야기(그는 그 원전은 기억하지 못했다)로 글을 맺도록 하자.[37]

아주 오래전 한 조각가가 있었다. 그는 우리 주님의 상을 조각했다. 사람들은 그 무한히 힘차면서도 다정한 모습의 그리스도를 보려고 먼 곳에서 왔다. 그들은 그 조각상 주위를 걸으면서, 그것의 빼어난 모습을 알고자 여러 각도에서 살펴보았다. 하지만 그들은 그 조각상의 아름다움을 제대로 볼 수가 없었다. 결국 그들은 그 조각가에게 물어보았다. 그는 이렇게 대답했다. "오직 한 각도에서만 이 조각상을 제대로 볼 수 있습니다. **무릎을 꿇고 보아야 합니다.**"

주

서론

1   J. Pelikan, *Jeses through the Centuries*(Yale University Press, 1985), p. 1. 『예수, 역사와 만나다』(비아).
2   P. Brierly (ed.), *UK Religious Handbook, Religious Trends* (Christian Research, 1999).
3   제2차 바티칸 공의회의 *Dogmatic Constitution on Divine Revelation*, para. 25 *The Documents of Vatican II* (Geoffrey Chapman, 1966)에 인용된 그의 *Commentary on Isaiah* 서언에서.
4   Erasmus의 *Greek New Testament* (1516) 서론.
5   *Lectures on Romans* in vol. 25 of *Luther's Works* (1515; ET Concordia, 1972). 롬 1:5에 대한 어구 주석(p. 4)과 롬 10:6에 대한 주석(p. 405).
6   S. C. Neill, *Christian Faith and Other Faiths* (OUP, 1961), p. 69.
7   Sadhu Sundar Singh, *With and Without Christ* (Cassell, 1929), pp. 100-101.
8   E. Stanley Jones, *The Christ of the Indian Road* (1925; Hodder & Stoughton, 1926), p. 64. 『인도의 길을 걷고 있는 예수』(IN크리스토).
9   P. W. Barnett, *Jesus and the Logic of History* (Apollos, 1997), p. 163.
10 ET, 1910.
11 N. T. 라이트는 "나는 진지한 예수 연구의 미래는 내가 '제3의 탐구'라고 부른 것에 달려 있다고 여전히 믿는다"고 썼다(*Jesus and the Victory of God*,

SPCK, 1996, p. 78)

12 R. W. Funk, R. W. Hoover and the Jesus Seminar, *The Five gospels* (Macmillan, 1993), p. 5.

1부 원래의 예수

1   O. Cullmann, *The Christology of the New Testament* (SCM, 2nd ed. 1963), p. 160. 『신약의 기독론』(나단).
2   W. Barclay, *The Acts of the Apostles* (St Andrew's Press, 1953, 2nd ed. 1955), p. xiv. 『사도행전』(기독교문사).
3   S. C. Neill and T. Wright, *The Interpretation of the New Testament 1861-1986* (1964; OUP, 2nd ed. 1988), p. 205.
4   Tatian의 *Diatessaron*은 Allan Menzies (ed.), *The Ante-Nicene Fathers* (Eerdmans, 1973), vol. X, pp. 33-138에서 볼 수 있다.
5   Augustine의 *Harmony of the gospels*는 Philip Schaff(ed.), *The Nicene and Post-Nicene Fathers* (Eerdmans, 1973), vol. VI, pp. 64-236에서 볼 수 있다.
6   R. A. Burridge, *Four gospels, One Jesus?* (SPCK, 1994), p. 166. 『복음서와 만나다』(비아).
7   A. Schweitzer, *The Quest of the Historical Jesus* (1906; ET Adam and Charles Black, 1910). 『예수의 생애 연구사』(대한기독교서회).
8   A. N. Wilson, *Paul: The Mind of the Apostle* (Pimlico, 1998), p. 18.
9   W. D. Davies, *Paul and Rabbinic Judaism* (SPCK, 1948), p. 140.
10 J. W. Fraser, *Jesus and Paul* (Marcham Manor Press, 1974), p. 192.
11 D.Wenham, *Paul: Follower of Jesus or Founder of Christianity?* (Eerdmans, 1995). 『바울: 예수의 추종자인가 기독교의 창시자인가』(CH북스).
12 같은 책, p. 377.
13 같은 책, p. 378.
14 같은 책, p. 33.
15 J. Stott, *The Message of 1 Timothy and Titus* in The Bible Speaks Today series (IVP, 1996), pp. 21-34를 보라. 『디모데전서·디도서 강해』(한국 IVP).
16 살후 3장에 나오는 '아타크토이'(*ataktoi*)를, 윌리엄 헨드릭슨이 그들의 '재림 히스테리'라고 부른 것 때문에 빈둥거리고 노는 것으로 보는 경우 그렇다는 것이다. W. Hendriksen, *Exposition of I & II Thessalonians* (Baker, 1955), p.

107. 『데살로니가후서』(아가페출판사).
17. Tertullian, *On the Resurrection of the Flesh*, ch. xxix.
18. A. T. Hanson, *Studies in the Pastoral Epistles* (SPCK, 1968), p. 110.
19. Eusebius, *Hist. Eccl.*, 2.23.46에 인용됨.
20. A. M. Hunter, *The Unity of the New Testament* (SCM, 1943), p. 7.
21. 또한 그의 *Introduction to the New Testament* (SPCK, 1945)를 보라.
22. E. Hoskyns and N. Davey, *The Riddle of the New Testament* (Faber & Faber, 1958), p. 12.
23. 같은 책, p. 170.
24. O. Cullmann, *The Christology of the New Testament* (1957; ET SCM, 1959), p. 68.
25. James D. G. Dunn, *Unity and Diversity in the New Testament* (SCM/Trinity Press International, 1977; 2nd ed. 1990), p. 32. 『신약성서의 통일성과 다양성』(솔로몬).
26. 같은 책, p. 371.
27. C. F. D. Moule, *The Birth of the New Testament* (Adam & Charles Black, 1962; 3rd ed. 1981), p. 17.
28. S. C. Neill and N. T. Wright, *The Interpretation of the New Testament 1861-1986*, p. 204.
29. 같은 책, p. 312.
30. 같은 책, p. 349.

2부 교회의 예수

1. A. Roberts and J. Donaldson (eds.), *The Ante-Nicene Fathers* (1885; Eerdmans, n.d.), vol. I, p. 160에 나오는 Justin Martyr의 *First Apology*에 대한 서론.
2. Martyr, *First Apology, para.* 137.
3. 같은 책, para. 44.
4. Martyr, *Second Apology*, paras. 8, 13.
5. 같은 책, paras. 13.
6. Martyr, *First Apology*, para. 46.
7. B. B. Warfield, *The Person and Work of Christ* (Presbyterian and Reformed, 1950), p. 215.

8   W. Carus, *Memoirs of the Life of the Rev. Charles Simeon* (CUP, 1847), p. 600.
9   J. Pelikan, *Jesus through the Centuries* (Yale University Press, 1985), p. 112.
10 Dostoyevsky, *The Brothers Karamazov* (1880), Book 6, chapter 3. 『까라마조프 씨네 형제들』(열린책들).
11 J. Denney, *The Atonement and the Modern Mind* (Hodder & Stoughton, 1903), p. 184.
12 Anselm, *Cur Deus Homo* (1474; Williams & Norgate, 1863), i.xi. 『인간이 되신 하나님』(한들출판사).
13 S. C. Neill이 *Christian Faith Today* (Penguin, 1955), p. 145에 인용.
14 Anselm, *Cur Deus Homo*, i.xxi.
15 같은 책, ii.xix.
16 같은 책, i.xxx.
17 같은 책, ii.vi.
18 같은 책, ii.vii.
19 같은 책, ii.xi.
20 M. H. 포트가 *The Song of Songs*, in the *Anchor Bible Commentary*(Doubleday, 1977), p. 19에 인용.
21 *St Bernard's Sermons on the Canticle of Canticles* (Browne & Nelson, 1920), 라틴어 원서를 두 권으로 번역한 것.
22 같은 책, vol. I, p. xiv.
23 같은 책, vol. I, p. 9.
24 같은 책, vol. I, pp. 1-67.
25 'Bernard of Clairvaux' in J. Julian (ed.), *A Dictionary of Hymnology* (John Murray, rev. ed. 1907).
26 Thomas Kempis, *The Imitation of Christ*, trans. George F. Maine(1441; Collins, 1957), p. vii. 『그리스도를 본받아』
27 같은 책, vol. III, p. 21.
28 같은 책.
29 같은 책.
30 같은 책, vol. II, p. 7.
31 같은 책, vol. II, p. 8.

32 같은 책, vol. III, p. 5.
33 같은 책, vol. I, p. 15.
34 J. Stalker, *Imago Christi* (Hodder & Stoughton, 1894), p. 27.
35 같은 책, p. 24.
36 Thomas Kempis, *The Imitation of Christ*, vol. I, p. 8.
37 같은 책, vol. I, p. 10.
38 같은 책, vol. III, p. 12.
39 같은 책, vol. I, p. 20.
40 R. H. Bainton, *Here I Stand* (Hodder & Stoughton, 1951), p. 45에 인용. 『마르틴 루터』(생명의말씀사).
41 J. Atkinson, *The Great Light* (Paternoster, 1968), p. 16에 인용.
42 이것이 루터의 소위 '탑 체험'이었다. 이 일은 비텐베르크의 검은 수도원 탑에서 일어났기 때문이다. 이것에 대한 그의 설명은 그의 전집 라틴어판(1545)에 대한 서론에 처음 나온다.
43 Martin Luther, *Commentary on the Epistle to the Galatians* (1535; James Clarke, 1953), p. 10. 『마르틴 루터, 갈라디아서』(복있는사람).
44 같은 책, p. 143.
45 같은 책, p. 26.
46 A. Schweitzer, *The Quest of The Historical Jesus* (1906; ET Adam & Charles Black, 1910), pp. 4-5.
47 같은 책, p. 68.
48 Ernest Renan, *The Life of Jesus* (1863; Watts/Rationalist Press Association, 1904), p. 12. 『예수의 생애』(창).
49 같은 책, p. 148.
50 같은 책, p. 144.
51 같은 책, p. 119.
52 같은 책, p. 121.
53 같은 책, p. 141.
54 같은 책, p. 142.
55 같은 책, p. 151.
56 같은 책, p. 148.
57 같은 책, p. 151.
58 같은 책.

59 Dickenson W. Adams (ed.), *The Papers of Thomas Jefferson*, second series, *Jefferson's Extracts from the gospels* (Princeton University Press, 1983), p. 403.
60 같은 책, p. 388.
61 John A. Mackay, *The Other Spanish Christ* (SCM, 1932), p. 96.
62 같은 책, p. 97.
63 같은 책.
64 같은 책.
65 같은 책.
66 같은 책, p. 102.
67 같은 책, p. 110.
68 Henri Nouwen, *Graçias* (Orbis, 1983), p. 105. 『소망을 찾아서』(성요셉).
69 같은 책, p. 106.
70 W. T. A. Barber, *Raymond Lull: the Illuminated Doctor* (1903; Charles H. Kelly, n.d.). 또한 R. Lull, *The Book of the Lover and the Beloved: Proverbs xii* (Sheldon Press, 1978)를 보라.
71 Mackay, *The Other Spanish Christ*, p. 126.
72 같은 책, p. 147.
73 D. Martin, *Tongues of Fire* (Blackwell, 1990), p. 231.
74 같은 책, p. 155.
75 O. Costas, *The Church and its Mission* (Coverdale, 1974), p. 223.
76 J. M. Bonino, *Revolutionary Theology Comes of Age* (SPCK, 1975). 그 책의 미국판 제목은 *Doing Theology in a Revolutionary Situation* (Fortress, 1975). 『오늘의 행동 신학』(한국기독교교회협의회).
77 같은 책, p. xxiii.
78 같은 책, p. 145.
79 Marx and Engels, *On Religion* (Schocker, 1964), p. 72에 나오는 그의 *Theses on Feuerbach* 열한 번째에서. 『루트비히 포이어바흐와 독일 고전 철학의 종말』(이론과실천).
80 G. Gutierrez, *A Theology of Liberation* (SCM, 1974), p. 21. 『해방신학』(분도출판사).
81 이것들에 대한 개관으로는 C. Rowland (ed.), *The Cambridge Companion to Liberation Theology* (Cambridge University Press, 1999)를 보라.

82 Gutierrez, *A Theology of Liberation*, p. 15.
83 같은 책, p. 13.
84 J. A. Kirk, *Liberation Theology* (Marshall Morgan and Scott, 1979), p. 95. 『해방신학』(엠마오).
85 Papers by Bishop K. H. Ting, *Love Never Ends* (Yilin Press, 2000), pp. 198-199.
86 Bonino, *Revolutionary Theology Comes of Age*, p. xv.
87 J. Scott (ed.), *Making Christ Known* (Paternoster, 1996), pp. 24-27.
88 H. J. Cadbury, *The Peril of Modernizing Jesus* (Macmillan, 1937), p. 1.
89 같은 책, p. 48.
90 같은 책, p. 42.
91 같은 책.
92 N. T. Wright, Canon of Westminster. 1980년대 초에 역사적 예수에 대한 '제3의 탐구'가 시작되었다고 주장한 것은 N. T. 라이트였다. 이 학자들은 모두 역사가가 되어 예수를 그의 유대적 배경 속에서 살펴보기로 결심했다. 그들 중에는 Anthony Harvey, *Jesus and the Constraints of History* (Duckworth, 1982), Marcus J. Borg, *Conflict, Holiness and Politics in the Teaching of Jesus* (Edwin Mellen Press, 1984), E. P. Sanders, *Jesus and Judaidm* (SCM, 1985, 『예수와 유대교』, CH북스), Gerd Theissen, *The Shadow of the Galilean* (SCM, 1986, 『갈릴래아 사람의 그림자』, 비아), James H. Charlesworth, *Jesus within Judaism* (SCM, 1988) 등이 있다.
93 N. T. Wright, *Jesus and the Victory of God* (SPCK, 1996), p. 609. 『예수와 하나님의 승리』(CH북스).
94 N. T. Wright, *The Challenge of Jesus* (SPCK, 2000), p. 90. 참고. 또한 같은 책, p. 653. 『예수의 도전』(성서유니온선교회).
95 Wright, *The Challenge of Jesus*, p. 91.
96 '쉐키나'는 하나님의 내재적 임재가 성전에서 눈에 보이게 표현된 것이었다.
97 Wright, *The Challenge of Jesus*, p. 84.
98 같은 책, p. 92; Wright, *Jesus and the Victory of God*, p. 653.
99 Wright, *Jesus and the Victory of God*, p. 361.
100 같은 책, p. 151.
101 J. R. Mott, *The Decisive Hour of Christian Missions* (Student Volunteer Movement, 1910), p. v.

102 같은 책, p. 94.
103 같은 책, p. 69.
104 같은 책, p. 39.
105 같은 책, p. 69.
106 같은 책, pp. 100-101.
107 같은 책, p. 106.
108 Visser't Hooft, *No Other Name* (SCM, 1963), p. 95. 『다른 이름은 없다』(성광문화사).
109 *The International Bulletin of Missionary Research* (April, 1988). Overseas Ministries Study Centre, New Haven, Connecticut, USA에서 출간.
110 Stott (ed.), *Making Christ Known*, p. 16.
111 C. S. Lewis, *An Experiment in Criticism* (CUP, 1961), p. 19. 『오독』(홍성사).
112 "A Credible Response to Secular Europe", in *The Evangelical Review of Theology*, June 1994에서 인용.

3부 영향력 있는 예수

1 K. S. Latourette, *The History of the Expansion of Christianity* (Eyre and Spottiswoode, 1938), vol. I, p. 240.
2 같은 책, vol. I, p. 241.
3 예를 들어, H. R. Niebuhr, *Christ and Culture* (Faber, 1952), 『그리스도와 문화』(한국 IVP); P. Brooks, *The Influence of Jesus* (Macmillan, 1903) 그리고 W. B. Carpenter, *The Witness of the Influence of Christ* (Archibald Constable, 1905)를 보라.
4 *One Solitary Life*라는 제목의, 하지만 작자 미상인 이 웅변적 증거는 종종 인용되었는데, 가장 최근에는 캔터베리 대주교 조지 캐리가 그의 새 천년 메시지 *Jesus 2000*에서 인용했다.
5 M. A. Habig (ed.), *St Francis of Assisi* (Herald, 1972), p. 301.
6 같은 책, p. 301.
7 Thomas of Celano, *The Second Life of St Francis* (J. M. Dent & Co., 1904), p. 521.
8 G. K. Chesterton, *St. Francis of Assisi* (1923; Hodder and Stoughton, 23rd ed. 1943).
9 같은 책, p. 15.

10 같은 책, p. 17.
11 같은 책.
12 같은 책, p. 189.
13 W. Barclay, *The Gospel of Mark in The Daily Study Bible* (St Andrew Press, 2nd ed. 1956), p. 138.
14 M. Hengel, *Property and Riches in the Early Church* (SCM, 1974), pp. 26-27. 『부와 재산』(지평서원).
15 Justin Martyr, *Dialogue with Trypho a Jew*, ch. 88, in Thomas Falls (ed.), *Saint Justin Martyr, The Fathers of the Church* (Catholic Press of America, 1977), vol. 6, p. 290.
16 A. Edersheim, *The Life and Times of Jesus the Messiah* (Longmans Green, 2nd and 3rd eds. 1886), vol. I, pp. 251-252. 『메시아』(생명의말씀사).
17 Revd I. Boseley, *Christ the Carpenter, his trade and his teaching* (Arthur H. Stockwell, n.d.), pp. 52-53에 인용됨.
18 참고. 갈 6:6; 고전 9:4 이하; 고후 11:7 이하; 12:13; 살전 2:9; 살후 3:8.
19 H. de Borchgrave, *A Journey into Christian Art* (Lion, 1999), pp. 173-174를 보라.
20 F. A. Rees, *The Gospel in Great Pictures* (Arthur H. Stockwell, n.d.), pp. 19-21.
21 *Jesus the Carpenter and his Teaching by a Working Man* (Mills and Boon, 1921), pp. 68-69.
22 Boseley, *Christ the Carpenter*, p. 15.
23 A. J. P. Taylor, *English History 1914-1945* (OUP, 1965), p. 142, n.3.
24 B. Holman, *Good Old George* (Lion, 1990), p. 181.
25 같은 책, p. 174에 인용됨.
26 같은 책, p. 177.
27 같은 책, p. 18.
28 같은 책, p. 172.
29 같은 책, p. 187.
30 같은 책, p. 177.
31 James. Stalker, *The Life of Jesus Christ* (1879; T. & T. Clark, rev. ed. 1939), p. 21.
32 J. Paterson Smyth, *A People's Life of Christ* (1921; Hodder & Stoughton,

rev. ed. 1949), p. 59.
33 마 9:36; 14:14; 15:32; 20:34; 막 6:34; 8:2; 눅 7:13.
34 S. G. Browne, T. F. Davey and W. A. R. Thomson (eds.), *Heralds of Health* (CMF, 1985), p. 7. 또한 J. T. Aitkens, H. W. C. Fuller and D. Johnson(eds.), *The Influence of Christians in Medicine* (CMF, 1984)를 보라. "초창기에 아픈 사람들과 장애인들의 사회적 지위를 향상시키고 치료하는 일은 그리스도인들의 공이었다"(p. 170).
35 Aitken, et al., *The Influence of Christians in Medicine*, pp. 9-10.
36 A. D. Miller, *An Inn Called Welcome* (The Mission to Lepers, 1965), p. 5. 또한 M. A. Habig(ed.), "St Francis of Assisi", in *English Omnibus of the Sources for the Life of St Francis* (SPCK & Herald, 3rd ed., 1972)를 보라. 또한 마 10:8, "병든 자를 고치며 죽은 자를 살리며 나병환자를 깨끗하게 하며…"를 보라.
37 Father Auguste Pamphile, *Life and Letters of Father Damien* (CTS, 1889). 또한 Browne, et al., Heralds of Health, pp. 156-157를 보라.
38 Miller, *An Inn Called Welcome*, p. 11.
39 그가 쓴 *Lepers in India* (1874; John F. Shaw, 1882)라는 작은 책자의 서론에서.
40 P. Brand and P. Yancey, *The Gift of Pain* (Zondervan, 1993), p. 88.『아무도 원하지 않는 선물』(비아토르).
41 D. Clarke Wilson, *Ten Fingers for God*『하나님의 열 손가락』(좋은씨앗), 1966)를 보라.
42 Brand and Yancey, *The Gift of Pain*, p. 323.
43 Leo Tolstoy, *A Confession* (『참회록』), *The Gospel in Brief*와 *What I Believe*, 1882-1884(World Classics, No. 229, Oxford University Press, new ed. 1940), pp. 315-319.
44 같은 책, p. 323.
45 같은 책, p. 406.
46 G. Woodstock, *Gandhi* (Fontana, 1972), pp. 24, 39, 67, 85-86에서 인용.
47 M. K. Gandhi, *What Jesus Means to Me* (Ahmedabad: Navajivan Publishing House, 1959), p. 6.
48 J. Ellul, *Violence* (SCM, 1970), p. 15.『폭력』(현대사상사).
49 Martin Luther King, Jr, *Strength to love* (1963; Fontana, 1969), pp. 47-55.

50　W. B. Ryan, *Infanticide, its law, prevalence, prevention and history* (Churchill, 1862), p. 198. 또한 Plato의 *Republic* (OUP, 1993, 『국가』), V. 460 그리고 *A History of Children* (Silver Fish Publishing, 1998), vol. I, p. 80에서 I. 스메일이 증거 서류로 증명하고 있는 바, 약하거나 지체 장애인 아기들을 은밀히 살해하고 처치하는 것에 대한 아리스토텔레스의 가르침을 보라.

51　G. Milligan, *Selections from the Greek Papyri* (Cambridge University Press 1910), p. 32.

52　W. H. S. Jones, *The Doctor's Oath* (Cambridge University Press, 1924). N. M. de S. Cameron이 *The New Medicine* (Crossway Books, 1991), p. 35에 인용한 것.

53　Tertullian's *Apology*, Chapter IX, in Allan Menzies (ed.), *The Ante-Nicene Fathers* (Eerdmans, 1973), vol. 3, p. 25.

54　A. E. Williams, *Barnardo of Stepney* (George Allen and Unwin, 1943), p. 7.

55　같은 책, p. 5.

56　같은 책, pp. 72-73.

57　같은 책, p. 106.

58　같은 책, p. 191.

59　Mrs Barnardo and J. Marchant, *The Memoirs of the Late Dr Barnardo* (Hodder and Stoughton, 1907), pp. 64-65.

60　같은 책, p. 273.

61　예를 들어, 창 18:4; 19:2; 24:32; 43:24; 삿 19:21; 눅 7:44.

62　예를 들어, 삼상 25:41; 요 13:1-17; 딤전 5:10.

63　G. A. Frank Knight, "Feet-washing", in James Hastings (ed.), *Dictionary of Religion and Ethics* (T. & T. Clark, 1904), vol. 5를 보라.

64　B. F. Westcott, *The Gospel According to St John* (Murray, 1892), p. 192.

65　P. A. Wright, *The Pictorial History of the Royal Maundy* (Pitkin Pictorials, 1966)를 보라.

66　Calvin, *The Gospel according to St John 11-21* (Oliver & Boyd, 1961), p. 60, 요 13:14에 대한 해설.

67　C. W. Hall, *Samuel Logan Brengle* (Salvation Army, 1933), p. 89. 또한 Richard Collier, The General Next to God (Collins, 1965), p. 72를 보라.

68　W. Clark, Samuel Logan Brengle: Teacher of Holiness (Hodder and Stoughton, 1980), pp. 18, 156.

69　C. W. Colson, *Born Again* (Hodder and Stoughton, 1976), pp. 278-279. 『거듭나기』(홍성사).
70　W. Axling, *Kagawa* (SCM, 1932), p. 51.
71　C. J. Davey, *Kagawa of Japan* (Epworth, 1960), p. 95.
72　같은 책, pp. 125-126.
73　Kagawa Toyohiko, *Meditations on the Cross* (SCM, 1936), p. 44.
74　같은 책, p. 104.
75　같은 책, p. 105.
76　같은 책, p. 90.
77　같은 책, pp. ix, 15.
78　같은 책, p. 95.
79　Kagawa Toyohiko, *Christ and Japan* (SCM, 1934), pp. 99-100, 108, 113.
80　Kagawa, *Meditations on the Cross*, p. 95.
81　J. Eareckson Tada, *Joni* (Zondervan, 1976). 『조니의 잊을 수 없는 이야기』(국민일보).
82　P. Yancey, *Where is God When it Hurts?* (Zondervan, 1977), p. 120에 인용됨. 『내가 고통당할 때 하나님은 어디 계십니까?』(생명의말씀사).
83　J. Eareckson Tada, *Heaven Your Real Home* (Zondervan, 1995), p. 53.
84　W. Temple, *Nature, Man, and God* (Macmillan, 1934), p. 478.
85　Eareckson Tada, *Heaven Your Real Home*, p. 70.
86　같은 책, p. 51.
87　C. E. Padwick, *Henry Martyn* (IVP, 1922), p. 177.
88　그들의 로맨스에 대한 이야기는 D. 벤틀리-테일러가 *My Love Must Wait* (IVP, 1975)에서 한 것이다.
89　J. R. C. Martyn, *Henry Martyn (1781—1812), scholar and missionary to India and Persia*, vol. 16 (Edwin Mellen Press, 1999), p. 108.
90　Padwick, *Henry Martyn*, p. 146.
91　Martyn, *Henry Martyn*, p. 108.
92　Padwick, *Henry Martyn*, p. 168.
93　Martyn, *Henry Martyn*, p. 128.
94　L. Newbigin, *The Household of God* (1953; SCM, 1964), p. 25. 『교회란 무엇인가?』(한국 IVP)
95　D. M. Paton (ed.), *The Ministry of the Spirit* (World Dominion Press,

1960), p. x.
96 R. Allen, *Missionary Methods* (1912; World Dominion Press, rev. ed., 1927). 『바울의 선교 VS. 우리의 선교』(한국 IVP). 그의 다른 유명한 책은 *The Spontaneous Expansion of the Church, and the causes which hinder it* (1927; World Dominion Press, 2nd ed., 1949)이다.
97 Allen, *Missionary Methods*, p. 3.
98 같은 책, p. 115.
99 같은 책, p. 109.
100 같은 책, pp. 184-185.
101 같은 책, p. 185.
102 예를 들어, 행 14:22-23을 보라.
103 Allen, *Missionary Methods*, p. 194.
104 Paton (ed.), The *Ministry of the Spiri*t, p. xv.
105 같은 책, p. xvi.
106 R. Allen, *Pentecost and the World* (OUP, 1917), pp. 36, 88.
107 John Pollock, *Shaftesbury, The Poor Man's Earl* (Hodder and Stoughton, 1986), p. 23.
108 Edwin Hodder, *The Life and Work of the Seventh Earl of Shaftesbury KG*, 3 vols. (Cassell, 1887), vol. 3, pp. 2-3.
109 같은 책, p. 8.
110 같은 책, p. 10.
111 같은 책, p. 12.
112 같은 책, p. 10.
113 같은 책.
114 Pollock, *Shaftesbury*, p. 172.
115 G. T. Manley, *The Return of Christ* (IVF, 1960), p. 20에 인용됨.
116 R. Isaac and S. Wilberforce, *The Life of William Wilberforce* (London: John Murray, 1838), vol. I, p. 149.
117 W. Wilberforce, *Real Christianity*, abridged and edited by J. M. Houston (1829; Multnomah Press, 1982), p. 89. 『진정한 기독교』(생명의말씀사).
118 같은 책, p. 85.
119 같은 책, p. 3.
120 같은 책, p. 103.

121 G. R. Balleine, *A History of the Evangelical Party in the Church of England* (1908; Church Book Room Press, 1951), p. 118.
122 J. C. Pollock, *Wilberforce* (Lion, 1977), p. 27.
123 같은 책, p. 56.
124 K. Heasman, *Evangelicals in Action* (Geoffrey Bles, 1962), p. 285.
125 R. C. K. Ensor, *England 1870-1914* (OUP, 1936), pp. 137-138.
126 M. Hennell, *John Venn and the Clapham Sect* (Lutterworth Press, 1958), p. 207.
127 같은 책.
128 K. S. Latourette, *A History of the Expansion of Christianity*, 7 vols. (Eyre and Spottiswoode, 1938-1947), vol. 7, pp. 503-504.
129 S. C. Neill and N. T. Wright, *The Interpretation of the New Testament 1861-1986* (1964; OUP, 2nd ed. 1988), p. 19.

4부 영원하신 예수

1 H. Lindsey, *The 1980s: Countdown to Armageddon* (1981; Marshall Morgan & Scott, 1983), p. 104.
2 같은 책, p. 8.
3 R. Bauckham, *The Climax of Prophecy* (T. & T. Clark, 1993), p. ix.
4 H. B. Swete, *The Apocalypse of St John* (Macmillan, 1906), p. xcii.
5 G. K. Beale, *The Book of Revelation*, in *The New International Greek Testament Commentary* (Eerdmans/Paternoster, 1999), p. 108. 『NIGTC 요한계시록』(새물결플러스).
6 "사망과 음부"는 요한계시록에서 하나로 묶여서 다루어지는 경우가 많다. "사망"은 죽는 사건이고, "음부"는 죽은 자들이 거하는 곳이다.
7 *The Epistle of Ignatius to the Ephesians*, ch. 6.
8 *The Martyrdom of Polycarp*, chs. 9-16 from B. J. Kidd (ed.), *Documents Illustrative of the History of the Church* (SPCK, 1938), vol. I, pp. 68-71.
9 C. J. Hemer, *The Letters to the Seven Churches of Asia in their local setting* (JSOT Press, 1986), p. 87, 참고. p. 104.
10 Beale, *Revelation*, p. 226.
11 W. M. Ramsay, *The Letters to the Seven Churches of Asia* (Hodder & Stoughton, 1904), pp. 391-392.

12 Beale은 *Revelation*, p. 313 이하에서 단 7장과 계 4장의 유사한 점을 열네 가지 열거한다.
13 Swete, *Apocalypse*, p. 70. 아니면 그들은 그룹들이었을 것이다. 겔 10:20을 보라.
14 Beale은 *Revelation*, p. 340에서 그것을 "하나님의 심판과 구속 계획을 담고 있는 책"이라고 묘사한다.
15 예를 들어, G. Aulen, *Christus Victor* (1930; SPCK, 1931)를 보라. 『승리자 그리스도』(정경사).
16 George. E. Ladd, *A Commentary on the Revelation of John* (Eerdmans, 1972), p. 106. 『요한계시록』(크리스찬서적).
17 B. M. Metzger, *Breaking the Code* (Abingdon, 1993), p. 64. 『예수 그리스도의 계시라』(기독교문화사).
18 출 7:14 이하=계 8:8; 출 9:13 이하=계 8:7; 출 10:1 이하=계 9:1 이하; 출 10:21 이하=계 8:12.
19 T. F. Torrance, *The Apocalypse Today* (James Clarke, 1960), p. 75.
20 Bauckham, *Climax of Prophecy*, p. 185.
21 Beale, *Revelation*, p. 722.
22 S. R. F. Price, *Rituals and Power* (CUP, 1984), pp. 54-58, 197-198.
23 Dio Cassius, *Roman History*, edited by T. E. Page (William Heinemann Ltd, n.d.), Book 67, section 4.
24 Suetonius, *Domitian* 13, edited by Brian Jones (Bristol Classical Press, 1995).
25 Kidd (ed.), *Documents Illustrative of the History of the Church*, vol. I, pp. 38-39.
26 Ladd, *Commentary on the Revelation of John*, p. 202.
27 L. Morris, *The Revelation of St John* (Tyndale Press, 1969), p. 186. 『요한계시록』(틴델 신약 주석 시리즈, 기독교문서선교회).
28 =눅 12:39-40. 바울 역시 그 비유를 사용했으며(살전 5:2, 4), 베드로도 사용했다(벧후 3:10). 그러므로 그것은 초대교회에서 널리 통용되었던 것 같다.
29 P. Barnett, *Apocalypse Now and Then* (Anglican Informtion Ovice, 1989), p. 131.
30 Bauckham, *Climax of Prophecy*, p. 343.
31 Barnett, *Apocalypse Now and Then*, p. 138.

32　Bauckham, *Climax of Prophecy*, p. 371.
33　Barnett, *Apocalypse Now and Then*, p. 143.
34　Metzger, *Breaking the Code*, p. 95.
35　같은 책, p. 101.
36　C. E. B. Cranfield, *The Gospel According to St Mark* (CUP, 1966), p. 408.
37　내가 1999년 10월에 코간 경에게 이 이야기를 사용하게 해 달라고 요청하는 글을 썼을 때, 그는 얼마 전에 심장마비를 일으켜, "비틀거리고 말을 더듬거린다"고 회답했다. 하지만 그의 필적은 충분히 읽을 수 있었으며, 그의 정신도 온전한 것 같았다. 그는 2000년 6월에 사망했다.

옮긴이 정옥배는 한국외국어대학교 서반아어학과를 졸업하고 IVP 간사를 역임했으며 미국 필라델피아에 위치한 웨스트민스터 신학교와 풀러 신학교에서 수학했다. 이후 오랫동안 번역을 통해 문서사역을 했다. 『하나님을 아는 지식』 『제임스 패커의 기도』 외에도 BST 시리즈 중 『사도행전』 『로마서』(이상 IVP) 등을 번역했다.

비교할 수 없는 그리스도

초판 발행_ 2002년 6월 1일
개정판_ 2020년 10월 15일

지은이_ 존 스토트
펴낸이_ 신현기

펴낸곳_ 한국기독학생회출판부
등록번호_ 제313-2001-198호(1978.6.1)
주소_ 04031 서울시 마포구 동교로 156-10
대표 전화_ (02)337-2257 팩스_ (02)337-2258
영업 전화_ (02)338-2282 팩스_ 080-915-1515
홈페이지_ http://www.ivp.co.kr 이메일_ ivp@ivp.co.kr
ISBN 978-89-328-1774-3

ⓒ 한국기독학생회출판부 2020

책값은 뒤표지에 있습니다.
무단 전재와 복제를 금합니다.